抗日战争档案汇编

抗战时期云南空袭善后救济档案汇编

2

云南省档案馆 编

中華書局

三、轰炸善后救济

云南全省防空司令部关于转发昆明市空袭时难民收容所及轻重伤医院配备图致云南省民政厅的公函
（一九三九年七月十七日）

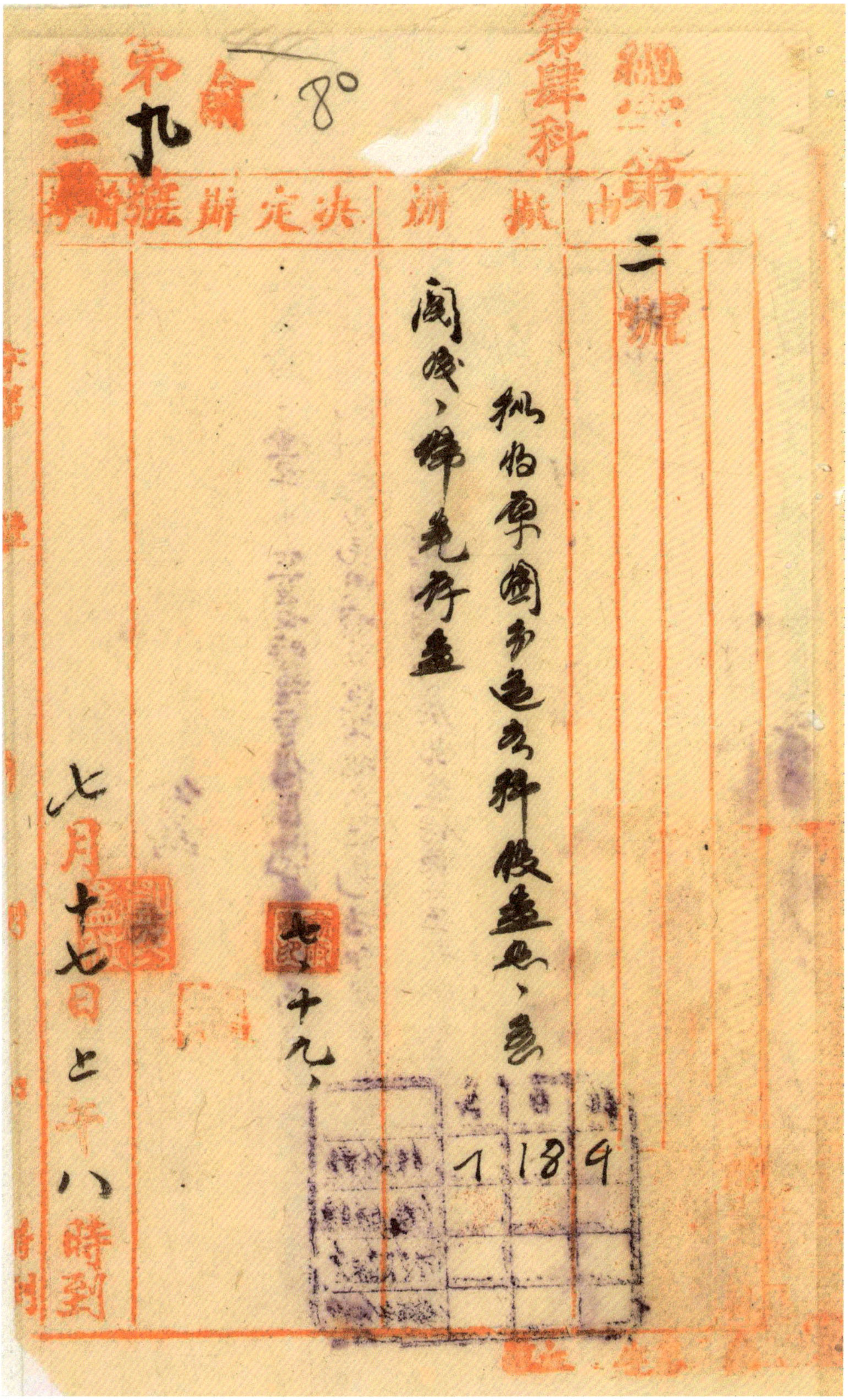

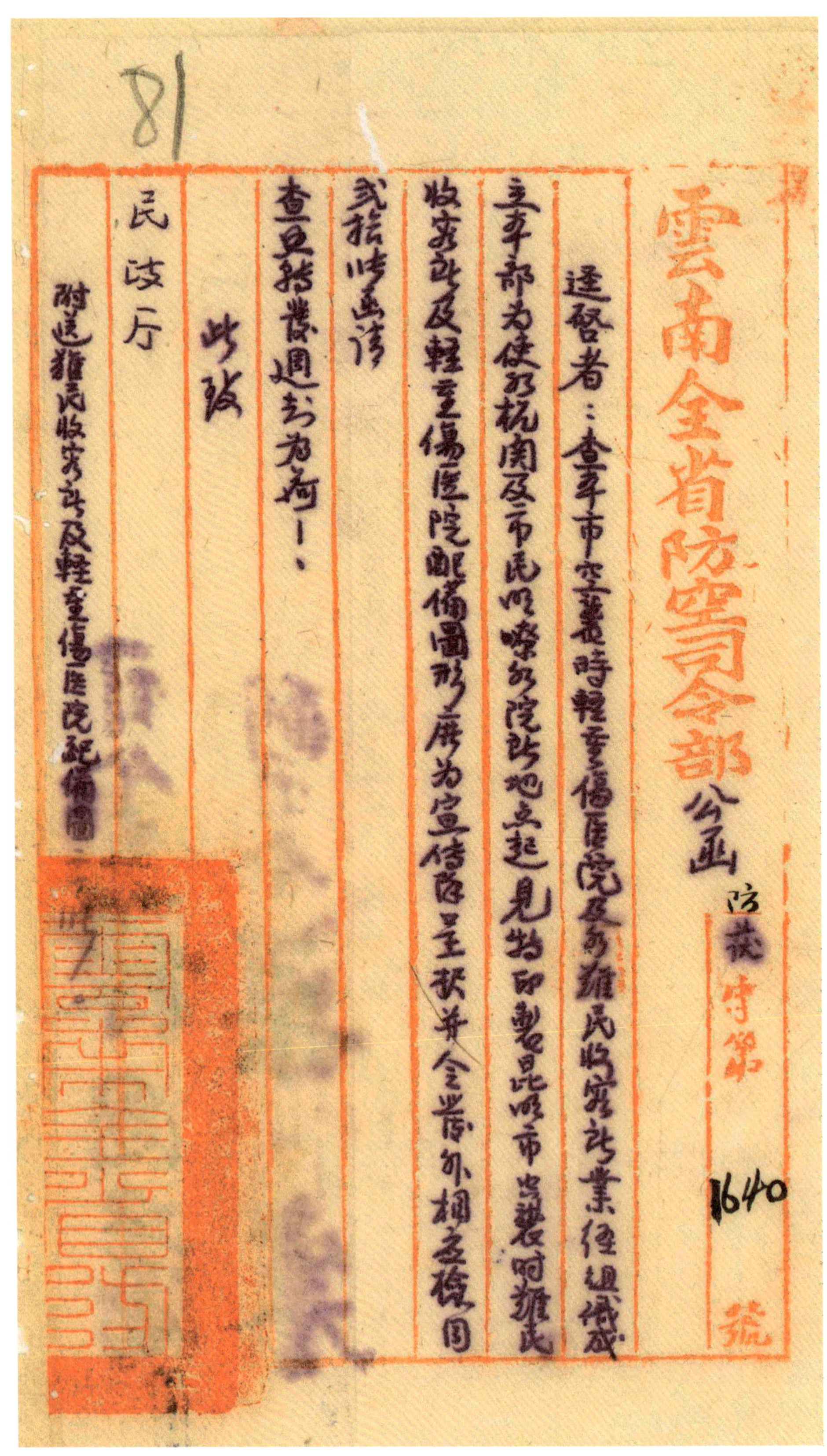
81

雲南全省防空司令部公函　防秘字第1640號

逕啓者：查本市空襲時輕重傷醫院及各難民收容所業經組織成立，本部為使外縣及本市民眾明瞭各院所地點起見，特印製昆明市空襲時難民收容所及輕重傷醫院配備圖形，除為宣傳除呈報並令當局外，相應檢同貳張，函請

查照轉發張貼為荷！

此致

民政廳

附送難民收容所及輕重傷醫院配備圖

82

司令官 孫國藩

副司令 梁寰

83

中華民國廿八年七月十七日

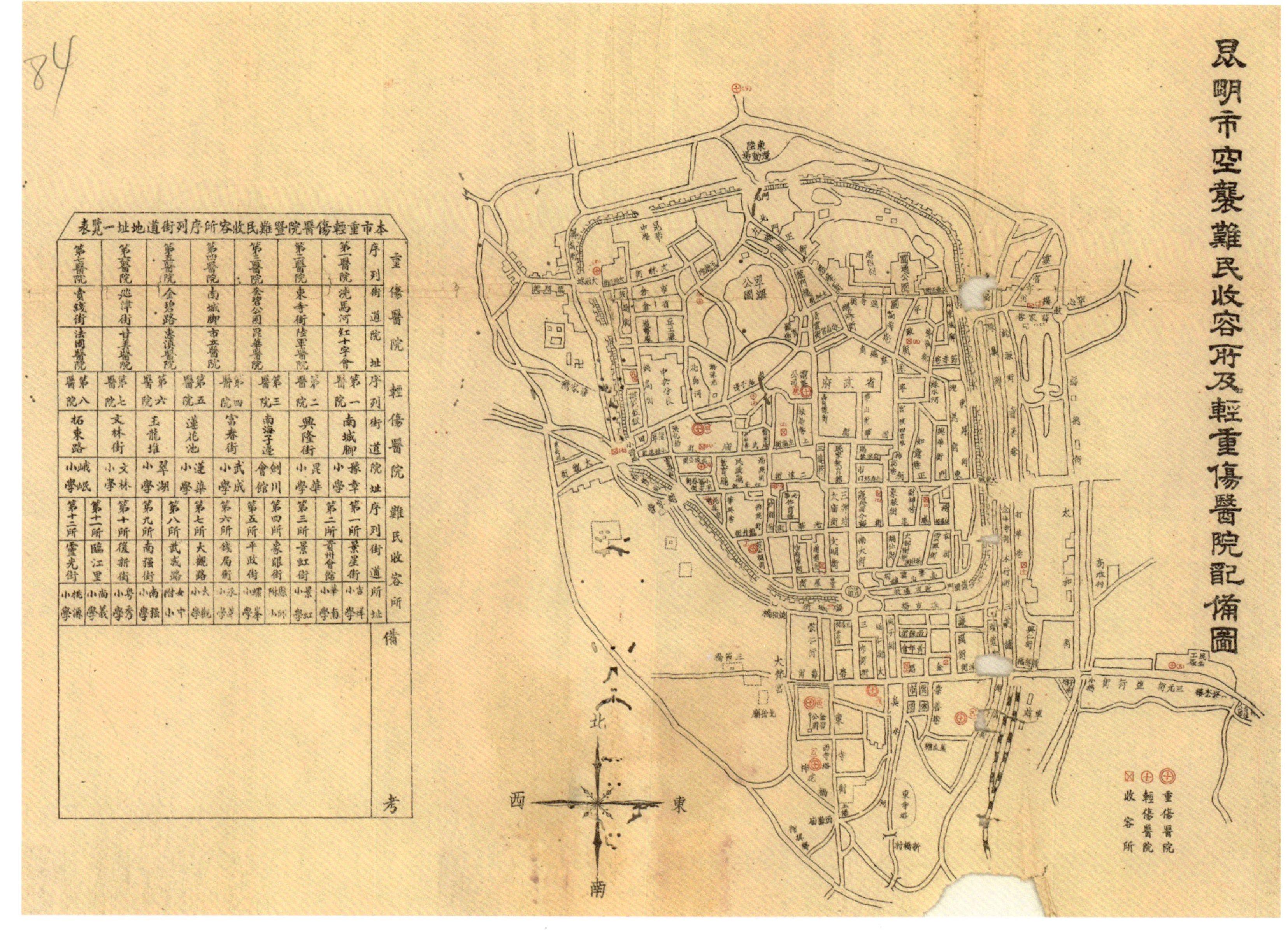

昆明市空襲難民收容所及輕重傷醫院配備圖

本市重輕傷醫院暨難民收容所序列街道地址一覽表

重傷醫院	序列	街道	院址
	第一醫院	洗馬河	紅十字會
	第二醫院	東寺街	陸軍醫院
	第三醫院	金碧公園	昆華醫院
	第四醫院	南城脚	市立醫院
	第五醫院	金碧路	惠滇醫院
	第六醫院	兆津街	甘美醫院
	第七醫院	賣綫街	法國醫院

輕傷醫院	序列	街道	院址
	第一醫院	南城脚	豫章小學
	第二醫院	興隆街	昆華小學
	第三醫院	南海子邊	劍川會館
	第四醫院	富春街	武成小學
	第五醫院	蓮花池	蓮華小學
	第六醫院	玉龍堆	翠湖小學
	第七醫院	文林街	文林小學
	第八醫院	拓東路	峨岷小學

難民收容所	序列	街道	所址
	第一所	景星街	吉祥小學
	第二所	貴州會館	華南小學
	第三所	景虹街	景虹小學
	第四所	象眼街	附屬小學
	第五所	平政街	螺峯小學
	第六所	錢局街	承華小學
	第七所	大觀路	大觀小學
	第八所	武成路	女中附小
	第九所	南強街	南強小學
	第十所	復新街	粤秀小學
	第十一所	臨江里	尚義小學
	第十二所	靈光街	桃源小學

備考

北
南
東
西

重傷醫院
輕傷醫院
收容所

云南省政府关于蒙自「四一三」被炸案赈款分发领结致云南省民政厅的训令（一九三九年八月二十三日）

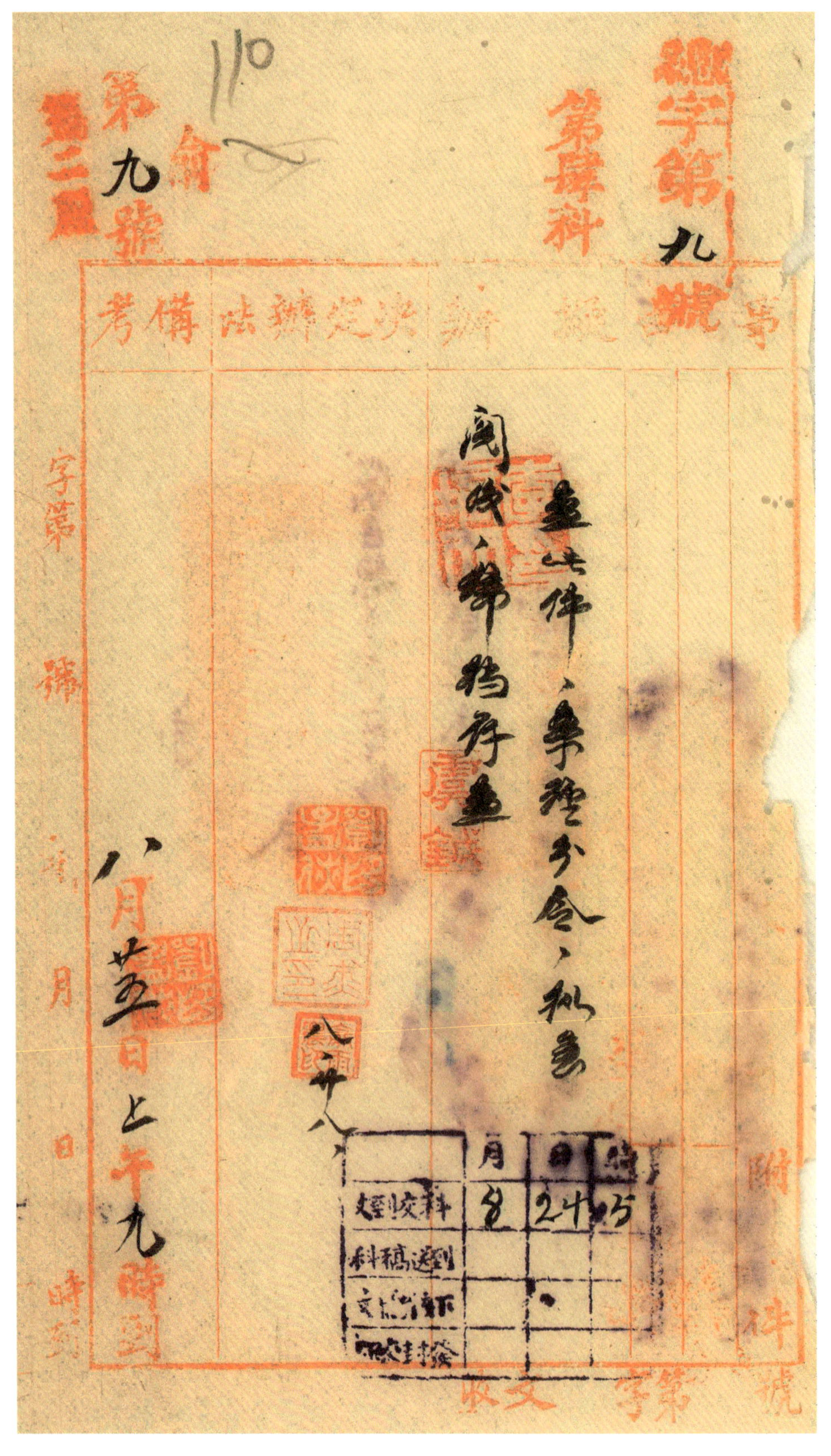
總字第九號
第肆科
第二廳 第九號 簽
擬辦
決定辦法
備考
八月廿五日上午九時到

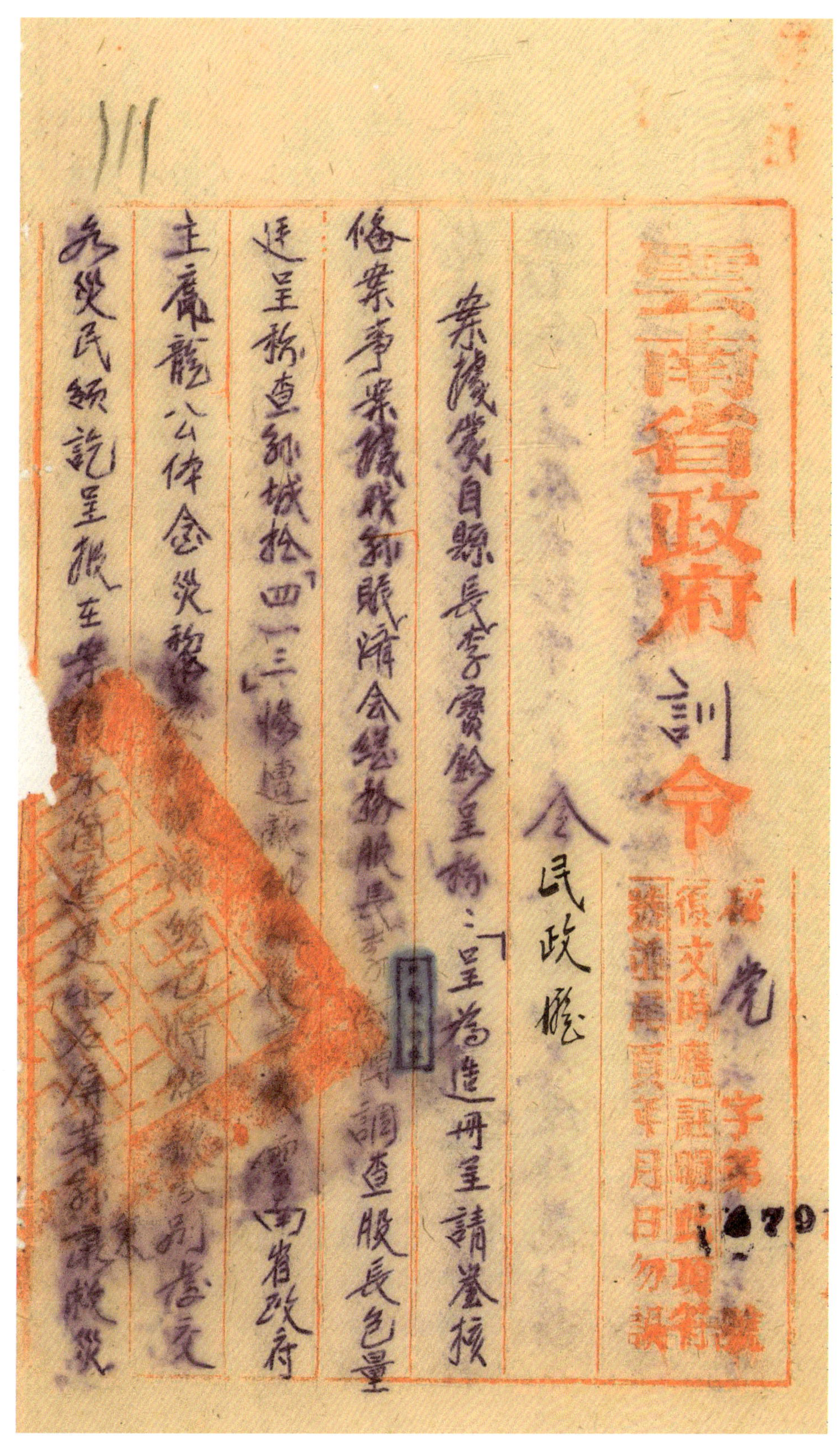

雲南省政府訓令

秘[illegible]字第[illegible]號

復文時應註明此項字號並年月日勿誤

令民政廳

案據蒙自縣長李實銘呈稱：「呈為造冊呈請鑒核備案事。案據我縣賑濟會總務股長[illegible]調查股長包量廷呈稱：查縣城於『四一三』慘遭震[illegible]雲南省政府主席龍公體念災黎[illegible]李[illegible]為災民領訖呈報在案[illegible]

112

卹髒云義慨捐鉅款賑濟難民，計先後匯款共新幣肆萬五千柒百零八元四角，[illegible]送賑濟[illegible][illegible][illegible][illegible]數核收，感謝外，并開會議決，賑濟數目，飭將照第一次發給省賑款災民數目，將鄰部所捐賑款分別[illegible][illegible][illegible]災難民先後領訖在案。計發炸斃災民一百五十九人，每人撫卹費新幣伍拾四元，合計共發去新幣八千五百八十六元，又發炸斃公務人員十六員，各分別等級，共發撫卹費新幣叁千元，二共合發去炸斃撫卹費新幣壹萬壹千五百八十六元，又發重傷災

113

民五十二人每人發撫卹費新幣四拾二元共合發去新幣二千一百八十四元又發輕傷災民一百零四人每人發撫卹費新幣弍十元合計發去新幣弍千零八十元以上炸斃重傷輕傷三項總共合發去新幣壹萬五千八百五十元又發燒燬樓房十八間經賑濟會議決每樓房上下一間以樓上下作二間算合計三十六間又平房十四間共計合樓平房五十間每間發賑款新幣四十元合共發去新幣二千四百元又發炸燬樓房弍十七間每間仍照樓上下

114

算作二间合計一百七十四间又平房三百三十六间共計合四百一十间每间發給賑款新幣叁拾式元共合發去新幣一萬三千一百二十元又震坏樓房一百三十八间每间仍以樓上下算作二间合計二百六十二间又平房四百八十八间共計合樓平房七百六十四间每间發給賑款新幣式拾元共合發去新幣壹萬五千弍百八十元以上被燒炸震燬房屋三项共合發去新幣叁萬零八百元縂計傷亡灾民及燒燬震坏房屋縂共合發去賑款新幣肆萬陆千陆百五十元上项

115

所列賑濟數目均經按照應領之數先後發給各災民領訖並取具領款切結存查在案核計二次賑濟各被災難民共合收鄉縣賑款新幣肆萬五千七百零八元四角又由第一次發給省賑款發餘存款項下歸併入此次發給各災民賑款新幣壹千八百八十八元二共合新幣肆萬七千五百九十六元四角除經計共發災民具領賑款新幣四萬陸千六百五十元外計尚存餘賑款新幣玖百四十六元四角現此項存款由經[illegible]股[illegible]縣銀行保存以後遇

116

如何處置之處，即祈核[illegible]令遵。

民爺縣賑款，理合將[illegible]款數目，

分别造具清册二本，并繳同[illegible]備之呈，

候鑒核轉報備案等情到府。據此，[illegible]核對無訛，

除令將所有餘存賑款，併同下次分發辦理，各備文，并繳同

領結、清册，呈請鈞府鑒核備案，并祈示遵。等情。謹呈

清册二本、領結五册。據此，查所呈清册、領結，核總尚

屬相符，准予備案。至所餘賑款，計國幣九百四十元，

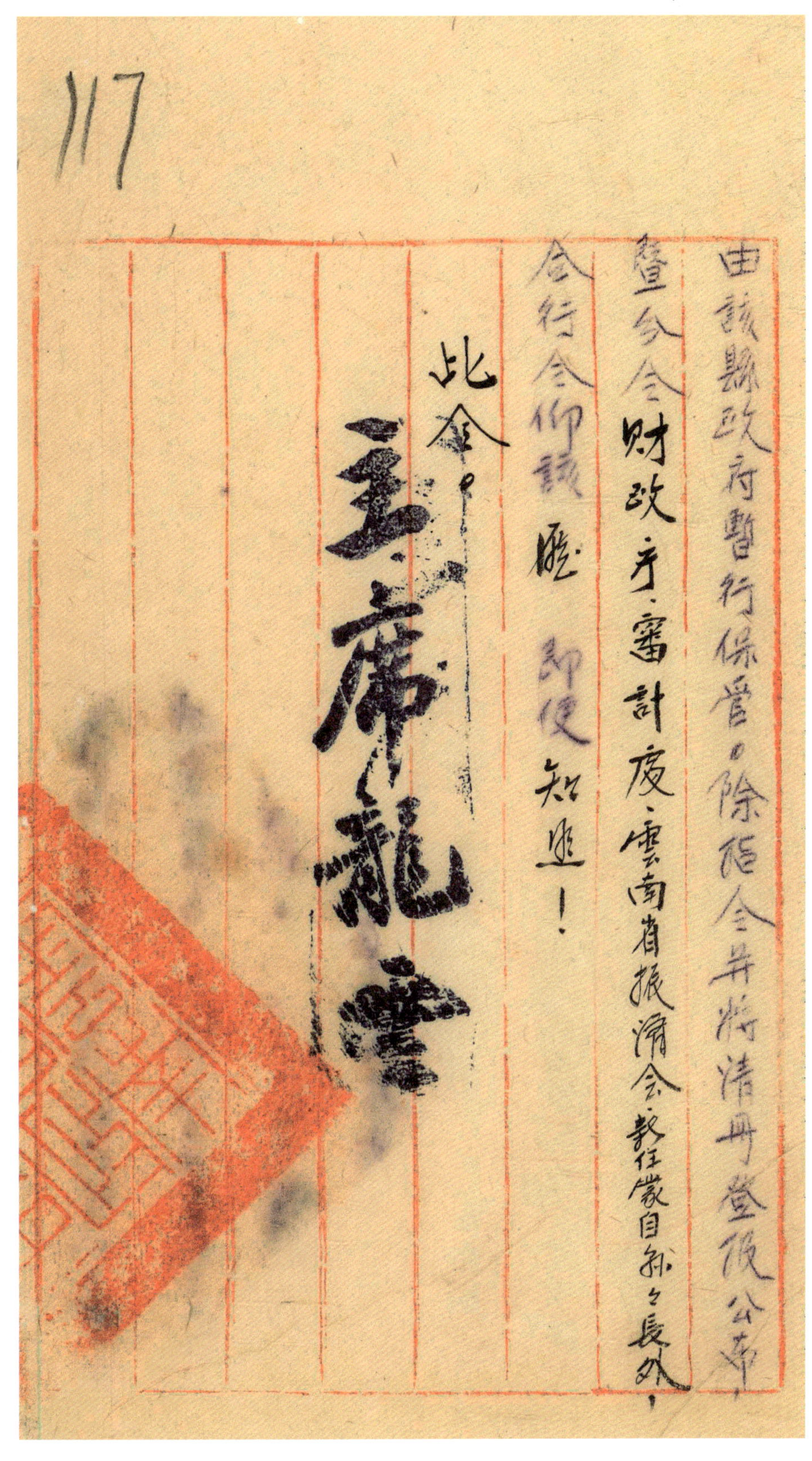

117

由該縣政府暫行保管。除指令并將清冊發還公布

暨分令財政、審計廳、雲南省振濟會、教育廳各長外，

合行令仰該縣即便知照！

此令。

主席龍雲

119

中華民國二十八年八月二十三日

監印 林紹美

核對 劉彭年 林子華 李雁秋

云南省政府关于昆明空袭紧急救济联合办事处办理防空善后工作情形致云南省民政厅的训令

（一九四〇年二月九日）

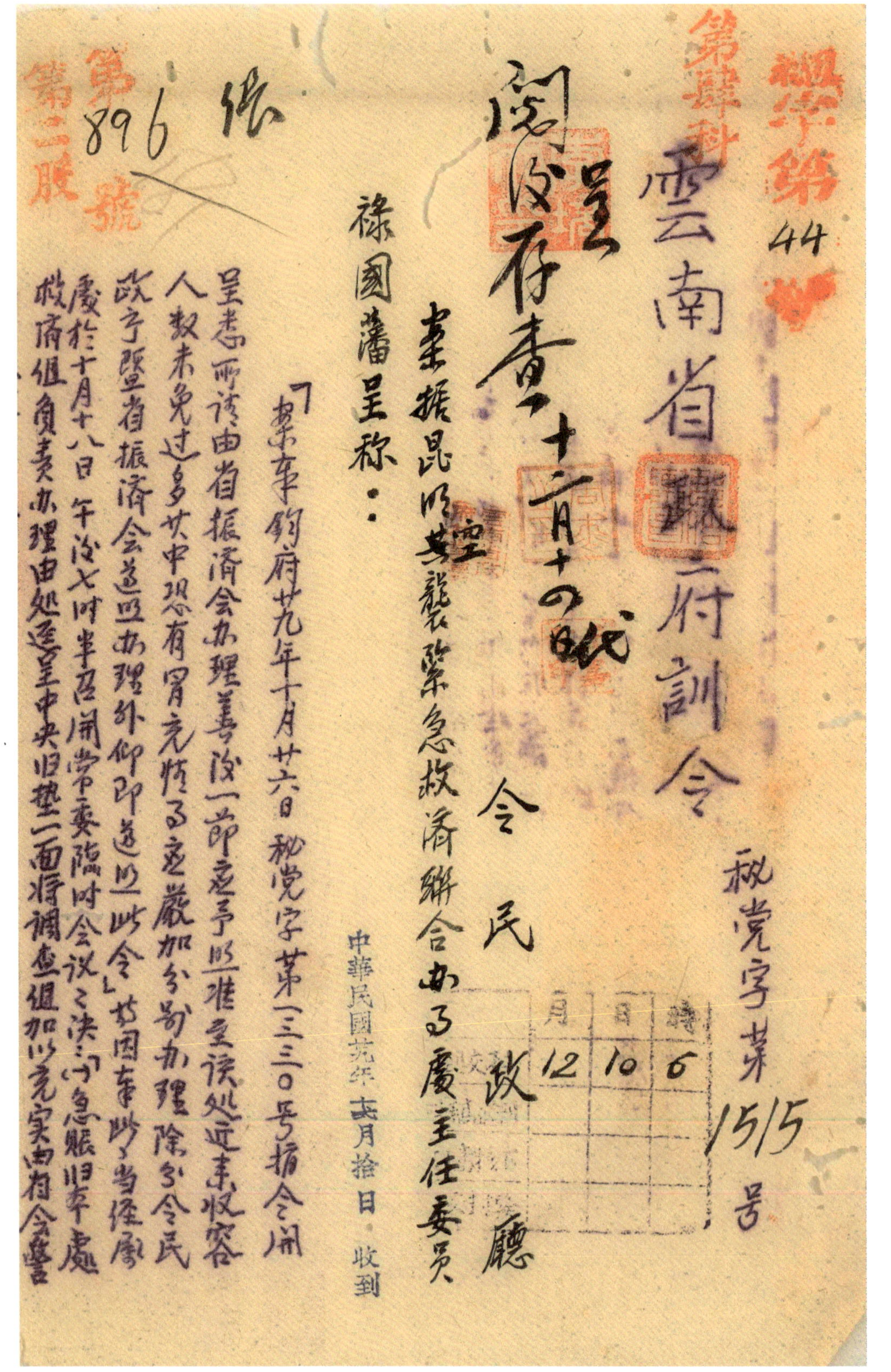
雲南省政府訓令　秘党字第1515号

令民政廳

案據昆明空襲緊急救濟聯合辦事處主任委員
祿國藩呈稱：
「案奉鈞府廿九年十月廿六日秘党字第一三三〇号指令開
呈悉所請由省振濟会辦理善後一節應予照准至該處近來收容
人數未免過多其中恐有冒充情事應嚴加分别辦理除分令民
政廳暨省振濟会遵照辦理外仰即遵照此令」等因奉此當經屬
處於十月十八日午後七时半召開常委臨时会议決：(一)急賑旧案處
救濟組負責辦理由处逕呈中央归墊一面將調查組加以充实由省令警

閱後存查　十二月十四日

中華民國廿九年十二月拾日收到

局市县政府各派职员一人参加工作，并推举书记专兼任组长，其程序先
调查组会同各警察分局区坊乡镇保甲长从事初查，后列册送交
救济组要获查再行核发至救济组亦由省振济会难民总站负责分别
担任正副组长。（二）本处所收容难民仍照案每人日发食米一旧斤、菜银国币
伍角，以收容两星期为限，其收容期满善后办法规定如下：（1）学龄儿童
送教养院；（2）残废年老不能生产者分别送养济院安老院；（3）有技能
者由职介会介绍职业；（4）欲营工商业缺乏资本者介往小本贷款处照
章贷款；（5）欲离昆市回籍或投奔亲友缺乏川资者，酌量补助。以上五
项在收容期内，应由各收容所专送照本处所发登记表详确登记填
报来处（难民离所时志愿一项可填入备注栏内），以凭核办。当议在案，并分
函各有关机关查照，及令各收容所遵照办理在案。旋复于十月廿一日午
后七时召集本处救济组及各收容所专会商实施办理善后问题，当议
决：（一）遵照省府指令由省振济会负责按照常会议决善后办法五项，设立
登记处，分别予以救济，至各收容所工作由处制定办事细则，并将难民报告
表参照难民总站表册予以补充，分发各收容所遵办，以资周密而利进行。
至难民应否制止往所及规定关于伙食或发米银之处，提请常会核议。等
议纪录在卷。除分催省赈济会及昆明难民总站遵照议办理外，理合将
遵办情形备文呈请钧府鉴核祇遵。——

函槟办间，复据省振济会呈称：

「案奉钧府本年十月廿四日秘党字第一三三〇号训令，以据昆明空袭紧急救济联合办事处本年十月十七日呈报本市迭遭轰炸，设收容难民情形，并请求转饬省振济会筹划办理善后一案，文内节开：「除以呈悉，所请由省振济会办理善后一节，应予照准」等语，指令并分令外，合行令仰该会遵照办理报查。此令」。等因，奉此，自应遵办。惟查最近中央颁发修正空袭紧急救济办法第二条之规定，关于空袭炸后一切急赈工作如救护、医疗、掩埋、指导、收容等均归联办处办理。又同办法第六条之规定，被炸无家存身之人民，应由联办处设立临时收容所，并于一星期内妥筹安置或疏散办法，难童则分送儿童教养保育院所收容教养。是则该联办处除办理急赈外，其善后工作亦归该处负责，且权责一致，规定至为周妥。复查该联办处十月十八日临时会议讨论了项第一议决案内，亦规定有难民收容期满善后办法五则，由该联办处统筹办理，可知该处并未放弃其原应负担之善后责任。若照该处十月十七日呈请，将善后救济工作划归职会办理，则事前不免纷歧，且与定案亦有不符。奉令前因，理合检同参考文件两种，具文呈覆，仰祈鉴核。恳将空袭善后救济工作仍饬联办处照章办理，以符规定而专责成，并祈令遵！」

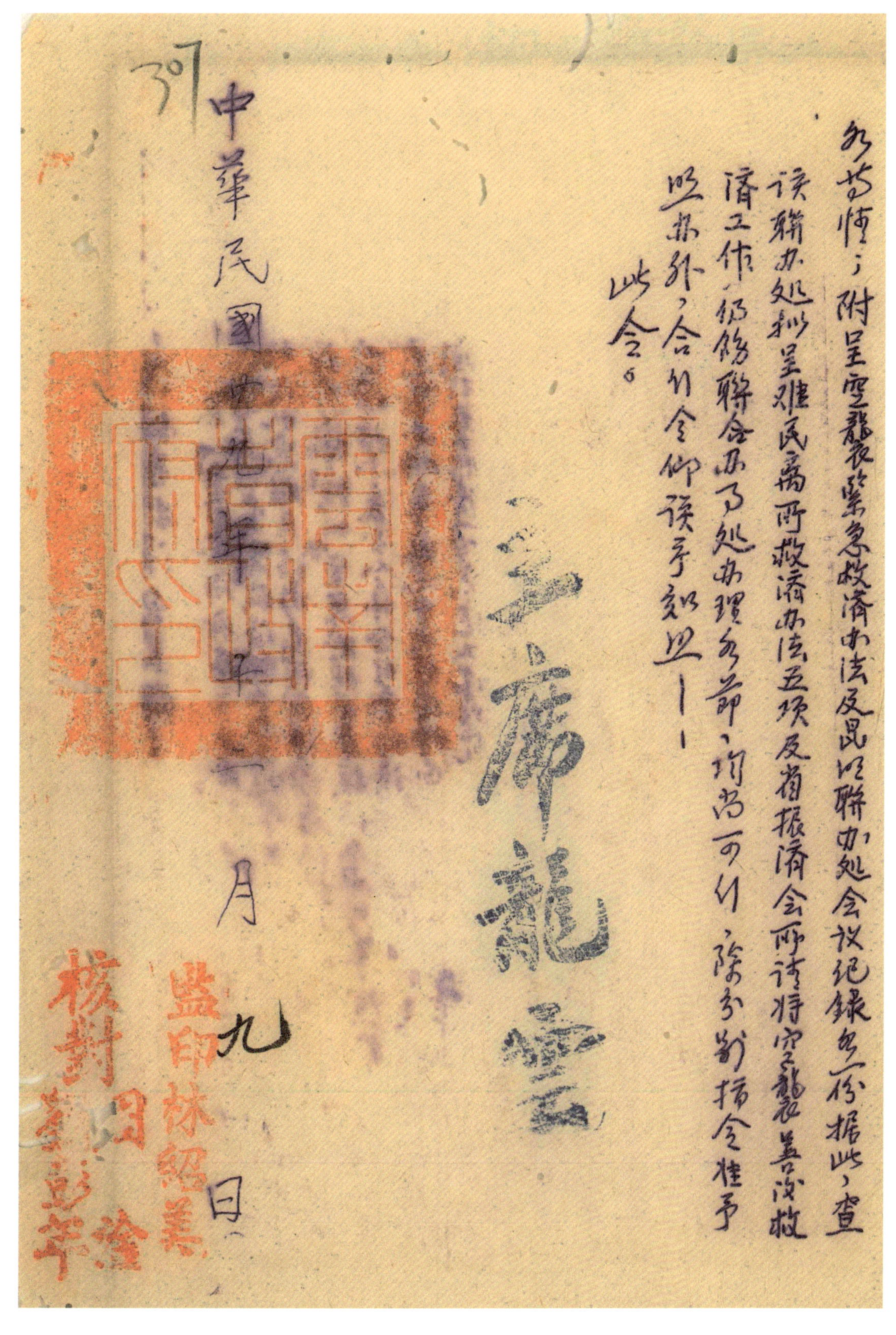

各節情形，附呈空龍衣業急救濟辦法及昆明聯辦處會議紀錄各一份。據此，查該聯辦處抄呈難民需要救濟辦法五項及省振濟會所請將空龍衣業急救濟工作，仍飭聯合辦事處辦理各節，均尚可行，除分別指令准予照辦外，合行令仰該會知照——

此令。

主席龍雲

中華民國廿九年十一月九日

監印林紹美

核對周淦 蔡彭年

玉溪县政府关于遵令募款救济昆明县被炸难民致云南省民政厅的呈（一九四〇年五月十九日）

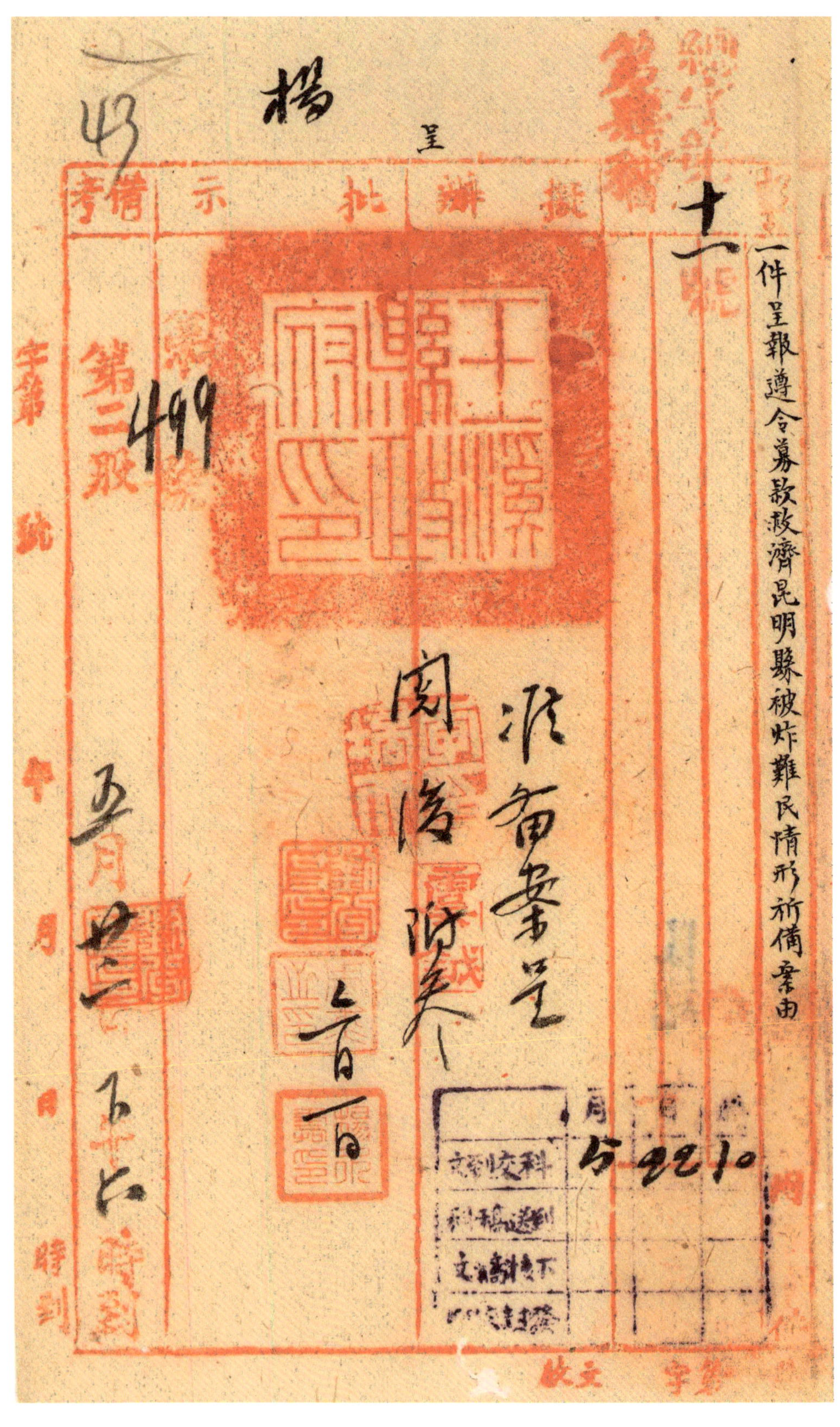
杨

呈

一件呈报遵令募款救济昆明县被炸难民情形祈备案由

拟	办	批	示	备考
准备案呈	阅后附卷			

第二股 499

五月廿二

下午六

44

呈為呈報事：昨閲報載：五月九日，敵機竄入昆明縣境，於該縣之香谷村、黑店豐一帶，擲下炸彈多枚，人畜房屋，均有損傷，閲讀之下，不勝憤恨倭奴之慘無人道，而為我被難民衆，深為悼惜，茲經縣長遵照

綏署祕兗字第八九號通令，領導所屬，分别勸募，募獲新幣叁百元，除咨送昆明縣政府轉發各被災難民，以資救濟外，理合備文呈請

省府

鈞廳鑒核備案！

謹呈

雲南省民政廳廳長李

玉溪縣縣長郃　潤

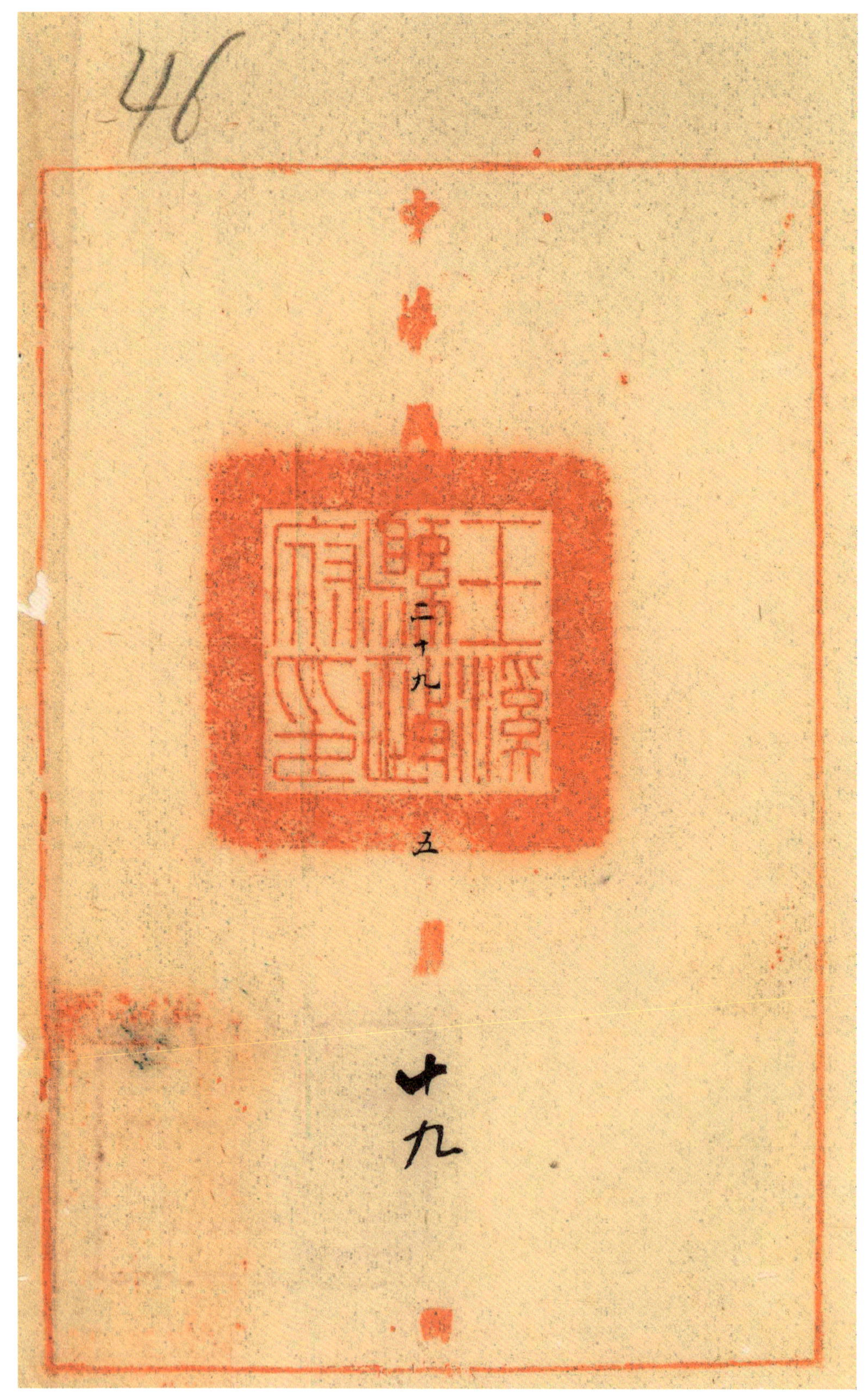

46

中華民國二十九年五月十九日

云南省民政厅刘公度、王德明关于分发敌机轰炸昆明市香条村伤亡人民恤金情形的签呈（一九四〇年五月二十日）

閱悉存 五卅

簽呈附稿

為會銜簽報發放恤金領支款項仰祈鑒核備案事竊職等奉派會同前往發放「五·九」敵機轟炸香條村傷亡人民燬壞住房撫恤金當即領取省政府暨賑委會發給恤金共國幣貳萬元會同昆明縣高縣長暨該地鎮長紳首等在關上鄉公所及市內外各醫院遵照核定標準當眾發放計發被炸死亡人民李壽何王氏等二十五丁口恤金國幣弍千五百元被炸受傷人民王長生孫趙氏等三十二丁口恤金國幣壹千肆百叁拾元被炸燬房屋人民李長清李壽等八十五家恤金國幣捌千柒百壹拾伍元三共支發恤金國幣壹萬弍千陸百肆拾伍元除領發兩抵外實存國幣柒千叁百五十五元業已交由防空司令部蔔組長暫行保管至是日有住址不明及遺漏者已會銜佈告限至本月底到部登記現已有多起職等擬於六月二日再會同前往補發俟辦理清楚再行造冊具報并將餘款呈繳理合先將遵辦情形先行會簽請祈

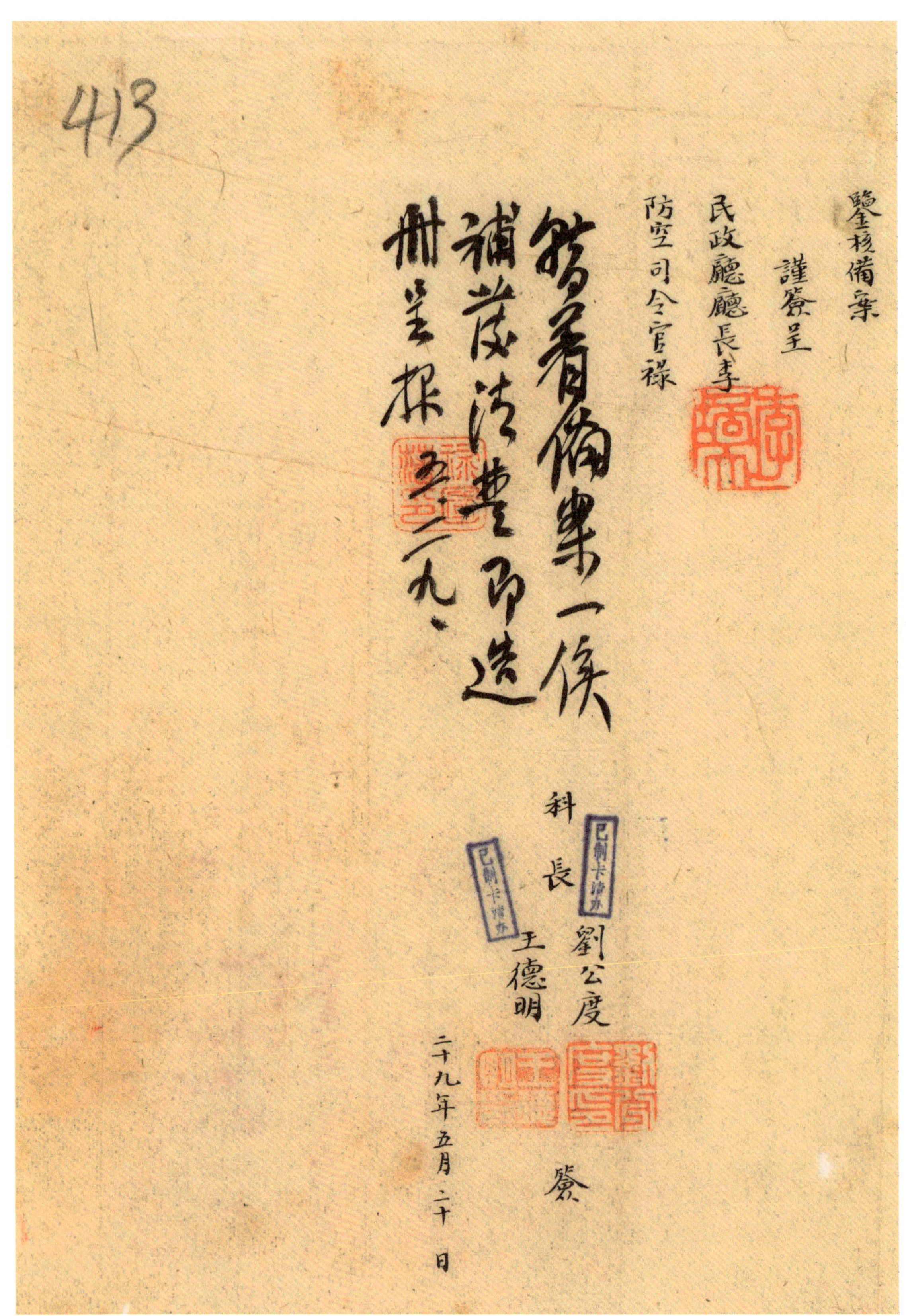

413

鑒核備案

謹簽呈

民政廳廳長李

防空司令官禄

虧着備案一係

補發清冊即造

冊呈報 五、二〇、九、

科長 劉公度

王德明

簽

二十九年五月二十日

云南省政府关于玉溪县募款救济五月九日昆明县被炸难民予以嘉奖致云南省民政厅的训令（一九四〇年六月五日）

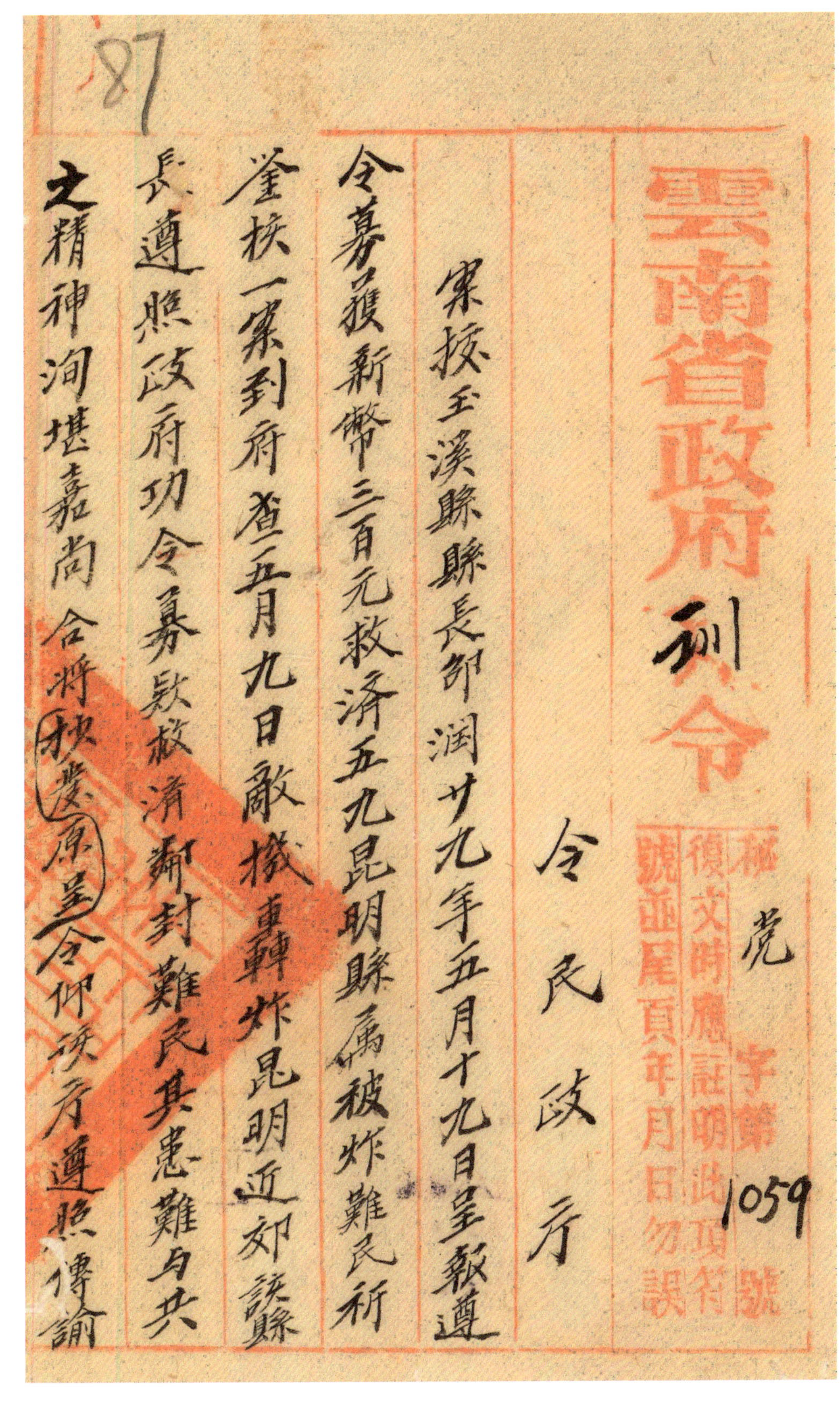

87

雲南省政府訓令 秘虎字第1059號

復文時應註明此項符號並尾頁年月日勿誤

令民政厅

案據玉溪縣縣長邵潤廿九年五月十九日呈報遵令募獲新幣三百元救濟五九昆明縣屬被炸難民祈鑒核一案到府查五月九日敵機轟炸昆明近郊該縣長遵照政府功令募款救濟鄰封難民其患難與共之精神洵堪嘉尚合將抄發原呈令仰該厅遵照傳諭

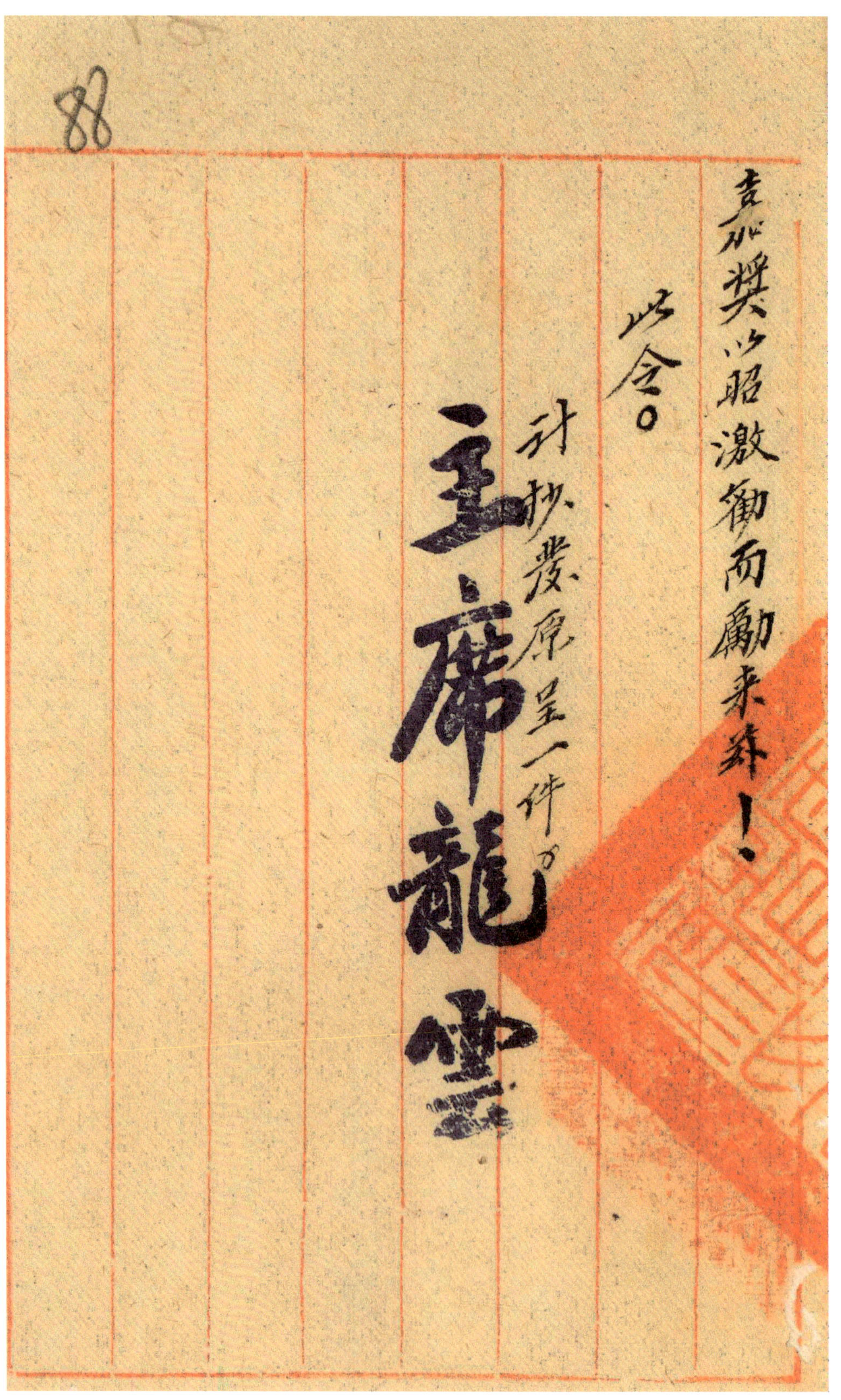

88

嘉奖，以昭激劝而励来兹！

此令。

计抄发原呈一件。

主席 龙云

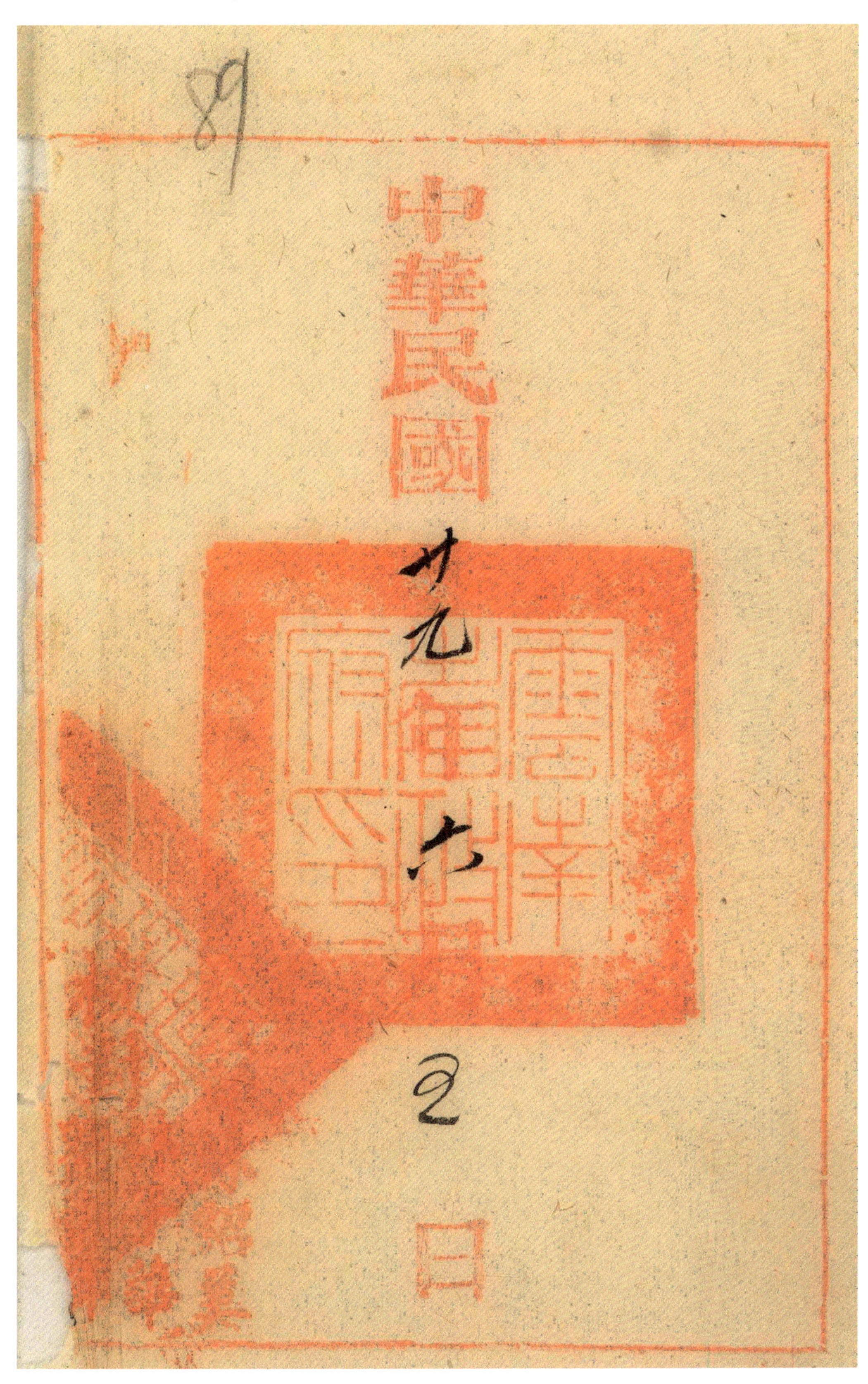

89

中華民國廿九年六月2日

附：原呈

照抄原呈

呈為呈報事 昨閱報載 五月九日 敵機竄入昆明縣境 於該縣之王家谷村一

黑唐營一帶擲下炸彈多枚 人畜房屋均有損傷 閱讀之下 不勝憤恨倭

奴之慘無人道 而為我被難民眾 深為悼惜 茲經縣長遵照 鈞署府秘覺字

第八九號通令 領導所屬分別勸募 募獲款幣三百元 除送昆明縣

政府轉發各被難民 以資救濟外 理合備呈陳

鈞署府詧核備案

謹呈

滇黔綏靖公署主任
雲南省政府主席 龍

玉溪縣縣長 邵潤

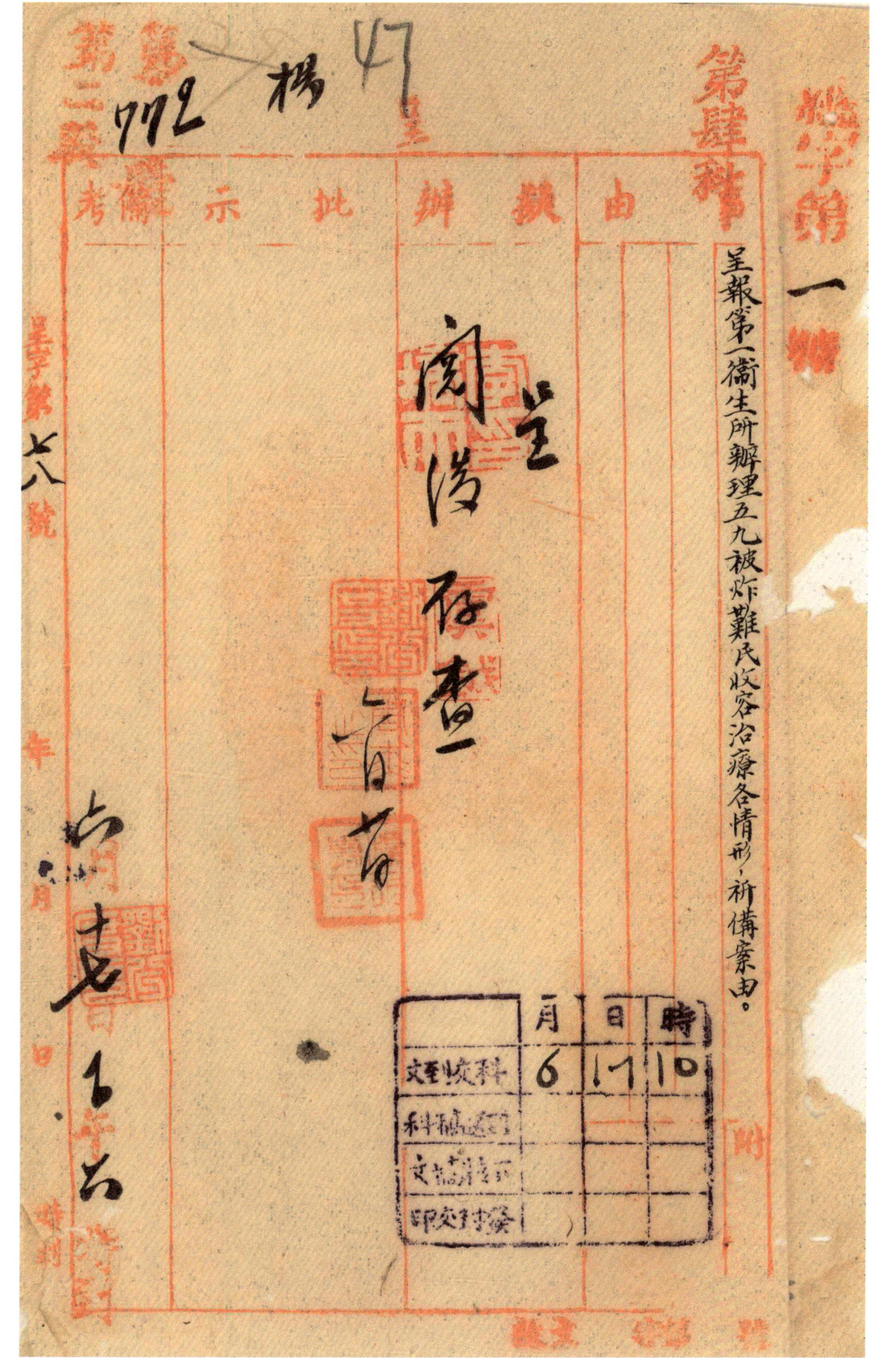

第肆科

第二科

字第一號

772 楊 47

由	擬辦	批示	備考
呈報第一衛生所辦理五九被炸難民收容治療各情形，祈備案由。	呈悉存查		

呈字第七八號

年 六月 十七日

	月	日	時
文到收文科	6	17	10
科稿送			
文稿核行			
印交封發			

云南省全省卫生实验处关于第一卫生所办理五月九日被炸难民收容治疗情形致云南省民政厅的呈（一九四〇年六月十五日）

48

案據昆明市第一衛生所主任徐彪南呈稱：

「竊查本年五月九日，午后三時，昆明縣屬香田村一帶，被敵機轟炸，所有受傷難民，經救護人員舁送來所，囑為收容。職所以職責所在，當即允予照辦，立刻分別輕重，施以手術上之治療，並收住病室，妥為醫調，除列表呈報 雲南防空司令部外，理合將收容治療情形，列表報請鈞處核示遵！」

等情，據此，查該所此次收容被炸受傷難民治療各情形，辦理尚無不合，除指令准予備案外，理合備文呈請

鈞廳鑒核備案，實為公便！

謹呈

雲南民政廳廳長李。

49
雲南全省衛生實驗處處長繆安成

50

中華民國二十九年六月十五日

昆明空袭紧急救济联合办事处办理香条前村、和甸营村赈务一览表（一九四〇年六月十七日）

昆明空袭紧急救济联合办事处办理香条前村赈务一览表

姓名	损失情形	发款数	备考
赵永清	草房二间连物全烧毁死一口	叁百元	
赵春平	草房三间连物全烧	叁百元	
詹清	草房三间全烧毁 房二间微伤	叁百元	
段亮	草房二间全烧毁死一口	叁百元	
刘洪生	草房两间全烧 妻受微伤	叁百元	
刘利生	仝右	叁百元	
段天兴	草房二间全烧毁 房一间受伤	贰百元	
段槐德	草房三间损伤	壹百元	

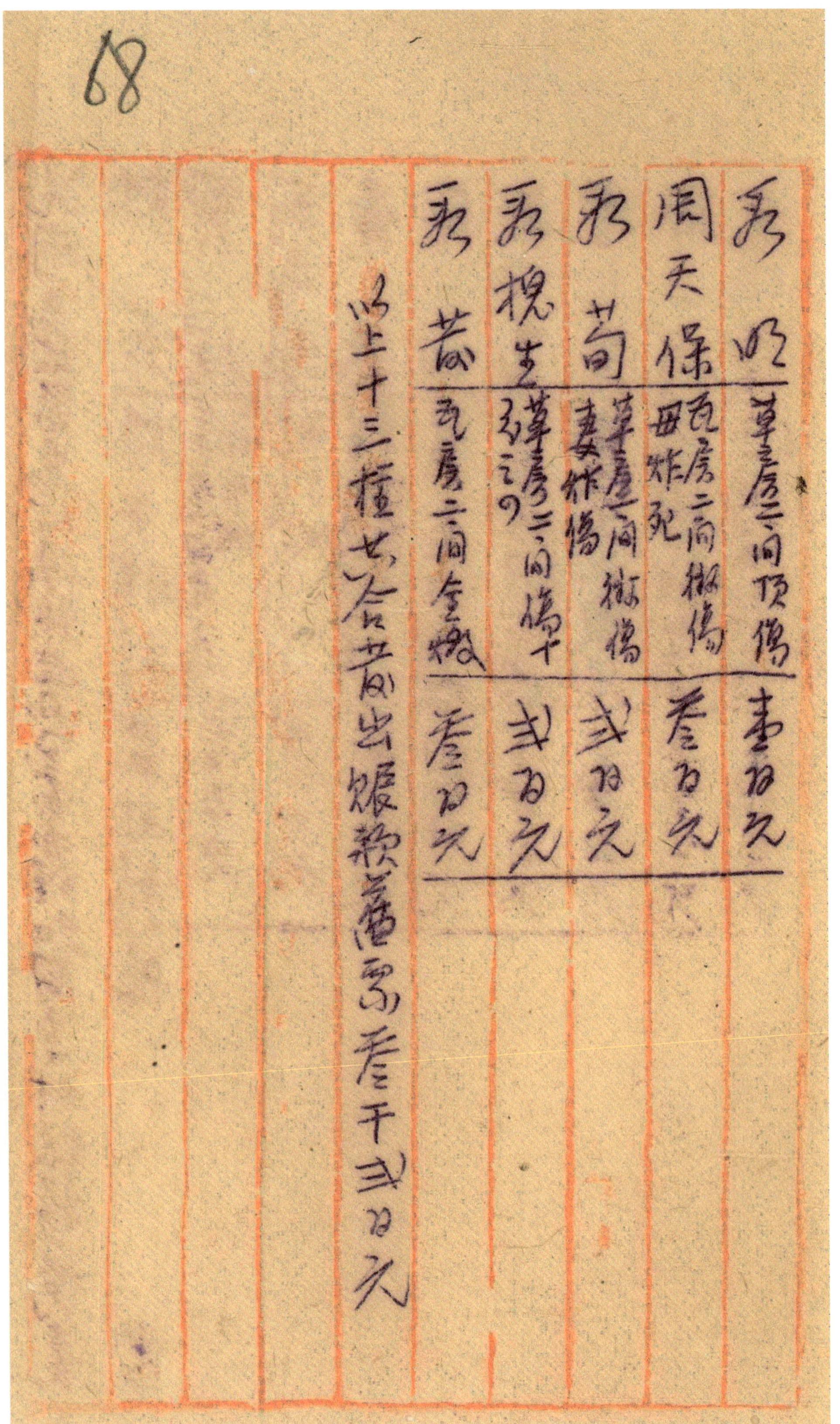

68

姓名	損失情形	賑款
孫昭	草房二間頂傷	壹百元
周天保	瓦房二間微傷 母炸死	叁百元
孫苟	草房二間微傷 妻炸傷	貳百元
孫槐生	草房二間傷十分之四	貳百元
孫蕊	瓦房二間全毁	叁百元

以上十三户共合發出賑款國幣叁千貳百元

昆明空襲緊急救濟聯合辦事處辦理和甸營村賑務一覽表

姓名	損失情形	發款數	備考
吳槐	草房三間瓦房三間全燬	叁百元	
王永發	草房兩間瓦房二間全燬	叁百元	
葉蓉	草房三間一個子有才炸死	叁百元	
蔣仁	草房三間全燬	貳百元	
蔣義	草房三間微傷	壹百元	
李芬	妻李氏受傷	壹百元	
周植	妻周氏受傷	壹百元	
袁康	重傷送紅十字醫院	壹百元	

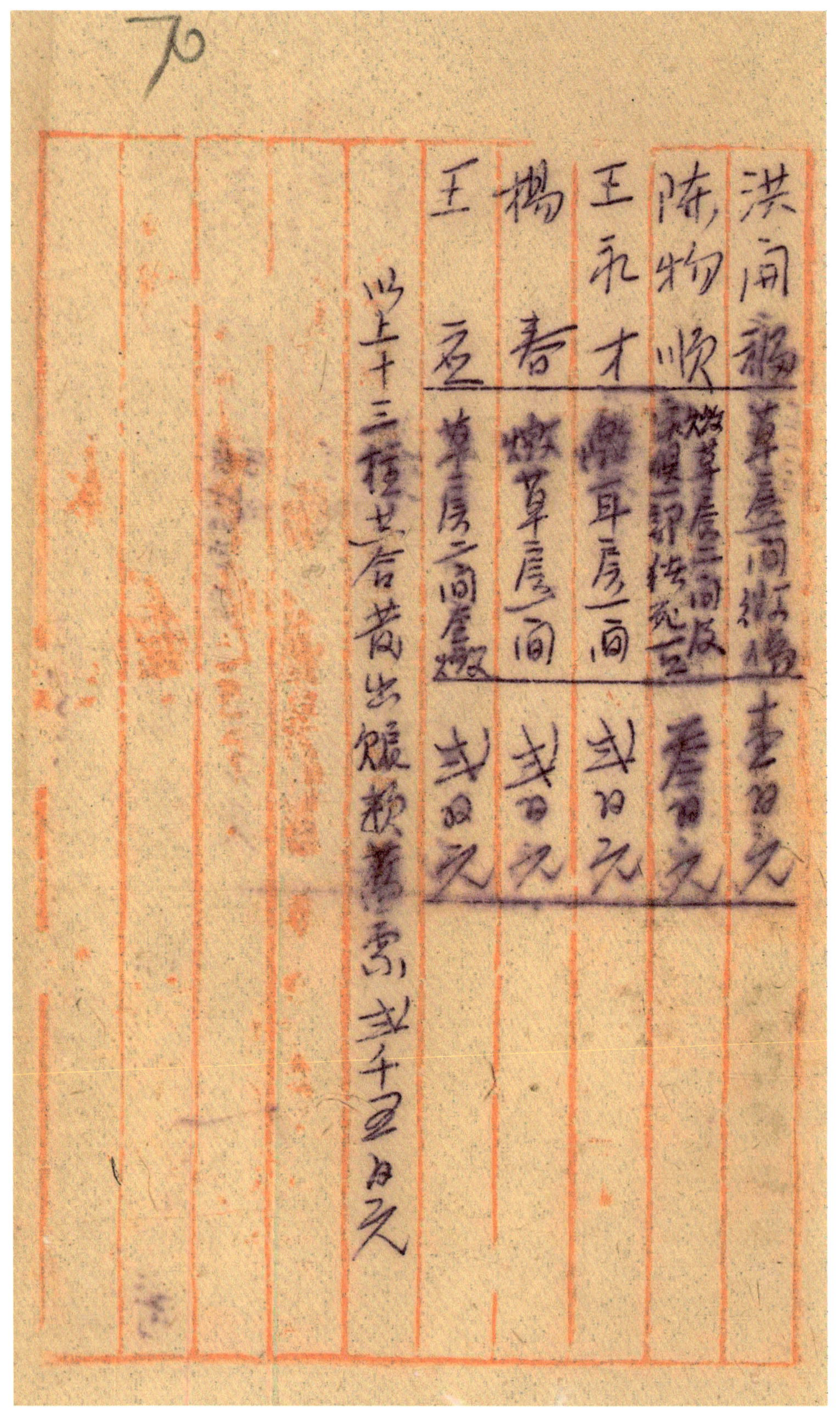

70

姓名	損失	賑款
洪開福	草房一間被燬	壹百元
陳物順	燬草房二間及家具一部份死亡	叁百元
王丕才	燬平房一間	貳百元
楊春	燬草房一間	貳百元
王應	草房二間屋燬	貳百元

以上十三户共需發賑款[illegible]需貳千五百元

云南省政府关于中央银行赈济昆明城郊被炸款一万元国币致云南省振济会的训令（一九四〇年六月）

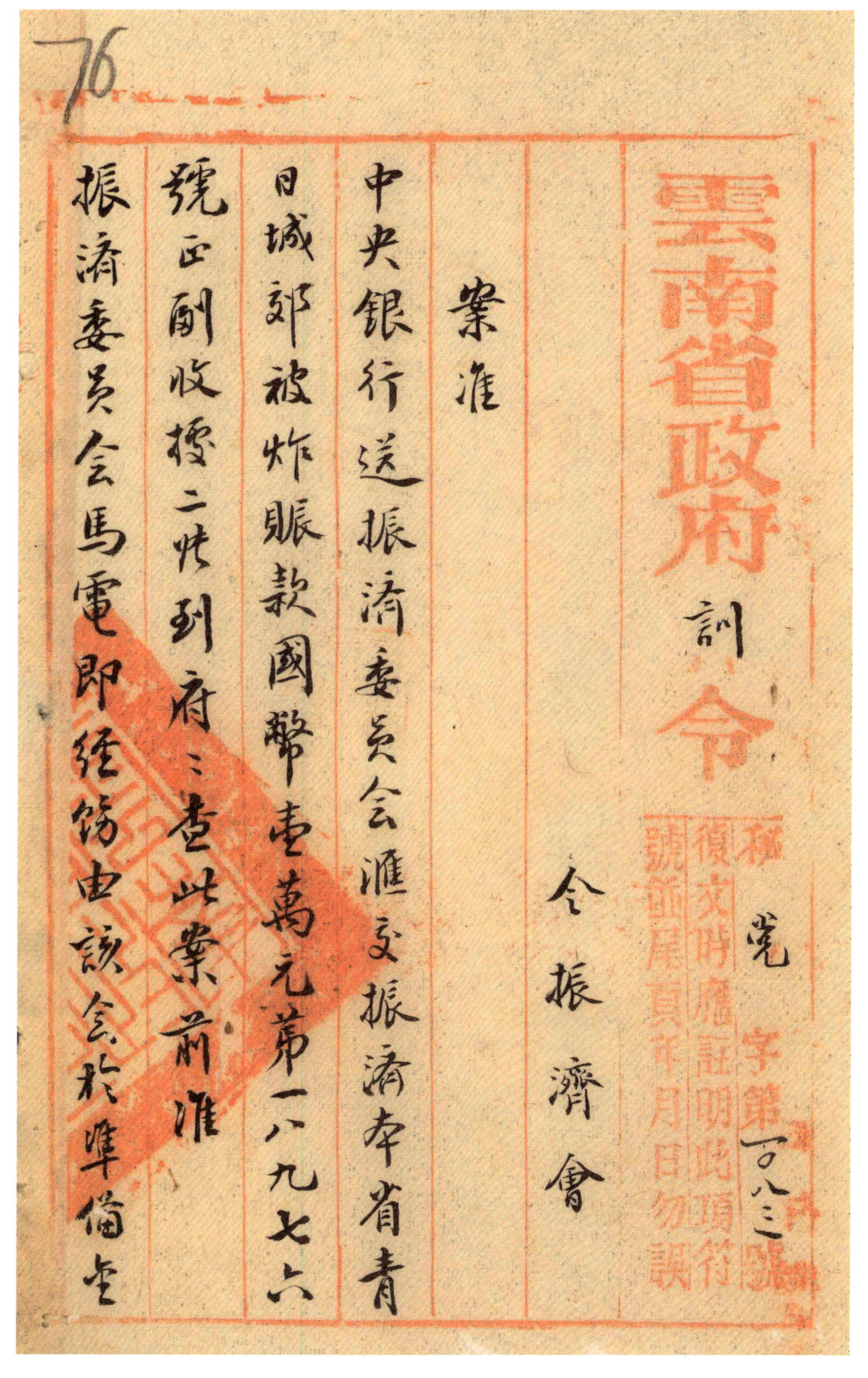
76

雲南省政府訓令

秘 字第一〇八三號

復文時應註明此項符號並尾頁年月日勿誤

令振濟會

案准

中央銀行送振濟委員會滙交振濟本省青日城郊被炸賑款國幣壹萬元第一八九七六號正副收據二件到府，查此案前准振濟委員會馬電，即經飭由該會於準備壹

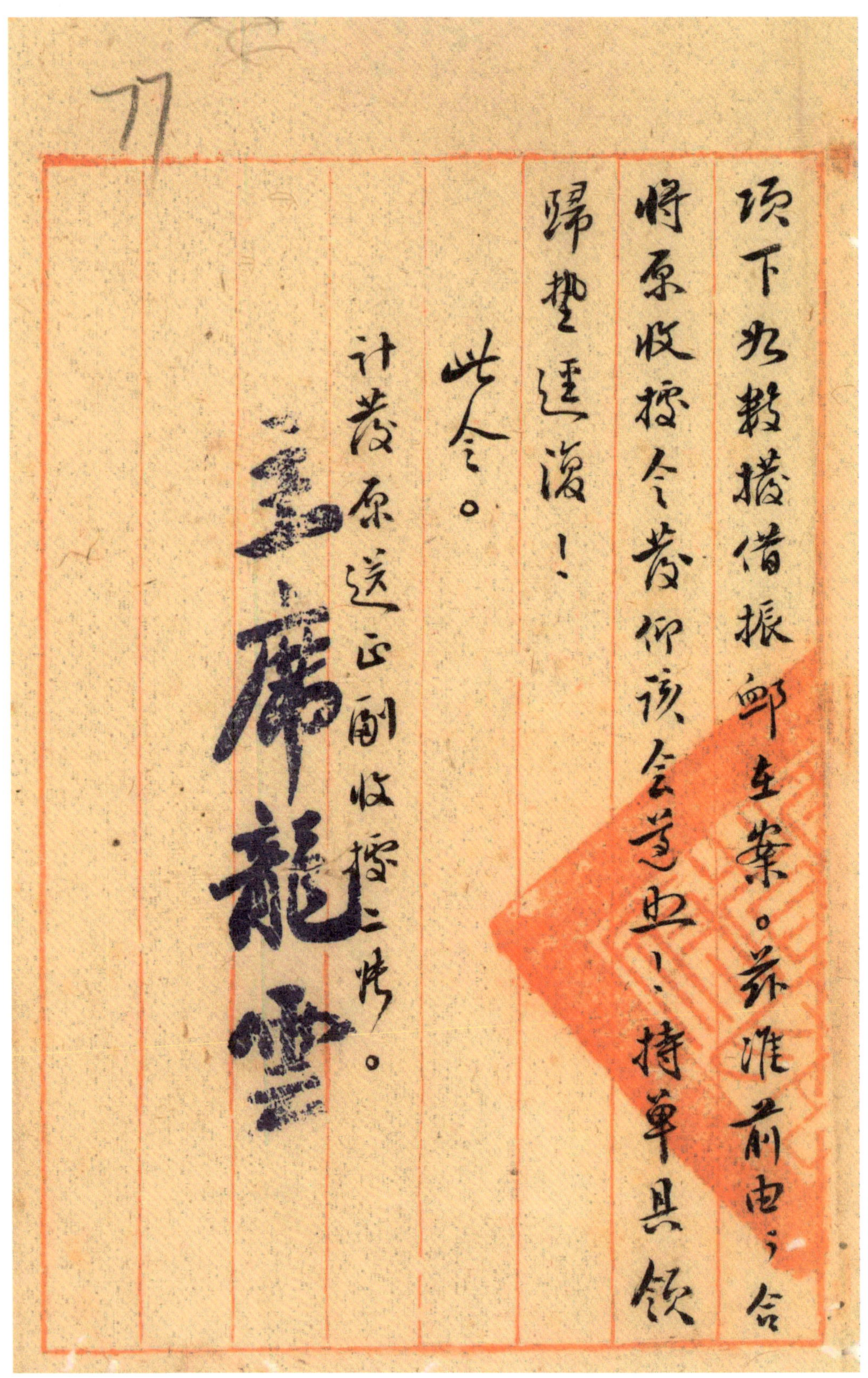

77

項下如數撥借振卹在案。茲准前由，合將原收據令發，仰該會查照！持單具領歸墊逕覆！

此令。

計發原送正副收據二張。

主席龍雲

78

中華民國　　年　六　月　　日

核對　林子華　劉彭年

云南省振济会就发放「九卅」被炸死亡难胞赈款的公告（一九四〇年十月四日）

38

雲南省振濟會稿

來文字第　號　別：公告

送達機關

事由：登報公告本年「九卅」被炸難胞遺族[illegible]死亡振款及補發輕重傷[illegible]
（核定[illegible]）

附件　別

主任委員

常務委員

組長　組員　總務組

中華民國廿九年十月四日下午

交辦　月　日　時
擬稿　月　日　時
核簽　月　日　時
判行　月　日　時
繕寫　月　日　時
校對　月　日　時
蓋印　月　日　時
封發　月　日　時
去文字第　號
檔案字第　號

39

登报公告

云南赈济会公告　卅二九月卅日市府

兹将炸灾振款，本会业经至对昆章实行核

给发重伤难胞振款，并派员驻间在案。兹定发章

准从优发给死亡难胞振款，的请领难胞重伤振款

编。计开：十月七日第五区。十日第六区。

十月九日第二、三两区。地点：在该区区公所。时

间：上午八时至十二时。合行公告周知！

附（一）云南省振济会就发放「九卅」被炸死亡难胞振款日期地点表

40

雲南省振濟會發放「九卅」被炸死亡難胞振款日期地區表

日期	區域	時間	地點
十月七日	第五區	午后三時	第五區々公所
八日	第六區	午后三時	第六區々公所
九日	第二三區	午后三時	第二三區々公所

附記：上列日期如遇空襲或發警報，延至午后二時者，未解除，則發放日期順日推延。

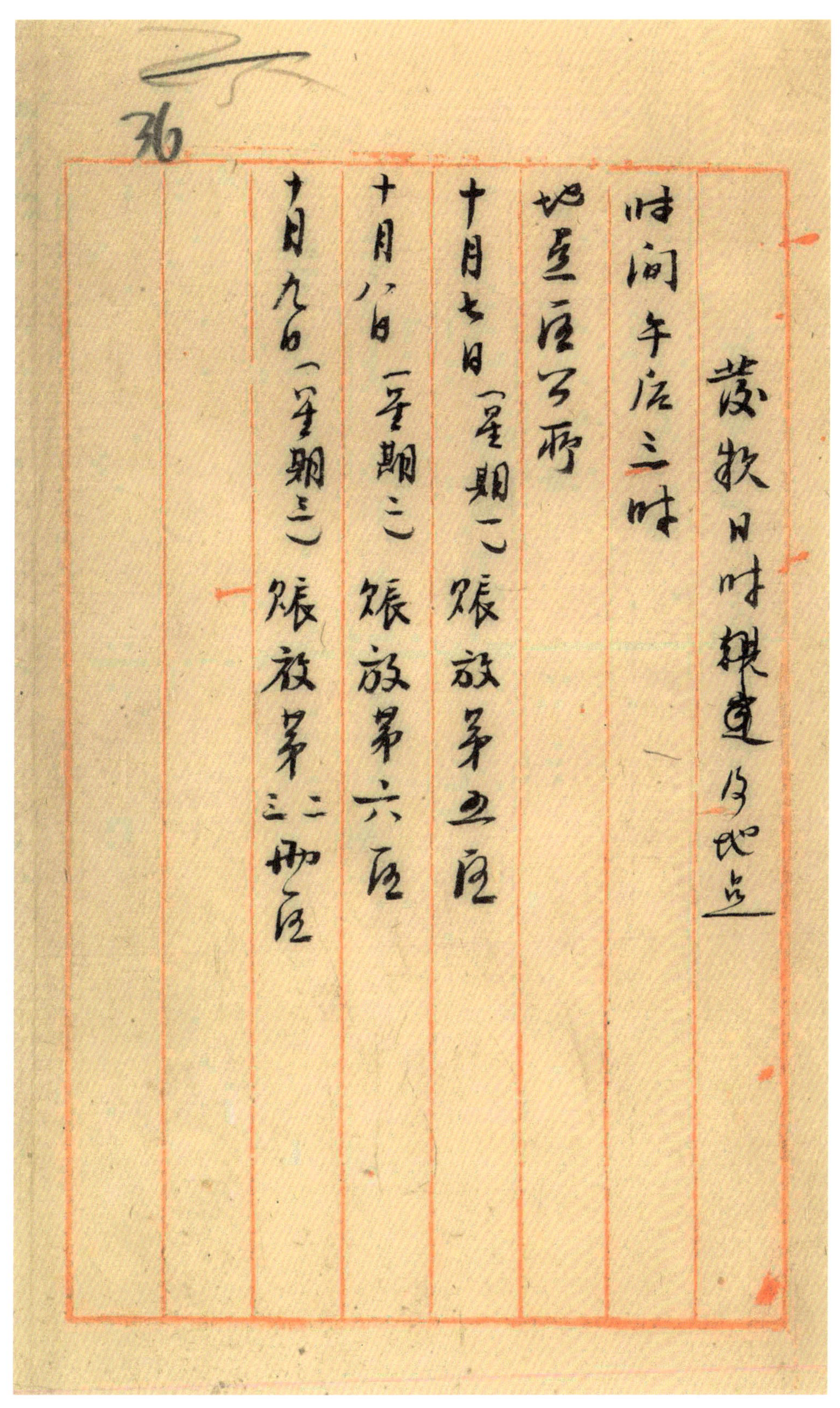

36

发款日时规定及地点

时间午后三时

地点区公所

十月七日（星期一）赈放第五区

十月八日（星期二）赈放第六区

十月九日（星期三）赈放第二三两区

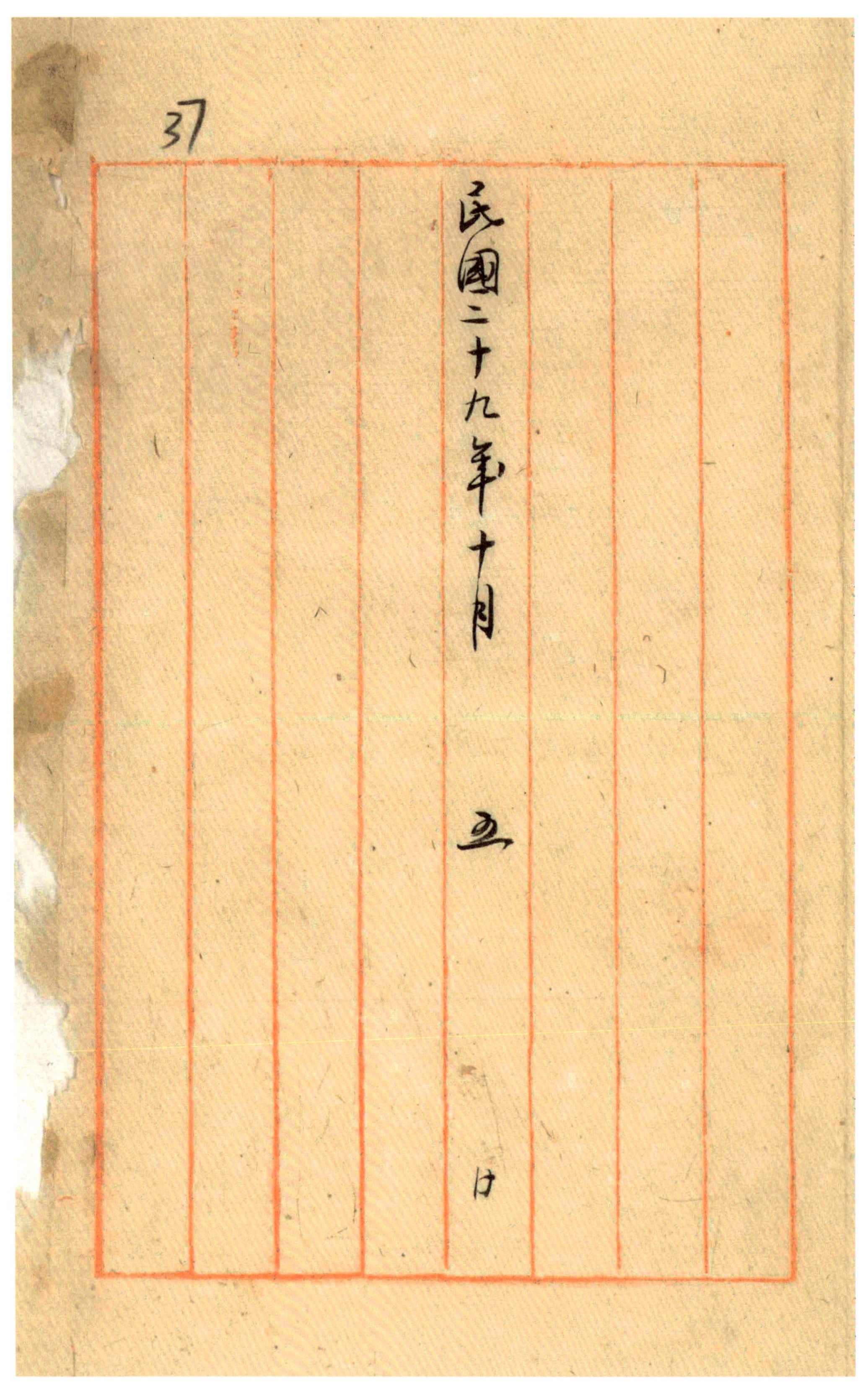

37

民國二十九年十月 廿 日

刘仁关于监放昆明市第五区死伤人员赈款的报告（一九四〇年十月十五日）

報告　十月十五日午後八時　於五區公所

事由：監放十、十七兩日賑款，計賑恤死亡四人、重傷九人、輕傷十四人，共賑出國幣肆百貳拾伍元，餘存柒拾伍元。此款在職會同該處發賑畢，當宣告續來具有未領者，飭該區開單証明，由會補發。此次監賑代領者不發，死亡之賑非直系親屬不發，未成年之人減半發。該查賑員等一一遵辦，始得使之民有濟於款，無虛擲之處。該處初賑國幣（九、卅）八千餘元，自無不同。除飭該區立即具報以便續辦（十、十三）賑恤外，理合具報，請祈

鈞核。謹呈

組長杜

職　劉仁（印）呈

重庆振济委员会关于拨发昆明赈济款十万元致云南省振济会的代电（一九四〇年十月二十三日）

78

6

東電佳代電暨附件均悉昆明慘遭敵機襲炸極深軫念復以該省現已接近戰區嗣後敵機襲炸勢所難免應准核撥空襲救濟準備金拾萬元仰即隨时照章会同各有関機関辦理傷亡振卹関于滇越边境难民救濟費並准撥發拾萬元備用除款滙由省府轉交及所拟兩綱要应俟另案飭遵外特復議

一渝乙振濟委員会

雲南省振濟會 抄送

十廾八

昆明空袭紧急救济联合办事处关于中央赈济委员会划拨云大联大致炸恤金八千元致云南振济委员会运送配置难民昆明总站的公函（一九四〇年十一月一日）

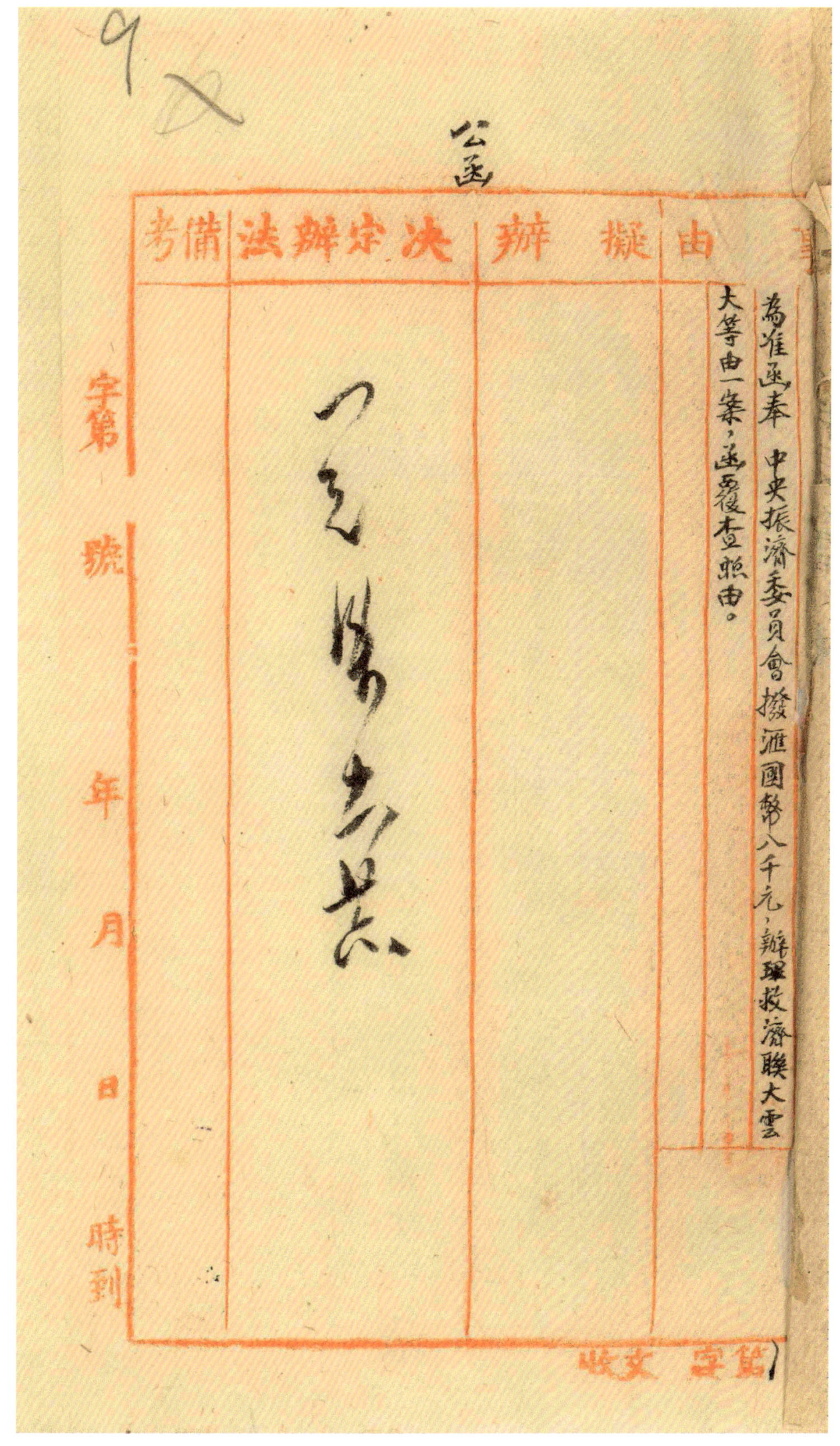

公函

事由	為准函奉中央振濟委員會撥滙國幣八千元，辦理救濟聯大雲大等由一案，函覆查照由。
擬辦	
決定辦法	照
備考	

字第　號　年　月　日　時到

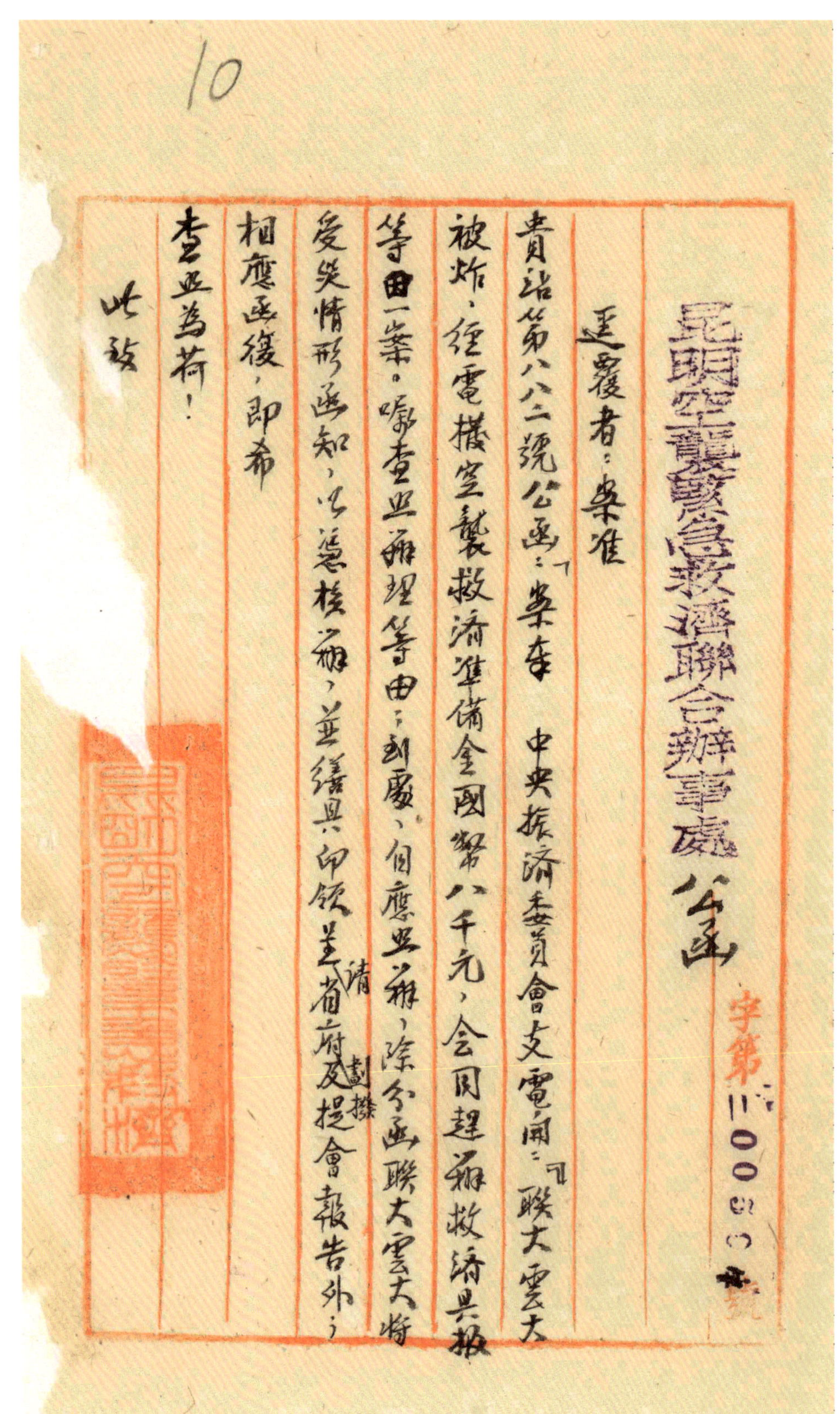

10

昆明空襲緊急救濟聯合辦事處 公函 字第[illegible]號

逕覆者：案准

貴站第八八二號公函，以「案奉 中央振濟委員會支電開：『聯大雲大被炸，經電撥空襲救濟準備金國幣八千元，會同趕辦救濟具報等因』一案。」囑查照辦理等由，到處。自應照辦，除分函聯大雲大將受災情形函知，以憑核辦，並繕具印領，呈省府請劃撥及提會報告外，相應函復，即希

查照爲荷！

此致

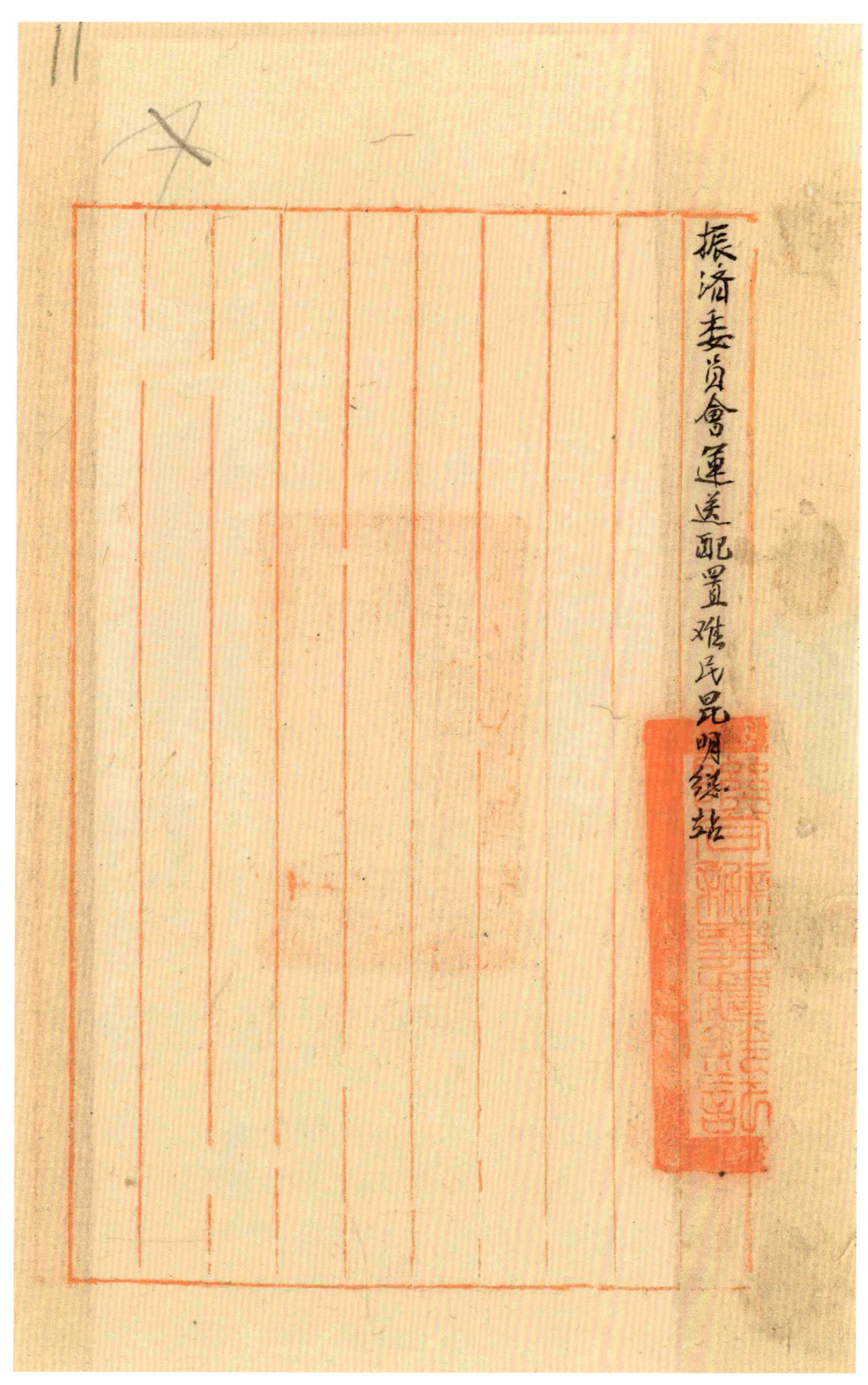

振濟委員會運送配置難民昆明總站

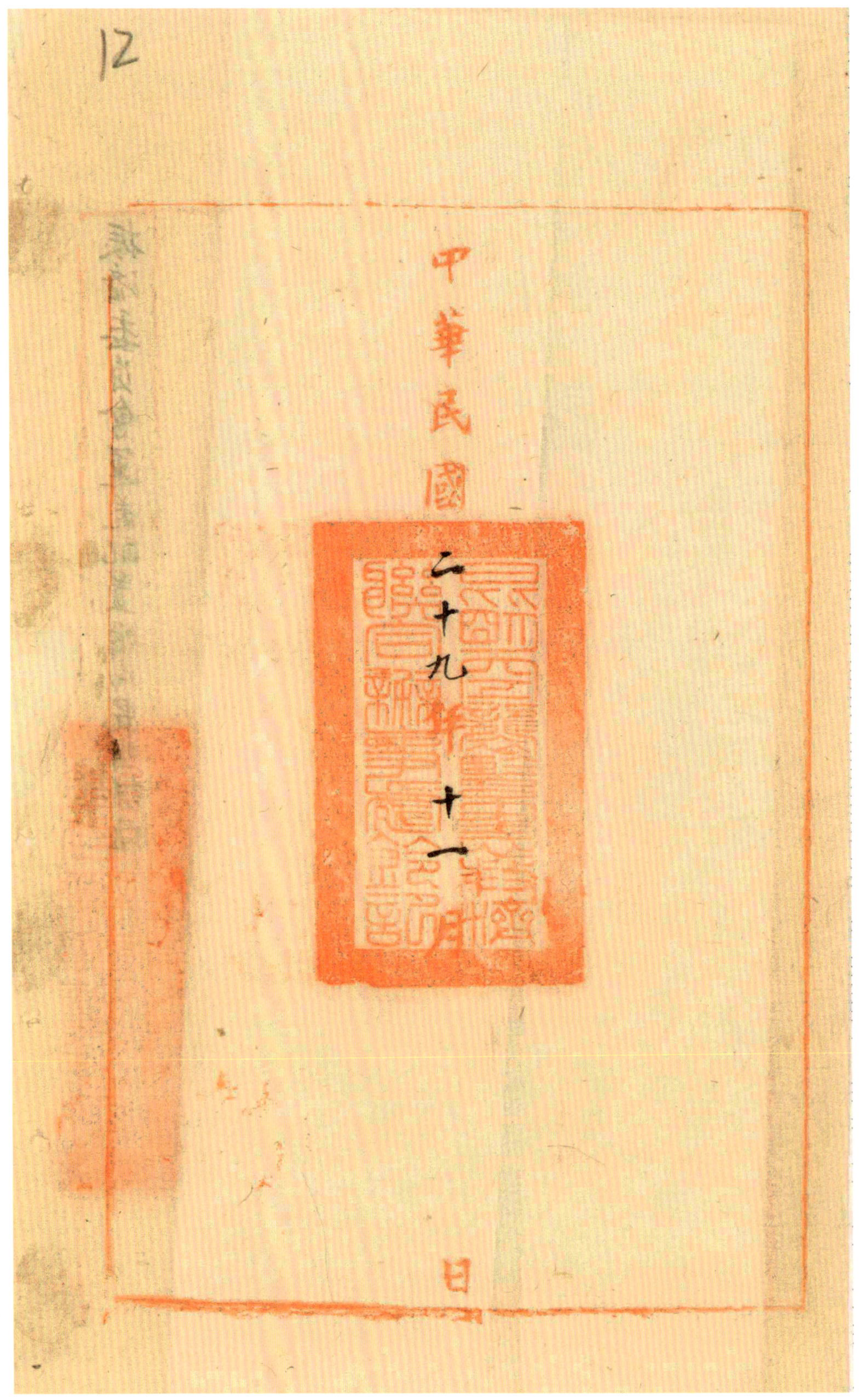
12

中華民國二十九年十一月　日

渝 10 發第828号

2163 重慶許委員長鈞鑒：本月元日敵機襲昆，聯大師範学院及雲南大学均被炸，損失校舍，学生衣物書籍損失甚多。該生等多数来自戰區，平时生活已極困苦，今又被災，实堪惘惻。擬請撥救濟費八千元，交行至任会同該大学分别撥發救濟被災学生，以示体卹。李晋叩巧。

即譯發，並抄稿送商務酒店李俶先生閱。

晋 十、十九

已發 信

振濟委員會遣送配置難民昆明總站用箋

電報掛號：二一八二 址昆明好生巷十一號

云南省振济会关于核拨联大云大被炸救济恤金致云南省政府昆明空袭紧急救济联合办事处的公函（一九四〇年十一月十一日）

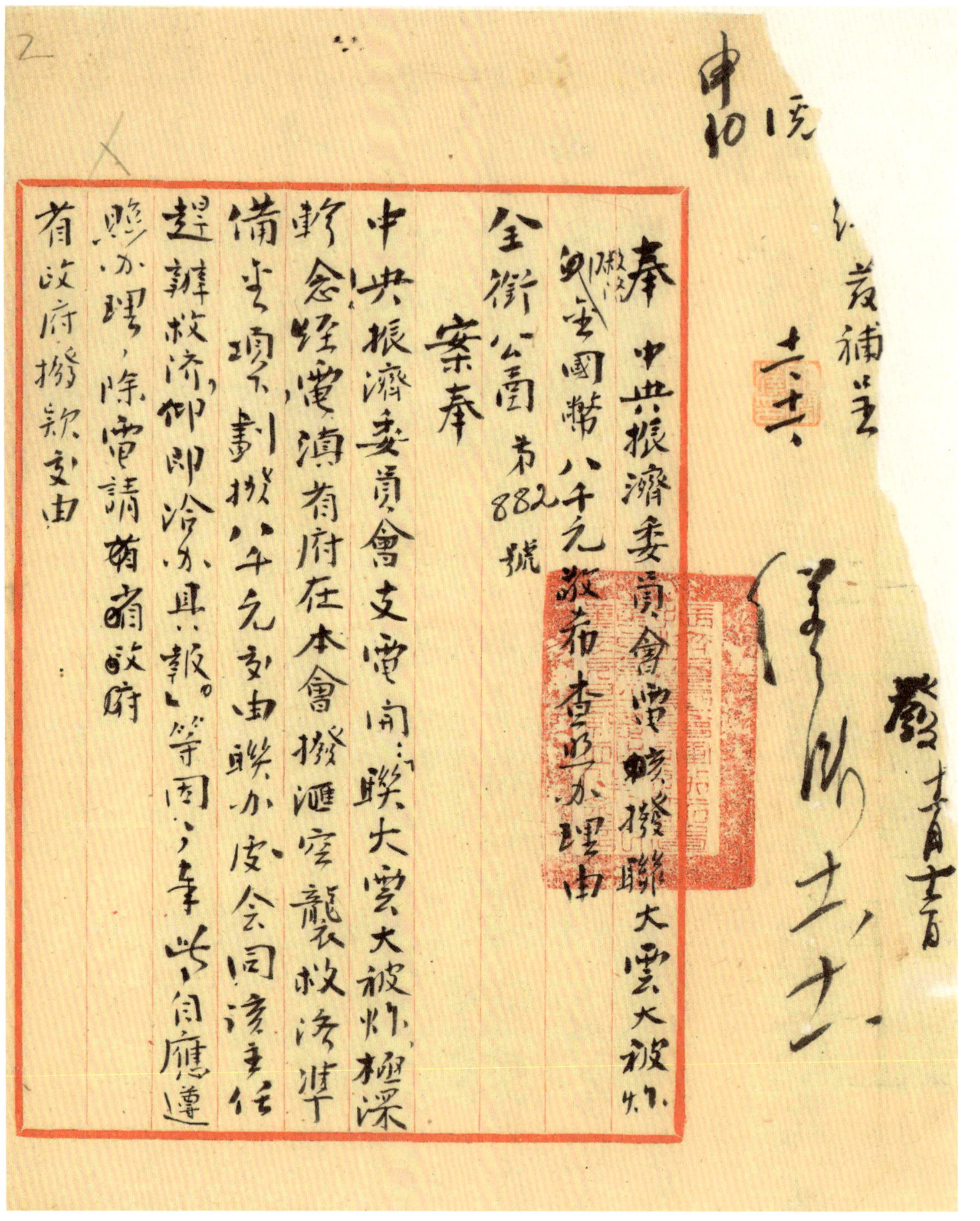

奉中央振濟委員會電核撥聯大雲大被炸恤金國幣八千元敬希查照辦理由

全銜公函 第882號

案奉

中央振濟委員會支電開：「聯大雲大被炸，極深軫念，經電滇省府在本會撥滙空襲救濟準備金項下劃撥八千元，交由聯辦處會同該主任趕辦救濟，仰即洽辦具報。」等因，奉此，自應遵照辦理，除電請滇省政府

省政府撥款交由

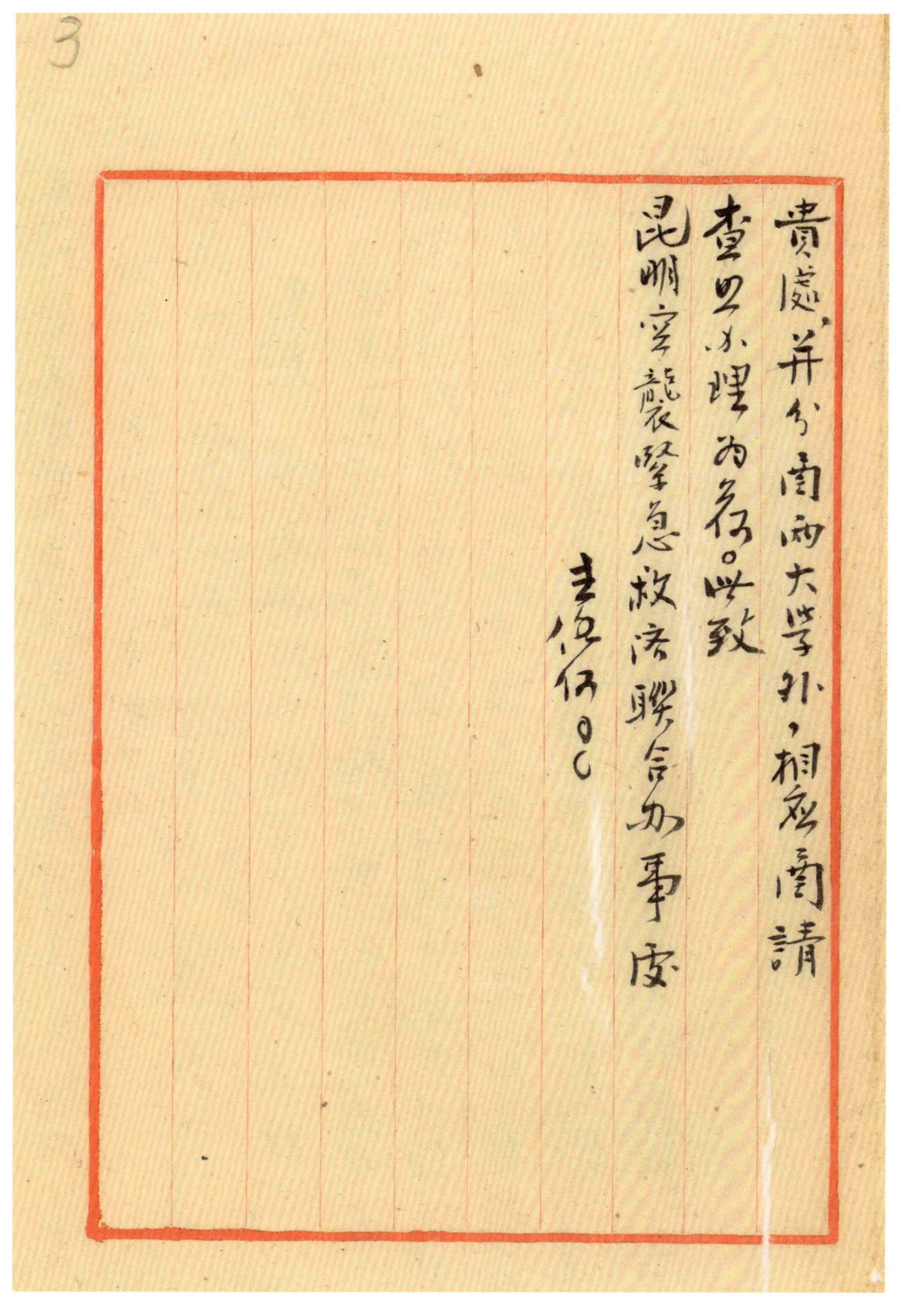

貴處，並分函兩大學外，相應函請

查照辦理爲荷。此致

昆明空襲緊急救濟聯合辦事處

主任何〇〇

昆明难民总站为奉重庆振济委员会电示已核拨空袭准备金十万致云南省振济会的公函（一九四〇年十一月十一日）

事為奉 振濟會電示滇省空襲救濟準備金已核撥十萬元交滇省府統籌酌撥，函達查照由。

昆明難民總站公函 字第八七八號

民二十九年十一月十一日

案奉 中央振濟委員會本年十月梗渝乙電開：「虞電悉。昆市復被轟炸，極深軫念。查滇省空襲救濟準備金業經核撥十萬元交滇省府統籌酌撥，仰即商請省府撥款會同空襲救濟聯辦處及省振會照章趕辦傷亡振卹，具報。特覆。」等因；奉此，除分函外，相應函達，即希查照辦理，將本站前墊給養五千元請頒撥還歸墊為荷。

昆明空袭被灾遗产处理委员会组织章程及办事细则（一九四〇年十一月十五日）

昆明空襲被灾遺產處理委員會組織章程

第一條 本會根據中央振濟會庚電組織之。

第二條 本會定名為昆明空襲被灾遺產處理委員會

第三條 本會為處理昆明市轄區內空襲被灾罹難屍体或重傷不能言語之災民身上財物，或全户傷亡無人繼承之遺產而設。

第四條 本會隸屬於雲南全省防空司令部之下，由下列各機關會同組織之。並以下列各機關主管長官为委员。

一、防空司令部　二、宪兵司令部　三、省振济会

四、省会警察局　五、昆明市政府　六、昆明市党部

七、地方法院　八、昆明县政府

第四条　本会设正主任委员一人，副主任委员二人综理会务。设书记长一人秉承正副主任委员之命办理日常事务。

第六条　本会于委员之下，分设左列各组。

イ、總務組

ロ、調査登記組

ハ、研究組

ニ、保管組

第七条　各組職掌如左ニ

イ、總務組　辦理財務收支、文書往來及庶務

於其他各種事項

ロ、調査登記組　辦理被害者、遺物遺産ニ

條字當係保字之誤

紀字當係酌字之誤

調查登記事項。

乙、糾察組 辦理被災區域救護人員執行任務

附之糾察事項

丙、條管組 辦理各項遺物財產契券等類之

條管事項

第八條 各組設組長一人，由參加各機關團體調派，

均為義務職，組長之下，得視事實需要酌

設組員辦事員若干人，並紀支津貼。

第九条　敌机轰炸灾后所有遗产，经调查属实详为登记。其有亲属者，须公告请妥实铺保发还，无人具领者，须由会暂行保管，听候处理。

第十条　本会保管之遗物遗产，须充作空袭救济之用，但应由会商讨决定后，呈请主管机关核示处理之。

第十一条　本会所需经费，由会拟具预算，呈报主管

15

抗阅核准后，由昆明空袭紧急救济联合办事处撤废。

第十二条 本会之设，由主任委员视事实需要，随时召集之。

第十三条 本会调查登记责任，除由调查登记组人员负责办理外，并由各防空救护中队长，及掩埋中队长市区各区坊保甲长及和区各乡镇保甲长，将遗产调查登记后，克日

16

彙交本会辦理。

第十四条　本会紧急救济联合办事处，附设救护人员训练班，合作学员，及防护团保甲负责办理

第十五条　分组办事细则及工作计划，由分组负责拟定，提请委员会核定施行。

第十六条　本章程经成立大会通过后，呈请云南全省防空司令部核定施行，并分呈

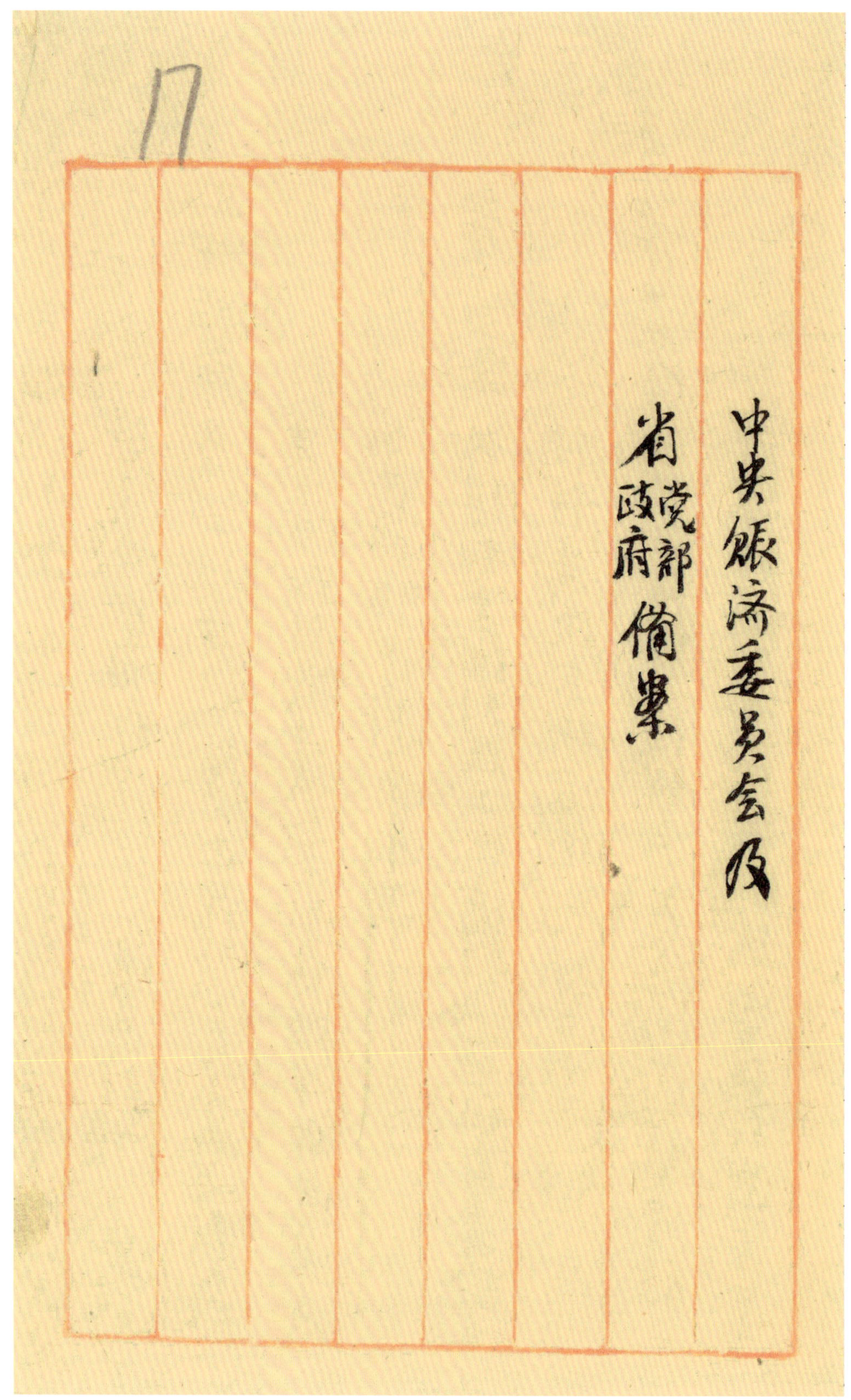
17

中央赈济委员会及
省党部
省政府 备案

18

昆明空襲被炸遺產處理委員會辦事細則

第一條　本細則依本會組織章程第十五條之規定制訂之。

第二條　依本會組織章程第七條設左列各組：

1、總務組

2、調查登記組

3、糾察組

4、保管組

第三條　總務組職責如左：

19

一、關於財務收支事項

二、關於文書案件之撰擬收發事項

三、關於開會時會議紀錄

四、關於印章卷宗之典守保管

五、關於預計算之編報

六、關於辦理統計事項

七、關於不屬於其他各組事項

第四條　調查登記組之職責如左：

20

一、關於被害者遺物遺產之調查

二、關於被害者遺物遺產之登記

三、關於被害者家屬具領遺物遺產之調查

四、關於被害者家屬填報申請書表之擬定

第五條 糾察組之職責如左：

一、關於被害區域救護人員執行任務時之糾察

二、關於被害者身上遺物之覆查

第六條 保管組之職責如左：

21

一、關於被害者遺物——現款有價証件、文件什物之保管

二、關於被害者遺產——不動產之保管

三、關於被害者遺物遺產之管理

四、關於被害者家屬具領遺物遺產之發還

五、關於被害者遺物遺產之公告事項

第七條 本會職員除專任照支薪金外，其餘兼任均支津貼

22

第八条　本会各组人员遇发生窒碍须亟应分别执行职务

第九条　本细则如有未尽事宜得随时修正之

第十条　本细则经会议决后施行

云南省政府、云南省民政厅关于从空袭救济准备金中拨款赈济联大和云大事的一组文件

云南省政府致云南省民政厅的训令（一九四〇年十一月十九日）

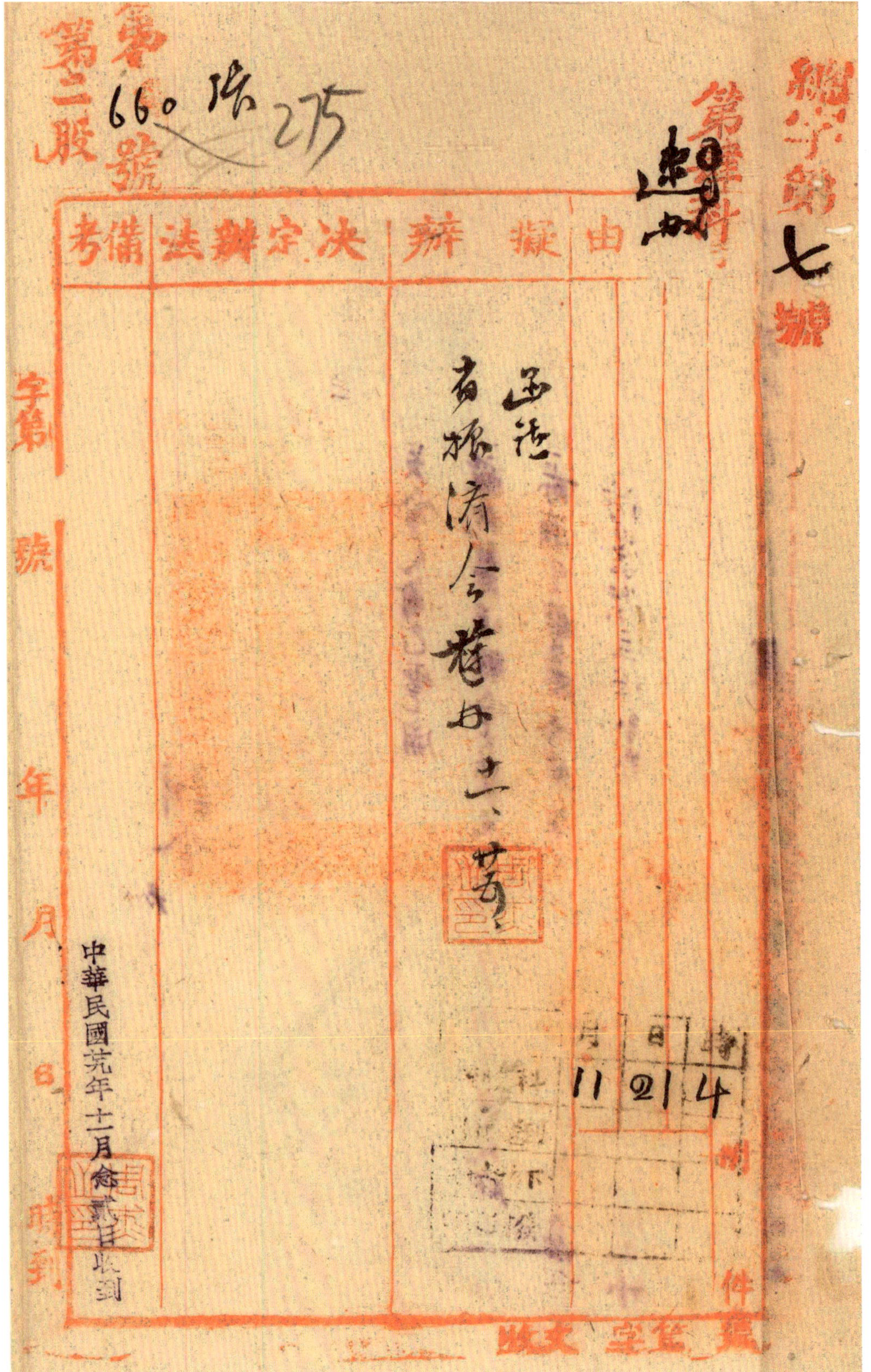

由	擬	辦	決定辦法	備考

中華民國廿九年十一月廿二日收到

27b

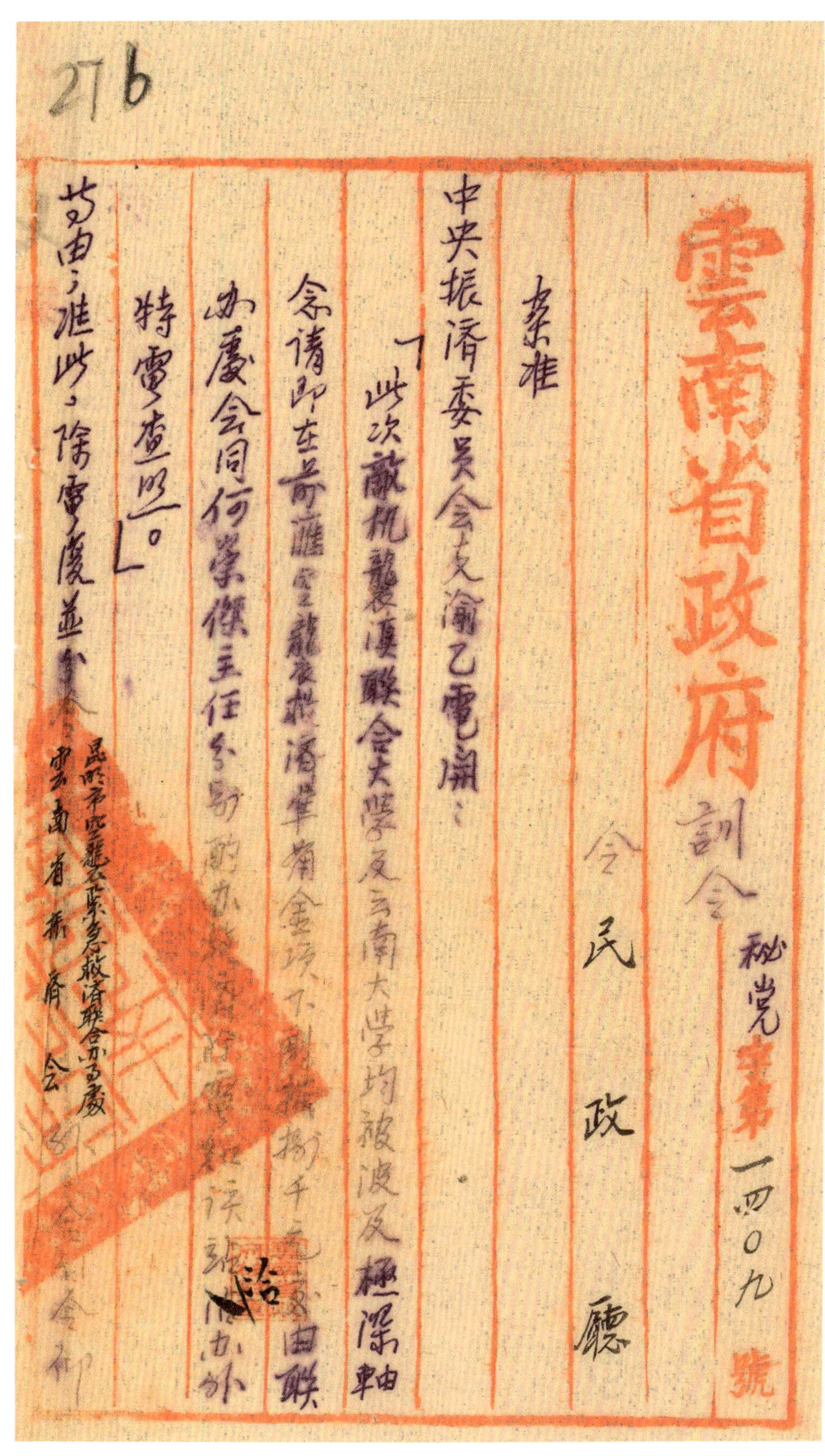

雲南省政府訓令

秘党字第一四〇九號

令民政廳

案准

中央振濟委員会支渝乙電開：

「此次敵机轟炸滇聯合大學及云南大學均被波及，極深軫念，請即在前匯云龍發放振濟華僑金項下劃撥千元，由聯大、云大會同何棠傑主任分別酌辦[illegible]

特電查照」。

等由；准此。除電復並分令外，[illegible]

昆明市空襲緊急救濟聯合辦事處

雲南省振濟会

洽

277

该厅遵照会同办理！此令。

主席 龙云

278

中華民

廿九

十九

日

云南省政府致云南省民政厅的训令（一九四〇年十二月九日）

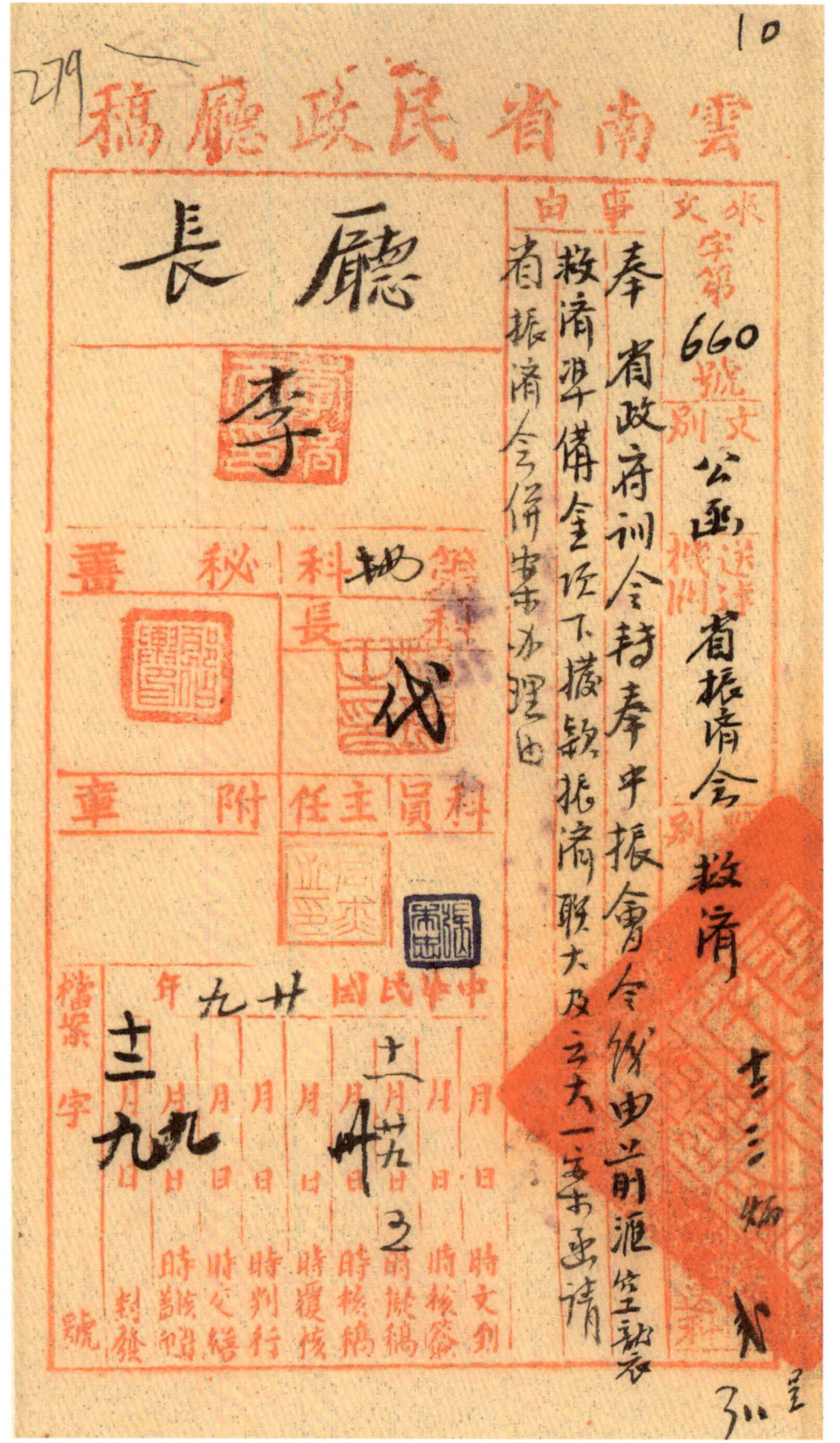
雲南省民政廳稿

來文 字第660號

文別 公函

送達機關 省振濟會

事由 奉省政府训令转奉中振会令发由前滇空袭救济准备金项下拨款振济联大及云大一案函请省振济会併案办理由

廳長 李

秘書

科長

科員

主任

附章

中華民國廿九年

檔案字號

280

列　銜公函秘二字第 13024 號

案奉

省政府秘党字第一四〇九號訓令開：

「案准　中央振濟委員會支渝乙電開（錄原電）

原令云）合行令仰該行遵照會同辦理此令」

等因。奉此，自應遵辦。惟查閩於中央前滙

發之空襲救濟準備金，係屬

貴會保管，相應備文函請

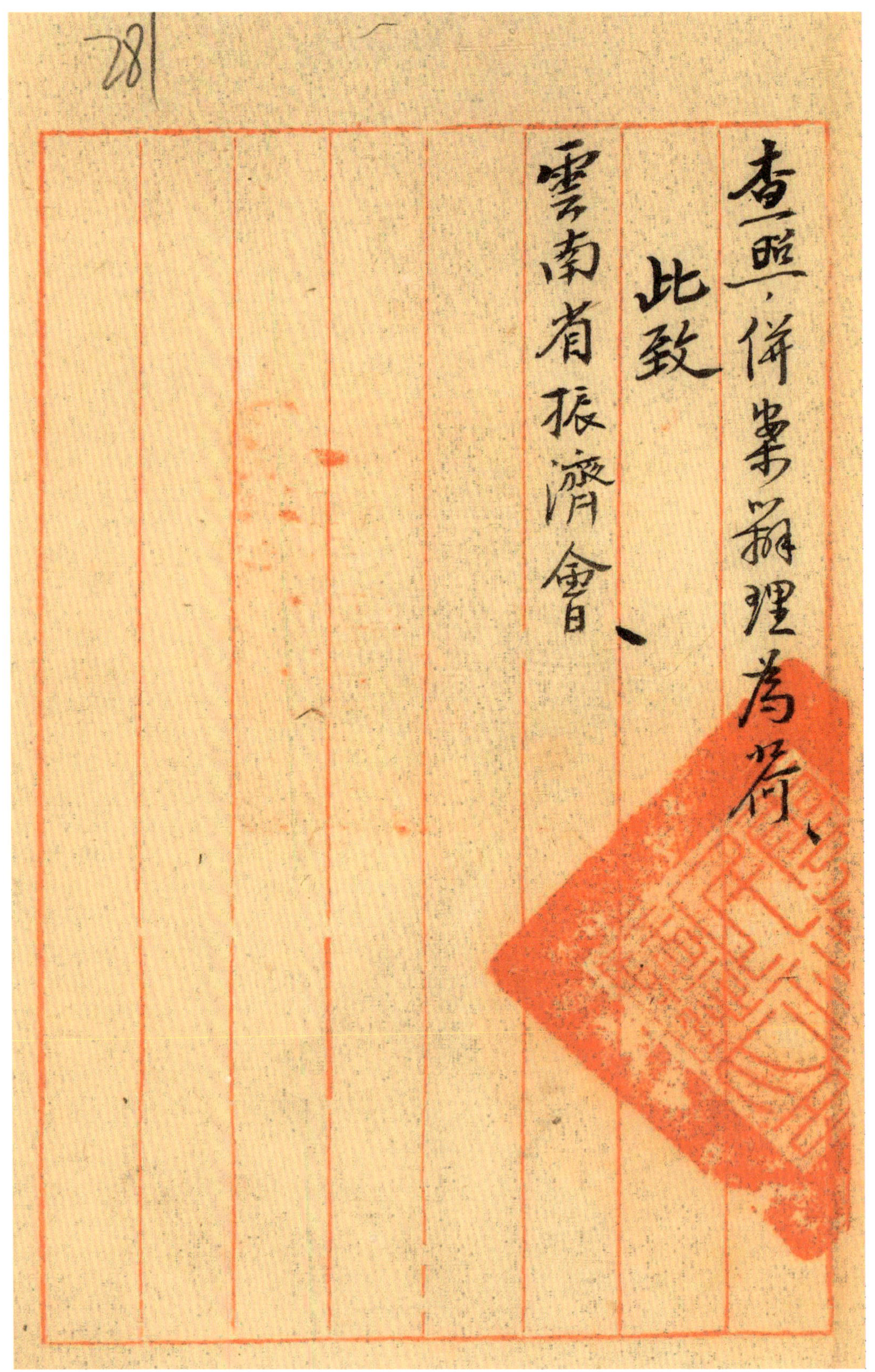
281
查照，併案辦理爲荷，
此致
雲南省振濟會、

282
中華民
月
日
監印劉永盛
校對楊濟培

昆明市第三公所为九月三十日被炸死的刘春发夫妇查验证书请予赈恤事致云南省振济会公函

（一九四〇年十一月二十五日）

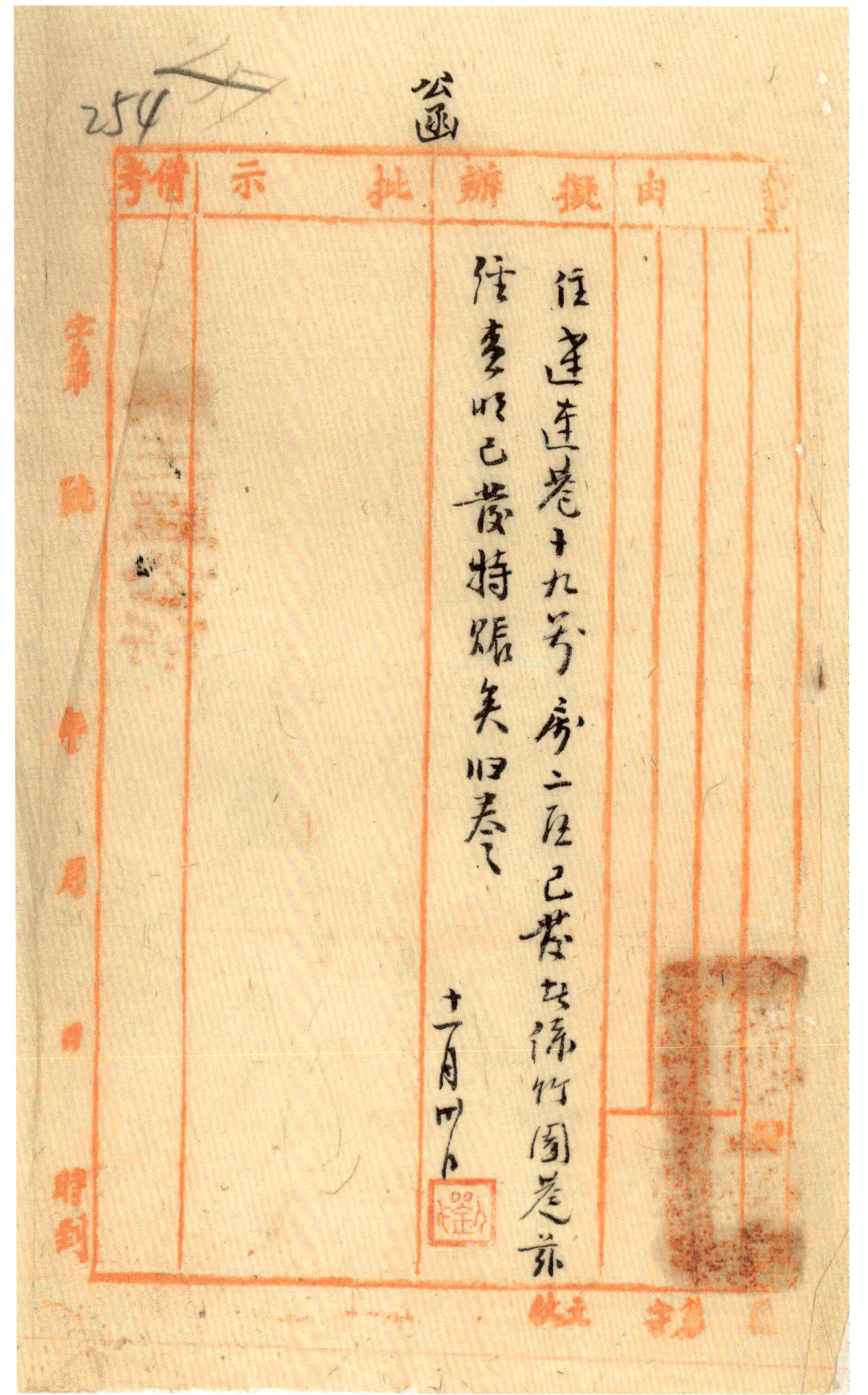
公函

由

拟办

径达来函十九号房二区已发给保竹园巷苏德春收已发特赈矣旧叁

十一月卅日

批示

备考

255

昆明市第三區公所　公函

逕啓者：查敝區小東門竹園巷九月卅日被炸身死之劉春發、劉李氏夫婦二人，曾經造表，送請貴會賑濟在案。茲據該劉春發之壻徐家祥備具証明書前來敝區請求給恤，當經查明，係屬實在，相應連同証明書，函請貴會查照，給予賑恤，實爲公便。

此致

雲南賑濟委員會

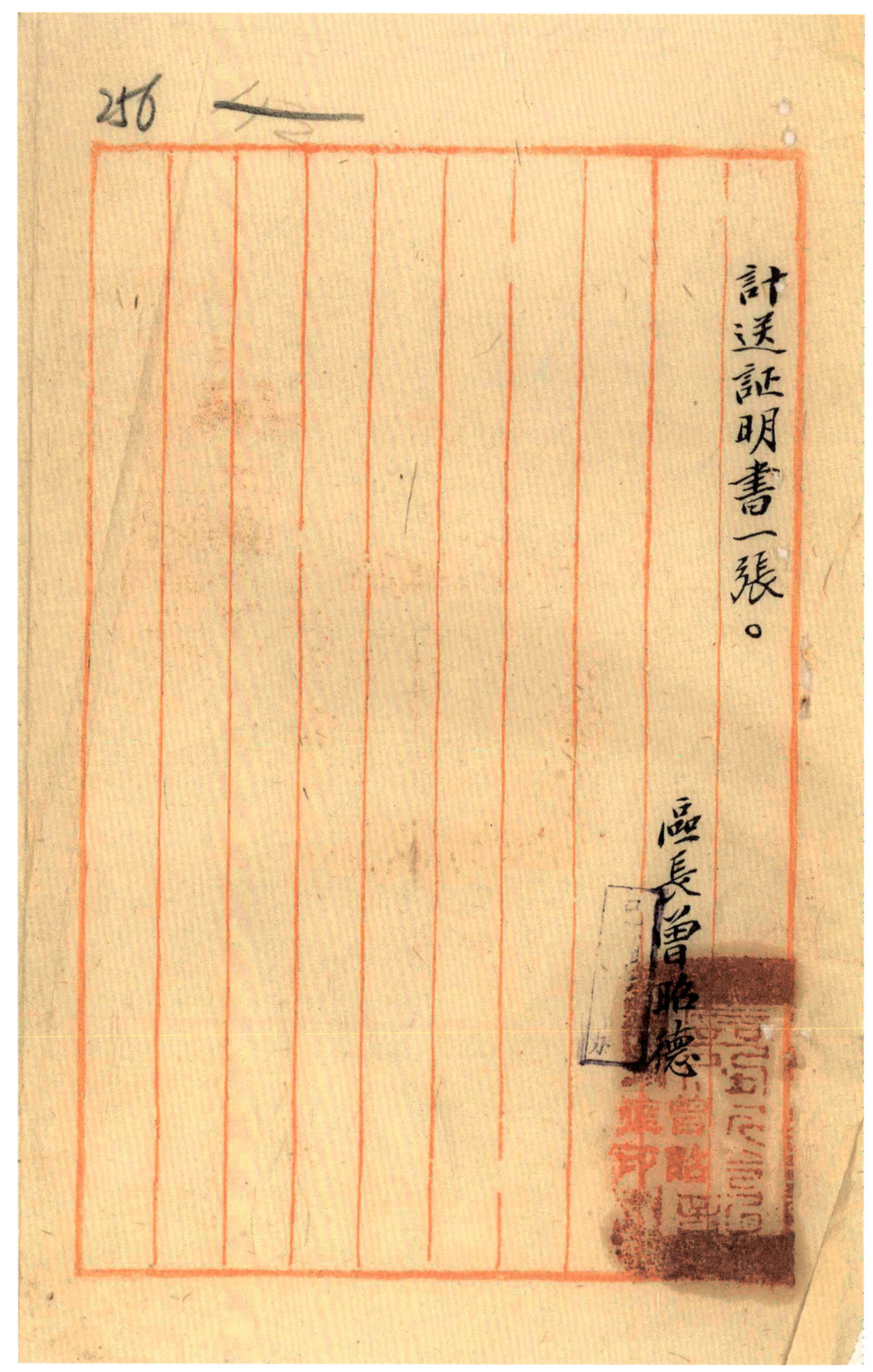

256

計送證明書一張。

區長曾昭德

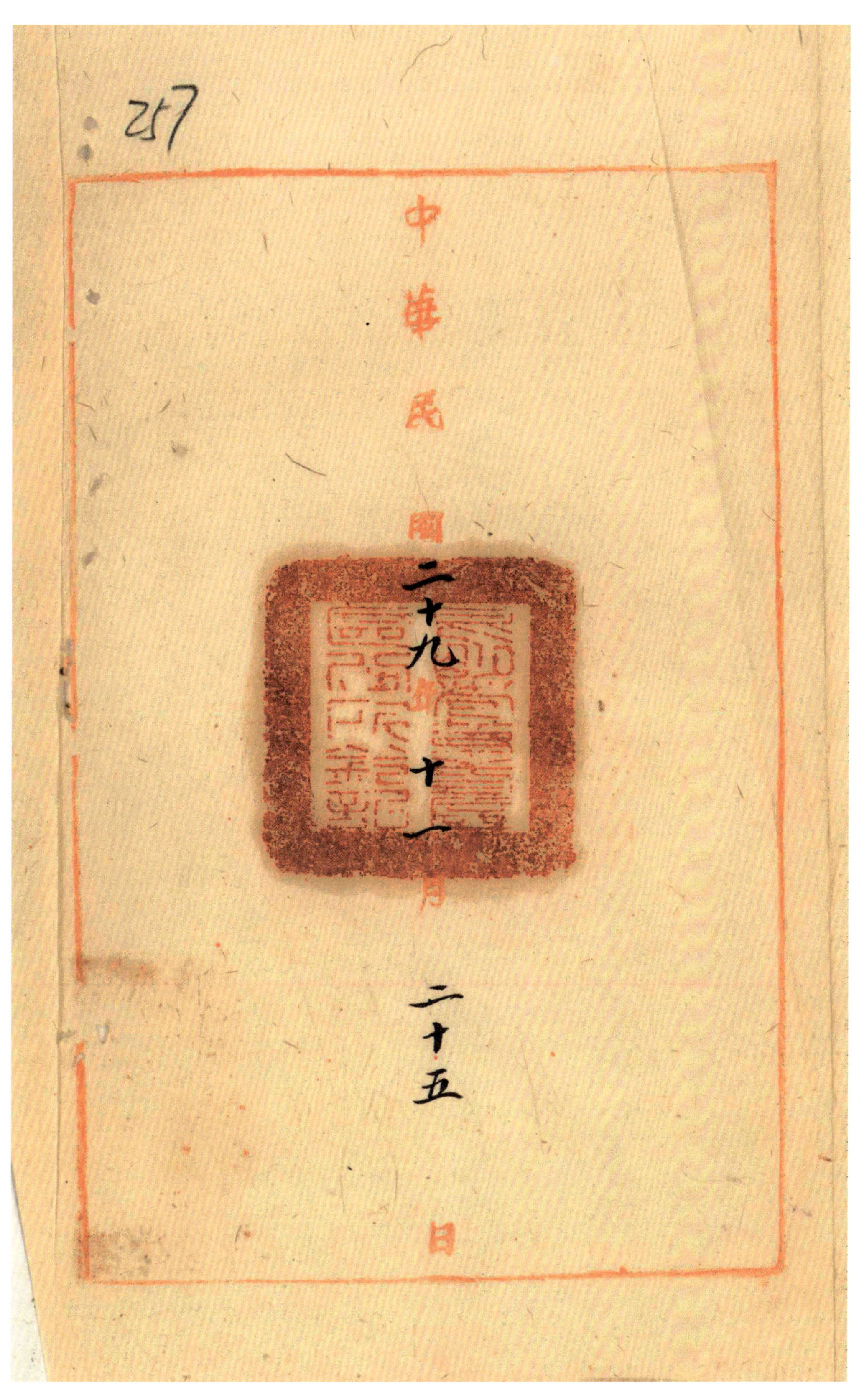

257

中華民國二十九年十一月二十五日

辛文刘等关于母兄遭空袭请求救济致云南省民政厅的呈（一九四〇年十二月十六日）

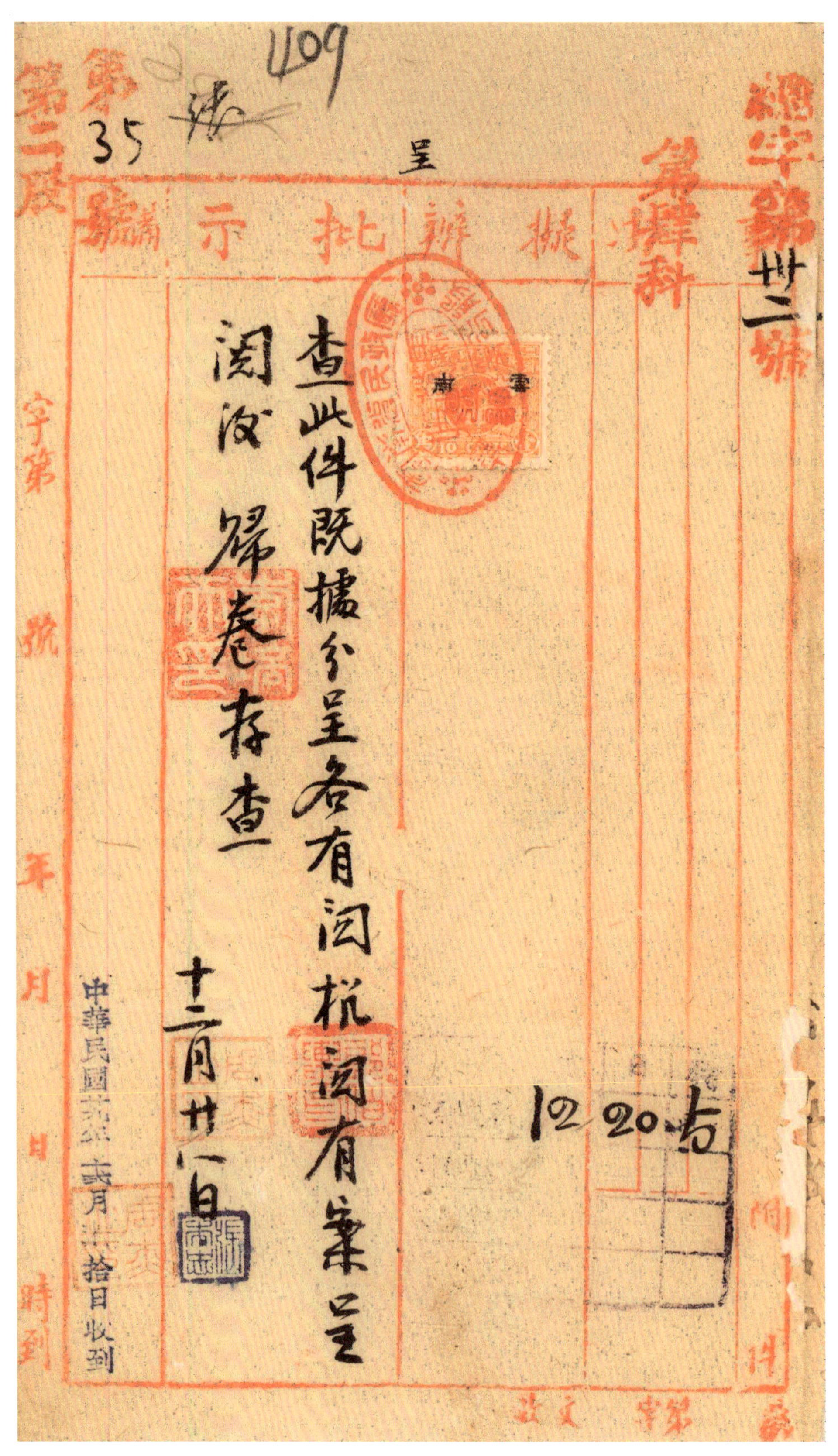
呈

拟 办 批 示

查此件既据分呈各有关机关有案呈阅后归卷存查

十二月廿一日

中华民国廿九年十二月廿拾日收到

12.20.

具報呈人辛文劉年二十三歲 胞妹辛樹華年十五歲 侄女辛惠仙年六歲
均昆明人住珠璣街二十五號木行為母兄慘遭炸斃遺產自行管理
特再陳明下情懇請鑒核備案以安存殁而資保障事竊民辛文
劉與胞兄文林原係同胞兄弟自幼同居共食近年合力經營木行
生意胞兄在家總理銀錢賬務民則在外採辦木料照料山場歷年以來民
弟兄同心協力慘淡經營生意尚屬發達略獲餘利不料本年九
月三十日敵機襲滇於民家所住珠璣街三八號木行後面投一巨彈將
房屋炸燬并將民母辛陸氏胞嫂辛楊氏及嫂兄楊榮祥當時炸
傷身死胞兄文林胞妹樹華侄女惠仙則被墻垣壓倒在地挖出時均
已身帶重傷當即送入醫院救治胞兄旋因傷重身死僅胞妹及侄

411

女兩人現尚在甘美醫院治療惟因傷重尚未出院當受災後民聞信赶回睹此慘狀悲忿莫名痛不欲生幸承親隣勸慰乃請人賒購棺木四具將銀錢衣物賬簿等項挖出當同本區王坊長國義（現充區長）及親鄰八等交託僅鄰之林處長笠耕代為保管嗣蒙 昆明空襲緊急救濟聯合辦事處昆明市政府警察六分局六區公所暨主管各機關派員調查慰問民即將所有全部動產財物以及內欠外欠賬目悉數報明請求登記以資保障在案茲於十一月三十日得閱雲南日報登載昆明空襲緊急救濟聯合辦事處於二十七日午后七時半召開第四十七次常委會議議決（一）已發現遺產之珠璣街辛文林一案現該辛文林尚有幼女惠仙其遺產應由遺產處理委員會代為清理保管

並代撫育其女以免遺失或被人侵佔等語閱悉之下對被炸災民之遺產處理愛護備至殊深感戴惟查民兄辛文林母子夫妻雖不幸慘遭敵機炸斃但民兄妹及侄女等自為合法繼承人對于遺產自應由民繼承管理繼續經營况民母兄生前並未置有絲毫不動財産至于動産方面主要者有半新汽車一輛及金飾數件除金飾等件因賒購棺木四具共合國幣壹萬餘元因無現款交付已交材子商蔡春芳朱静臣兩家作抵押外其汽車原係與司機郭子超約定合辦現因所欠司機之款未清此車現仍由司機主持開駛又所有山場木料為數無多且以後辦理喪葬及妹侄兩女之住院醫藥以及償付外債均在在需款全部結算結果實已所餘無幾况此後妹侄等等之生活撫育自應由民負責已不待言

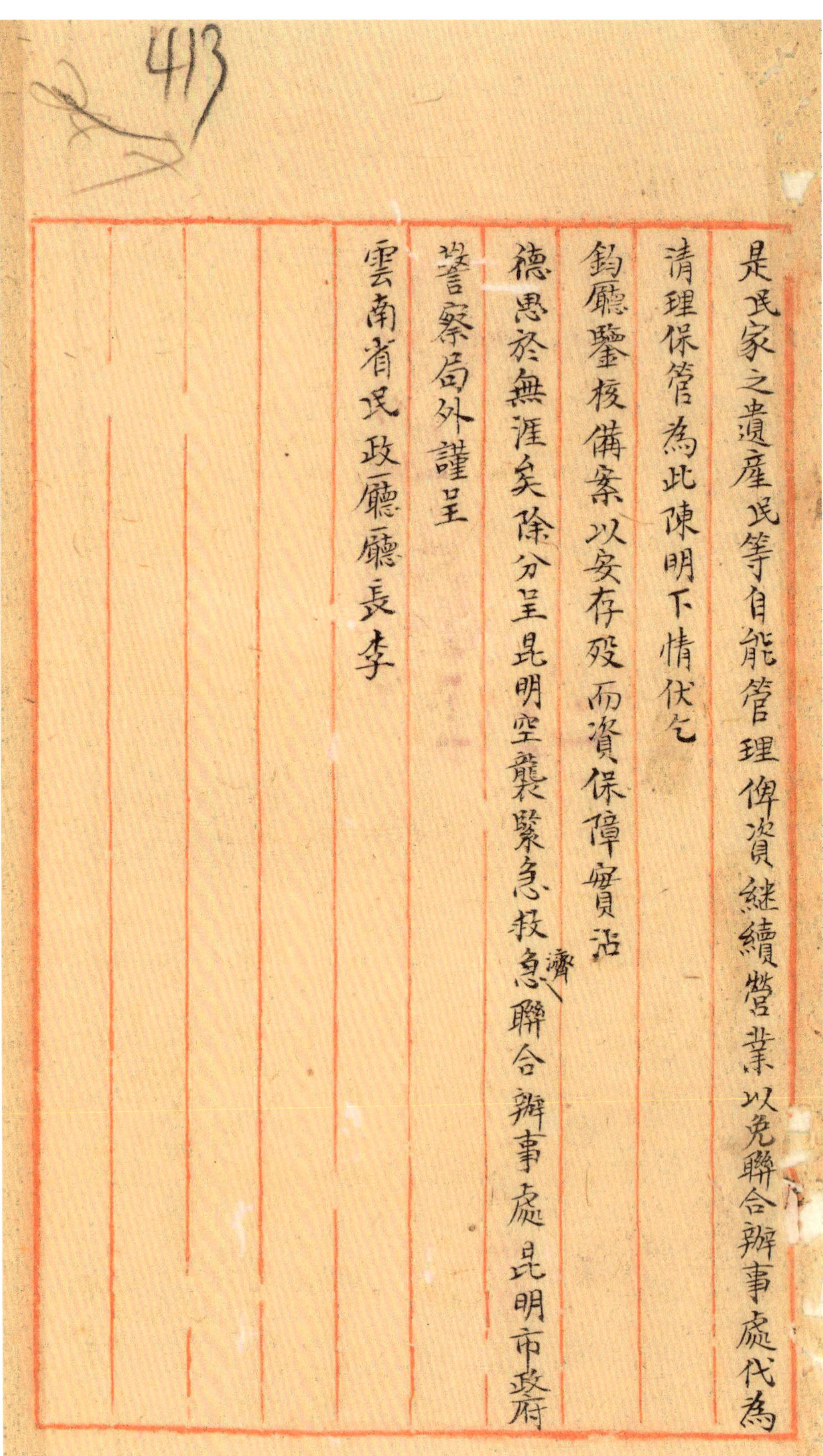

413

是民家之遗产民等自能管理俾资继续营业以免联合办事处代为清理保管为此陈明下情伏乞
钧厅鉴核备案以安存殁而资保障实沾
德恩于无涯矣除分呈昆明空袭紧急救济联合办事处昆明市政府
鉴察备外谨呈
云南省民政厅厅长李

414

中華民國二十九年十二月十六日

具呈人辛文劉

同胞妹辛樹華

侄辛惠仙

云南省振济会关于请联合办理云大、联大被炸赈济事宜致振济委员会运送配置难民昆明总站的公函

（一九四〇年十二月二十日）

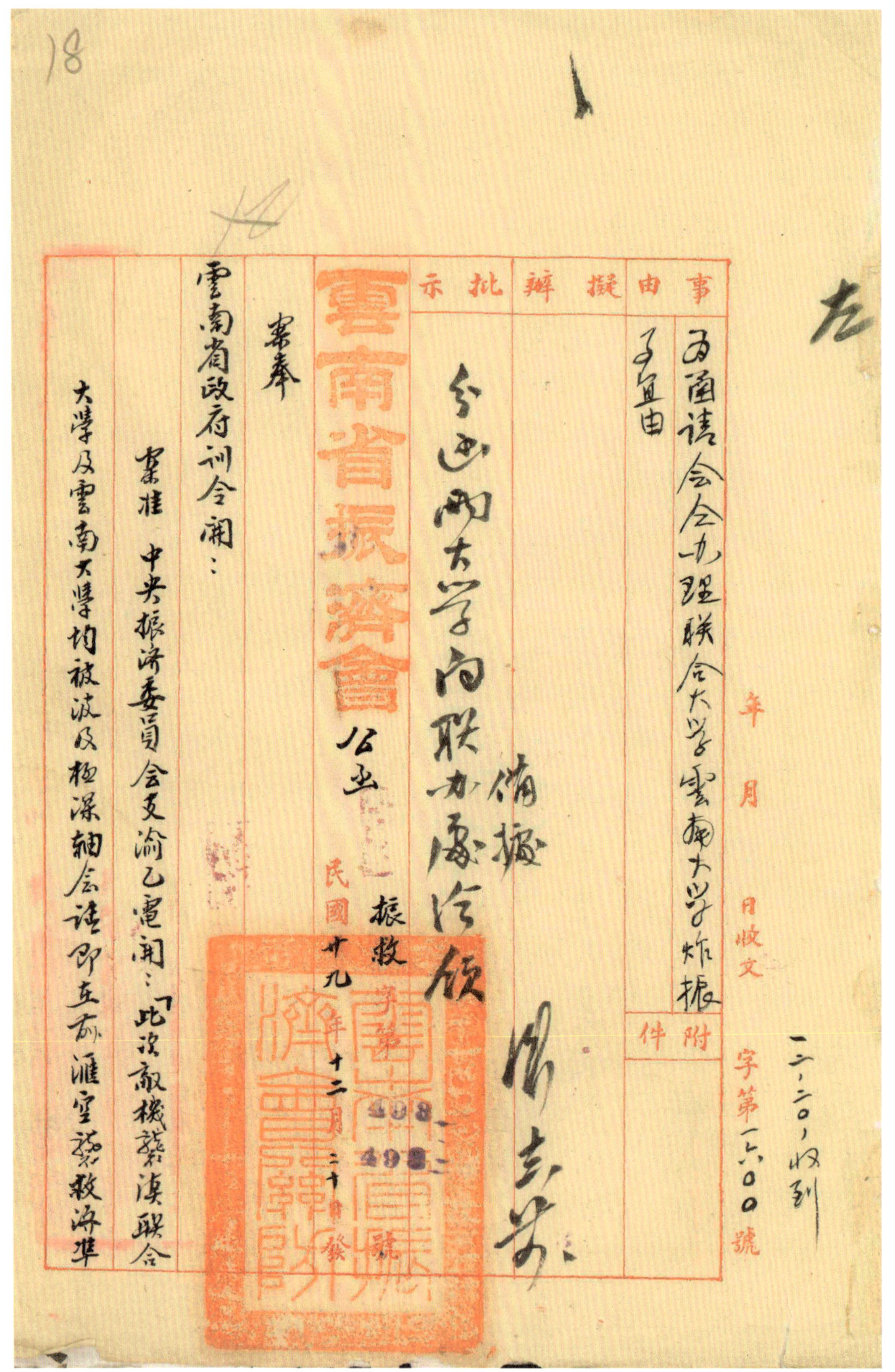

18

左

事由：函請會同辦理聯合大學雲南大學炸振事宜由

擬辦：令函兩大學向聯辦處洽領

批示：備檔

附件

年　月　日收文　字第一六〇〇號

一二、二〇、收到

雲南省振濟會公函

振救字第 498 號

民國廿九年十二月二十日發

案奉

雲南省政府訓令開：

案准 中央振濟委員會支渝乙電開：「此次敵機襲滇聯合大學及雲南大學均被波及，極深軫念，請即查勘匯呈鑒核救濟準

19

備金項下劃撥捌千元交由聯辦處會同何宗傑主任分别酌办
救濟除電知該站洽办外特電查照。」等由，准此，除電復并分令
昆明市空襲緊急救濟聯合办事處外，合行令仰該會遵照會同办理！此令。
民政廳
等因。奉此，自應遵办。兹已撥國幣捌千元，發交聯办處具領，除
呈報并函令外，相應函達，即請
查照會同办理，所據
見復為荷！

此致

振濟委員會運送配置難民昆明總站

龙云关于紧急拨款救济个旧被炸灾民致云南省民政厅手谕（一九四〇年十二月二十二日）

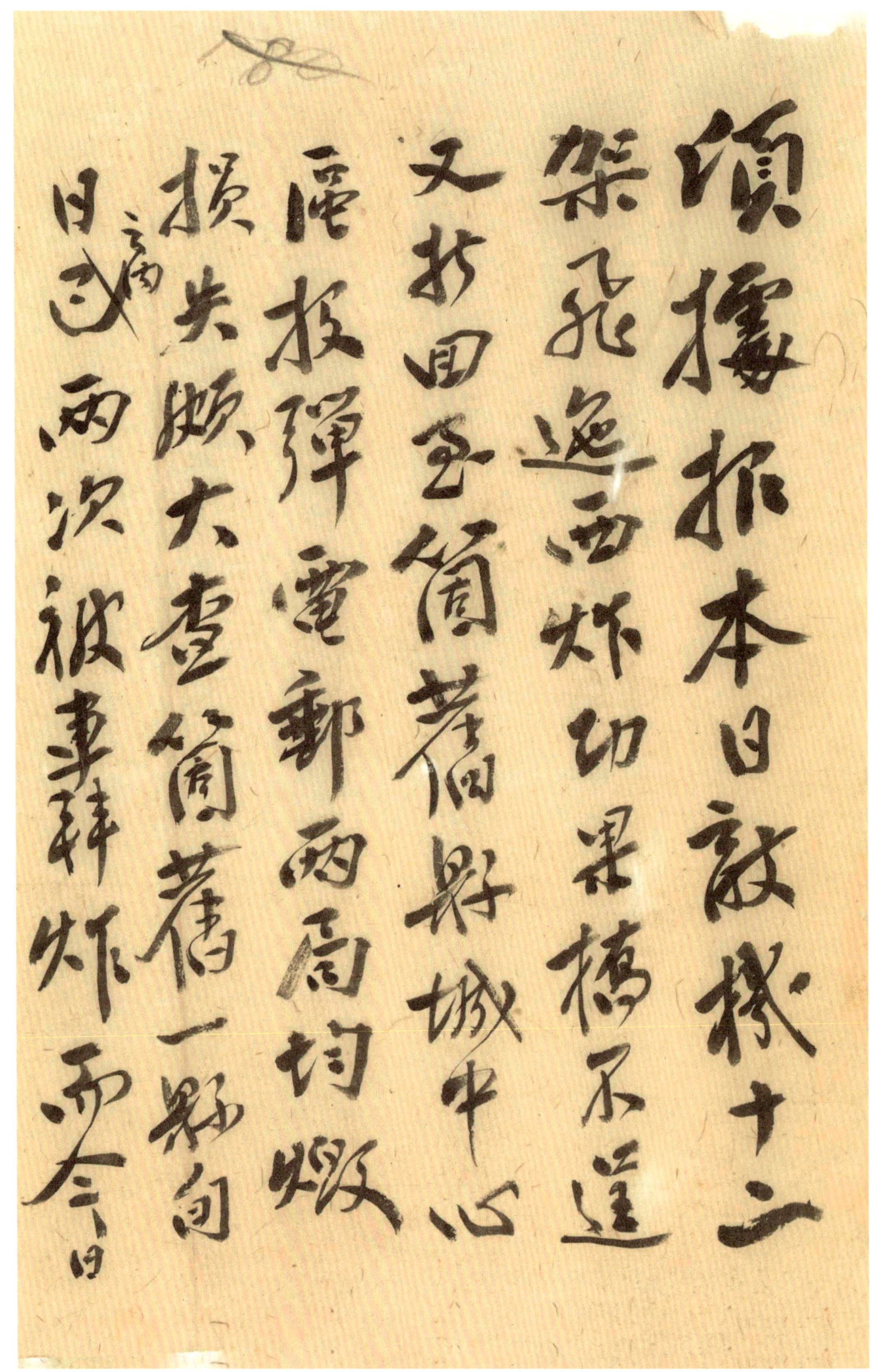
須據本日敵機十二架飛迤西炸功果橋不逞又折回至箇舊縣城中心區投彈電郵兩局均燬損失頗大查箇舊一縣向日已兩次被轟炸而今日

與情尤至關之深堪慮
惻除已專電中央外仰
祈
厲速由縣款項下先
撥
國幣二萬元以安派員
携往箇舊會同地方官
紳商會詳細查明災情。

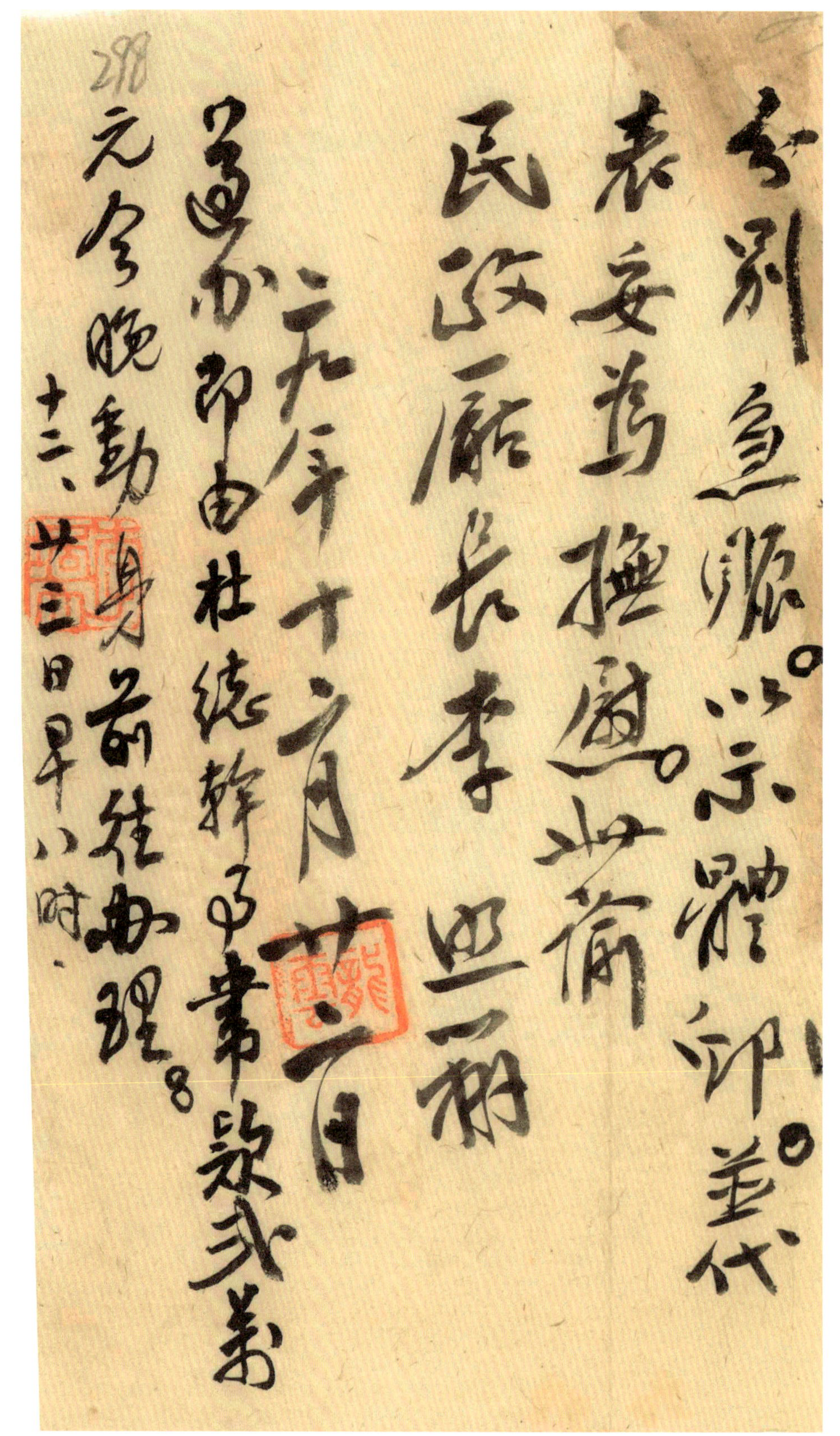

288

分別急賑。以示體卹。並代表妥為撫慰。此令

民政廳長李[illegible]

三十年十二月廿三日

通知即由杜總幹事帶款貳萬元今晚動身前往辦理。

十二、廿三日早八時。

云南省民政厅关于派杜式桓办理救济个旧炸灾致云南省政府的呈（一九四〇年十二月二十二日）

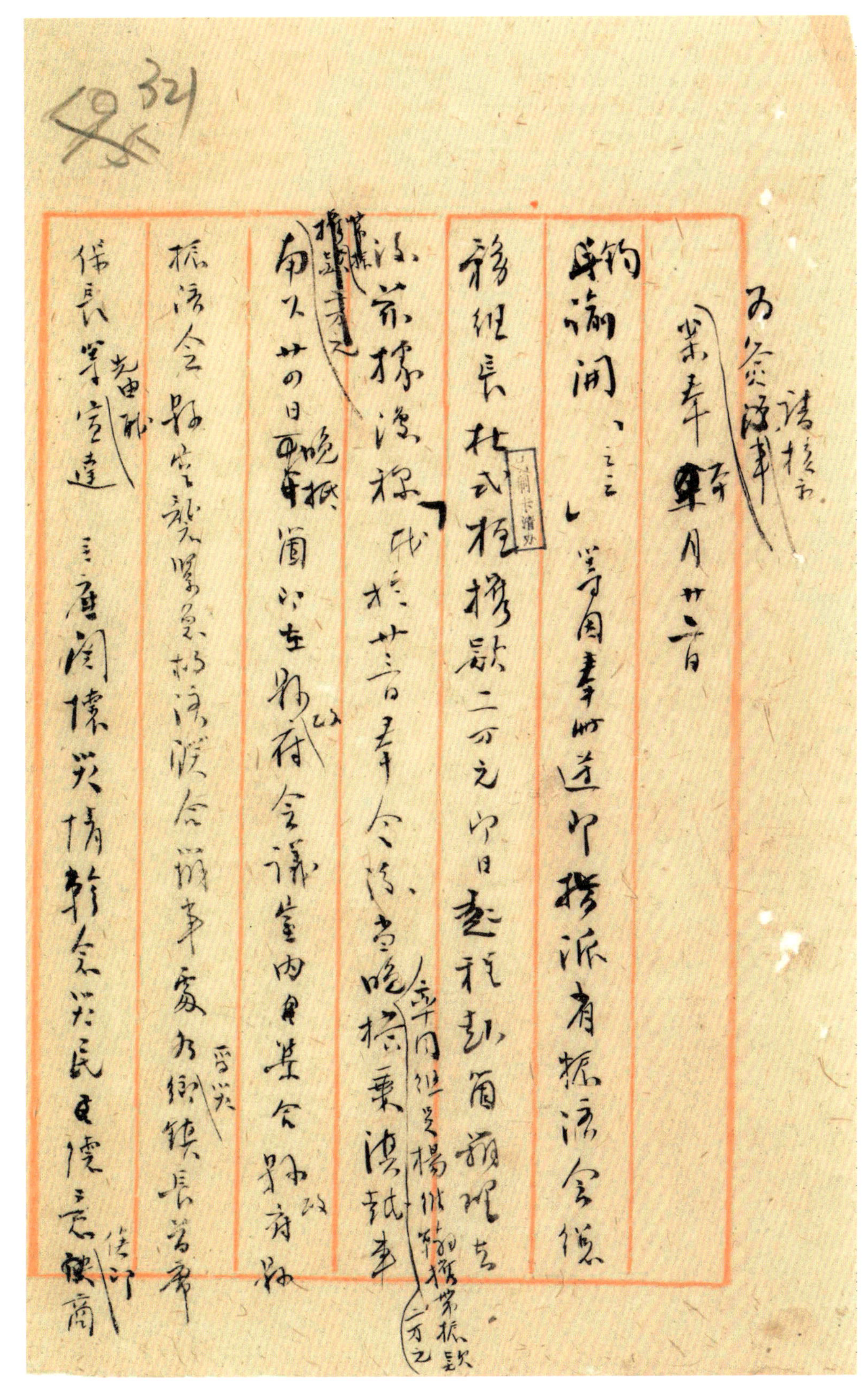

322

定放賑程序，廿五日由縣府公告放賑日期及地點，會同縣府黨部、商會及各有關機關停(?)視察災區，撫慰災民，指導各鎮保甲長查填災民清冊，繪製災區地圖。廿六日會同當地黨政紳商各機關扒瀾(?)至老陽山神仙洞放賑，並對受賑災民宣達座峯(?)軫念災黎之德意。晚及廿七日晚續至宗華鎮公所內放賑，日間視察各機關，圍(?)倖存救護組織。廿八日離開，因火車誤點，至晚(?)自

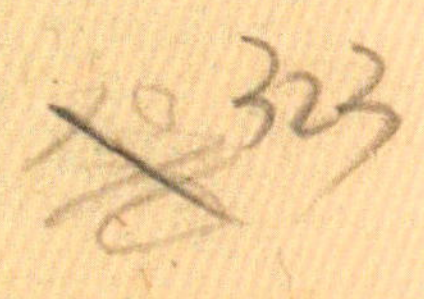

滞留一天　卅日晨返省　此行由北返途程四天　在滇道訪振三天

留此李濤

十二月十三日被炸死八十五人　傷五十八人　毀屋四百間　廿三日被炸死一十七人　傷四十一人　毀屋一千一百間　損毀中

央及本省撥定賑放急振及特振款共國幣一萬五千一百二十元之　行毀三分之二全城大部房於中心區之市三分滿

恒於

兩岸之磚壁錫炉房兩多被燬　損失慘重　個舊地區

糧食

燃料以轉運短缺　價格奇昂　廠商多困　出錫成本加高

324

无利可图，遂至歇业他去，现更将遗弃失业，工商停歇，势所必至，而影响大锡生产尤为巨重。职于查实后，据个旧锡业公会主席苏继尹、商会主席周理等，详细讨论，以为救济个旧之方策，急为救济，以期增加大锡产量，计个旧迭遭空袭，旧城区已成废墟，无可厚非，至欲增加大锡产量，似惟有将大锡价一面平抑，由平抑燃料，亦俾使厂商炉户减轻成本，有利可图，则将来锡业之发展，或可冀

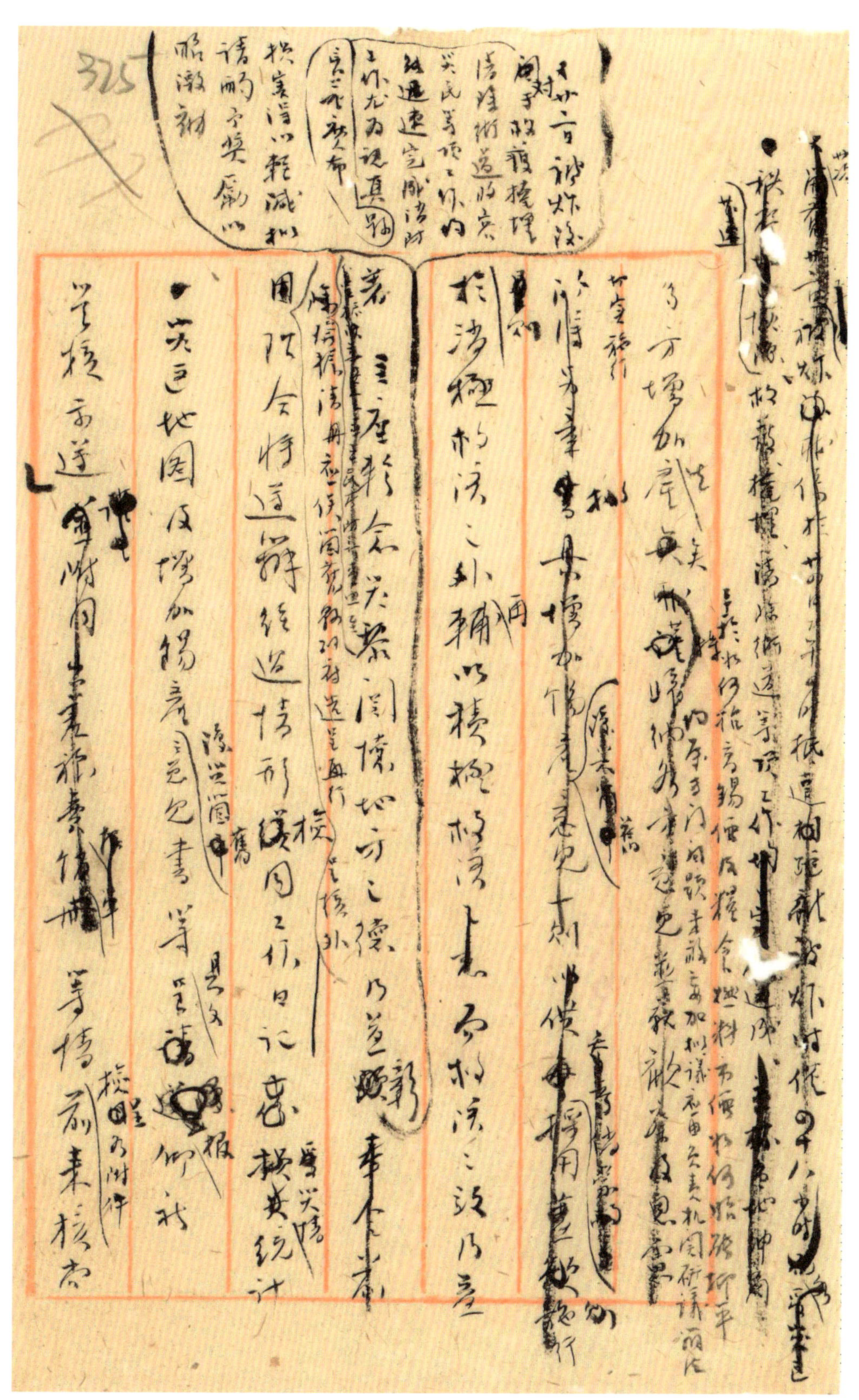

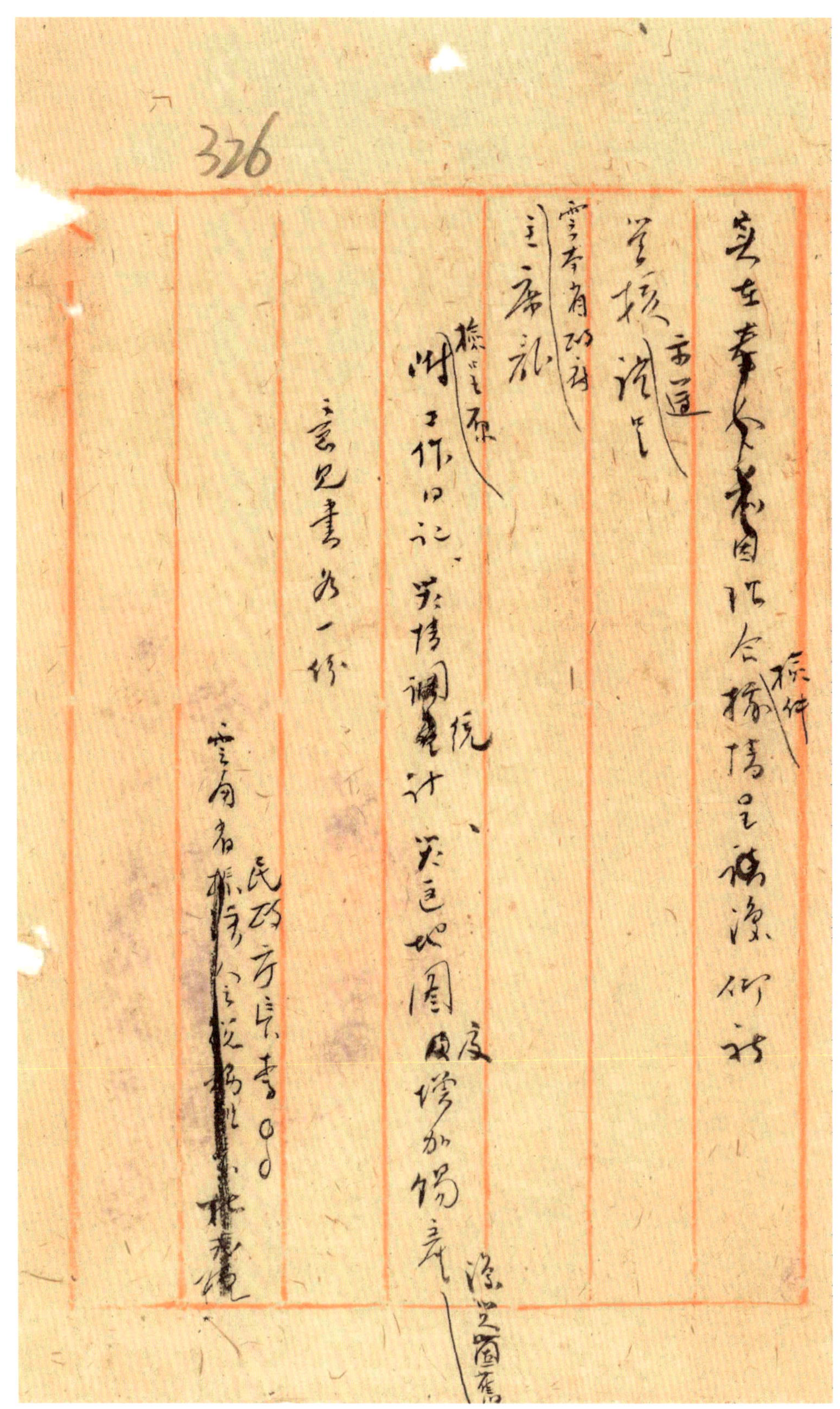

326

案查奉令[illegible]因[illegible]合據情呈請[illegible]

鑒核示遵，謹呈

雲南省政府

主席龍

檢同原附工作日記、災情調查統計、災區地圖、[illegible]增加[illegible]

意見書各一份

雲南省振[illegible]

民政廳長李[illegible]

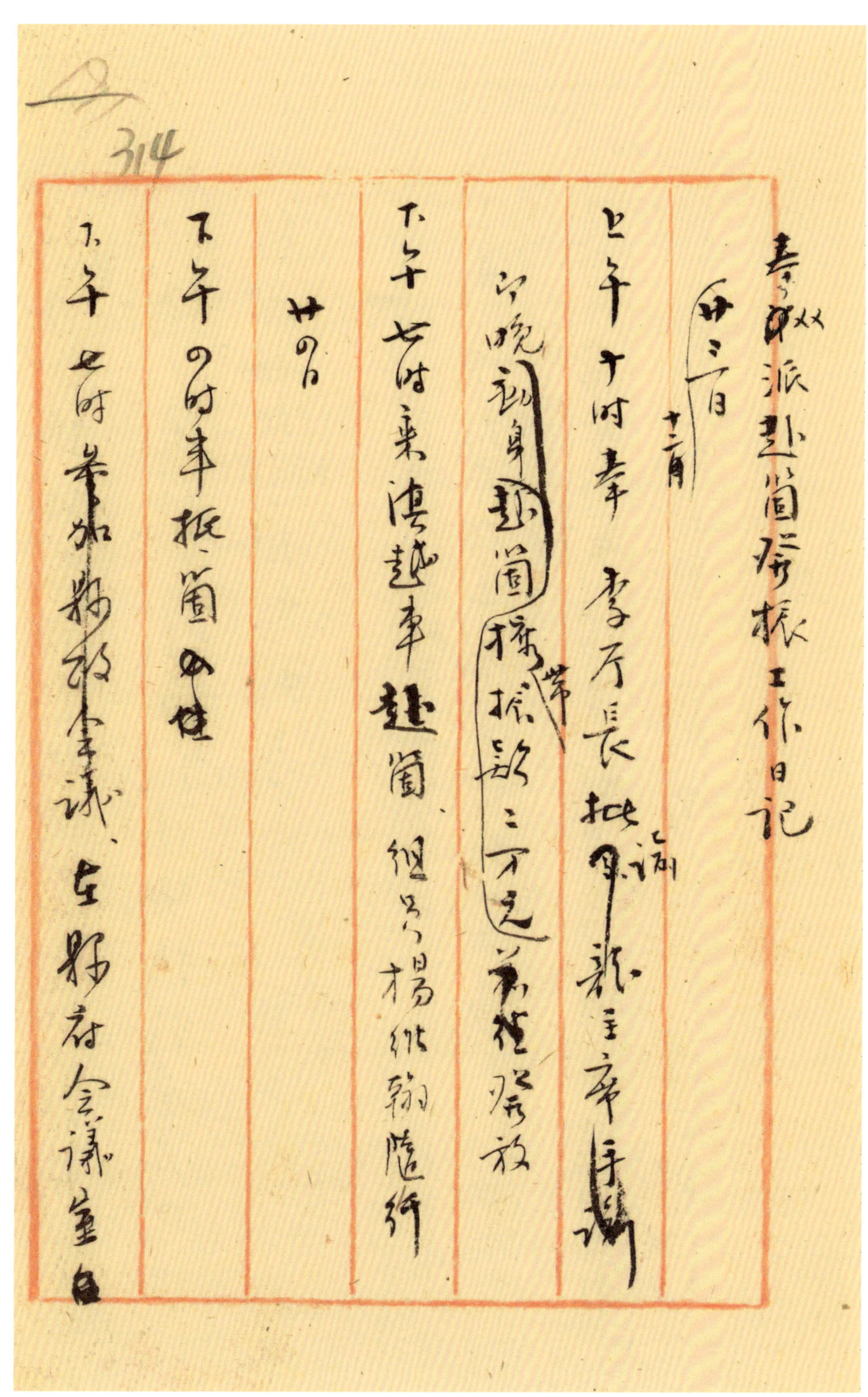

奉派赴箇舊辦振工作日記

十二月廿三日

上午十时奉李厅長示諭龍主席手諭

即晚動身赴箇舊辦振，帶振款二万元前往發放

下午七时乘滇越車赴箇，組員楊繼翔隨行

廿四日

下午四时車抵箇，寓住

下午七时参加特務會議，在特務會議室白

315

村各鄉鎮保長及縣振濟會空襲聯絡處（辦）負責人宣達主席關懷災情軫念災民之德意，（往災區）並決定發振程序。

廿五日

上午視察災區，招集受災災民，佈告發振地點日期。

下午調查災情，會同災區保甲長查填受災災民清冊，繪製表冊、受災區域圖。

楊見錫謹呈

振濟會主席周

鍾健尹

已編卡號

晤商會主席周秋孺、宗華鎮長李鴻、黨部書記長陳范先　涂

警察局長宗雲

晚接見保安大隊長蘇鴻、牧師、衛生院院長陳升銀

辦完發賑籌備處事

廿六日

下午十一時會同辦賑商會黨部辦振法會

設賑辦處在老陽山神仙洞發振，並查達金峰

晚七時續在宗華鎮公所內發振

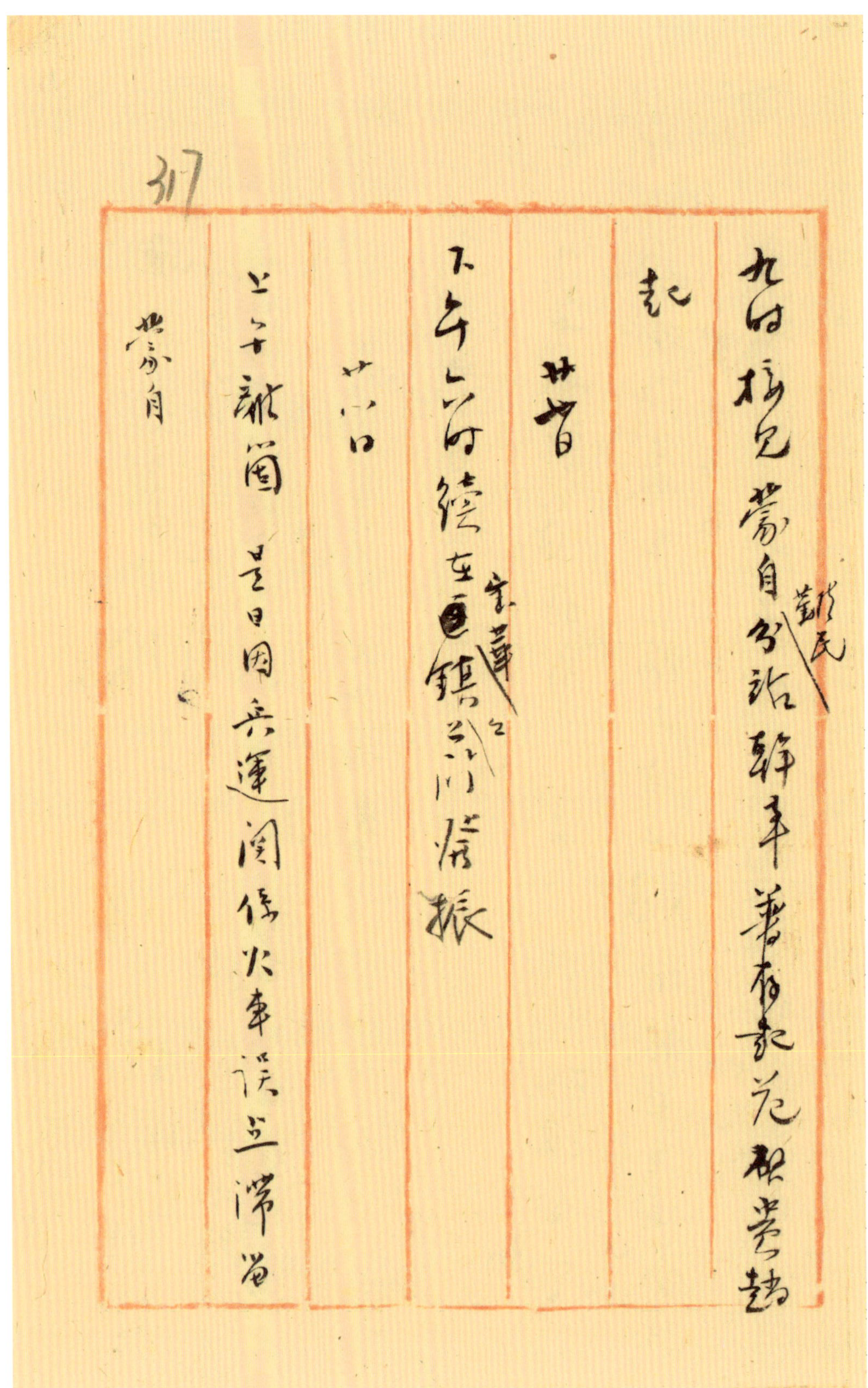

317

九日梧兄蒙自分站〔勤民〕辦平善後款花報告趙
記
廿四
下午六時續在〔宋華〕鎮公所發振
廿六日
上午離箇，是日因兵運阻停火車誤立滯留
卅蒙自

廿九日

上午 会迪世荣自刘科长（查油造材料情形）谈彦猷辰分沿科

检讨会 科室裁职务

下午训营

卅日

上午 检有

云南省民政厅关于发给省卫生实验处科员张庆光父子空袭损失救济费四百元致云南省振济会的公函（一九四一年一月十日）

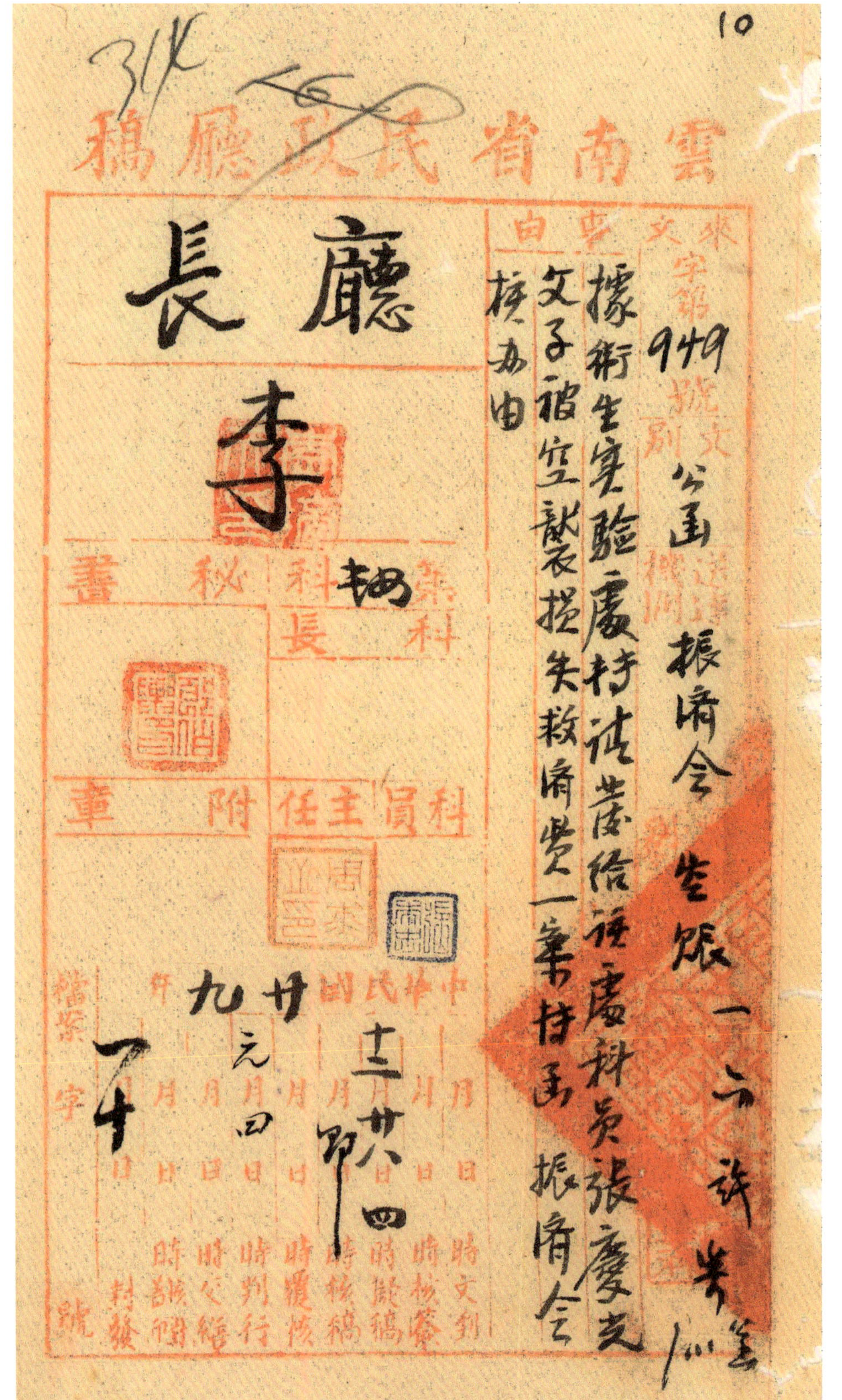

雲南省民政廳稿

廳長 李

來文字第949號　文別 公函　送達機關 振濟會

事由：據衛生實驗處轉請發給該處科員張慶光父子被空襲損失救濟費一案抄函振濟會核辦由

科長　科員　主任　秘書　附章

中華民國卅年　月　日

315

列　衛公函　衛二字第355號

案據衛生實驗處處長繆安成卅九年十二月十三日呈稱：「案據職處總務科會計股一等科員張慶光簽呈稱：竊（緣原呈二玉）實為公便」等情。據此，查所呈各節，尚屬實情，惟乃涸窘實極〔公務員遭受空襲損失〕救濟，向係貴會主辦，據呈前情，相應據情函達

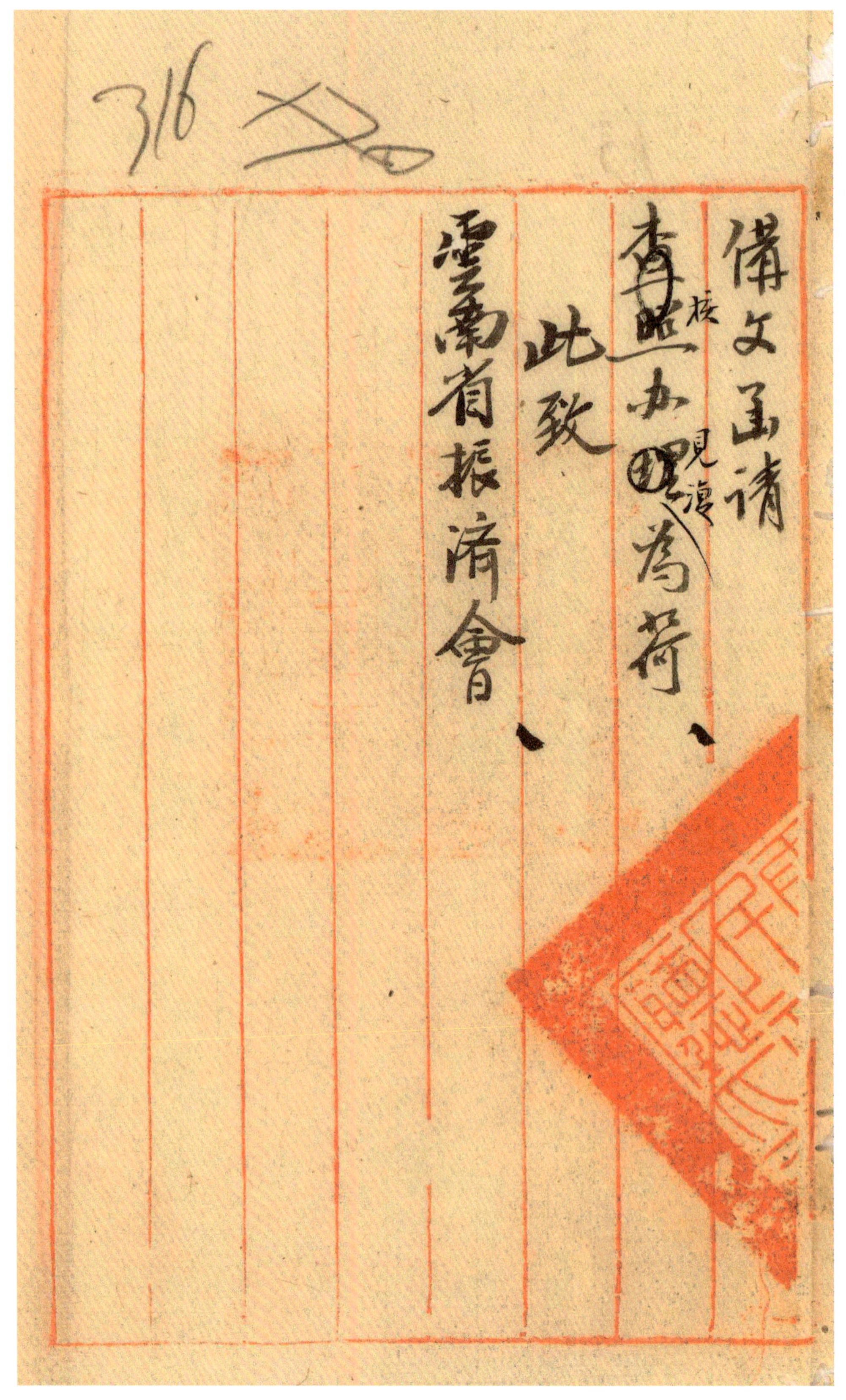
備文函請
查照核如見復為荷、
此致
雲南省振濟會、

317

附：云南全省卫生实验处致民政厅呈（一九四〇年十二月十三日）

事由	擬辦	批示	備考
呈請轉請發給本處科員張慶光父子空襲損失救濟費四百元祈示遵由。			

呈字第八九六號

中華民國廿九年十二月拾四日收到

310

案據職處總務科會計股一等科員張慶光簽呈稱：

竊職前因家住報國街二十四號，於九月三十日敵機來襲，住房被其轟炸，所有什物用具已經炸毀殆盡，當晚一切炊爨卧具均係向各親友處借用。所幸一家五口均僅受震傷，腦筋與心臟遭受重大震動，對於身体健康不無相當影響，音斯時情景，位既不可遷，又不能製備器物，尤不可能於無法之中，乃有移住於土堆村敝親楊克堅家寄住。事後曾將受災情形呈報區坊公所，並報請預支薪俸救濟各在案。當時並有同事施雨蛟、楊湧泉到場慰問，各長官親歷視查情狀，極爲凄慘，幾有斷炊之虞。而政府救濟之令尚未頒行，且處內經費又值支絀之際，惟職家處境素極清貧，在此被災以後之兩月内，又當扣還預支之欵，未能照領月薪，其困難固不待言，雖經竭力向外張羅，仍屬難以維持家中生活，故不便再事呈請預支。今蒙中央暨省政府鑒於被災慘苦，憫恤部屬，頒佈本省公務員役遭受空襲損害暫行救濟辦法，通令知照在案。遵查職家被災情形所有器物損失與救濟辦法第八条乙項第一節「月俸實支在國幣一百元以內者酌給一百元至四百元」之救濟費規定相符。縣皃華雲亦係在處供職等情。據此，查該員住居前於本年九月三十日敵機襲昆，致遭轟炸，損失什物家具甚夥，依照所呈損失清單估計概數，約值國幣千元，事後曾報經該管區坊公所登記，及呈請本處支薪濟用有案，自應呈請救濟，以示体恤。該員當時係月支薪金國幣八十元，該與本省頒佈公務員役遭受空襲損害暫行救濟辦法第八条第一款第一項「月俸實支在國幣一百元以內者酌給一百元至四百元」之規定相符。復查職處經費有限，近因推進各項衛生事業，經常費用，逐月均有虧欠，實屬無款支付，懇請

鈞廳鑒核，俯念該員父子服務年久，家境清貧，一旦慘遭轟炸，生活尤感困難，准予轉請一次發給該員父子救濟費國幣四百元，以示体恤，而資救濟，是否有當，理合備文呈請

鈞廳俯賜鑒核轉請示遵，實為公便！

謹呈

雲南省民政廳廳長李。

雲南全省衛生實驗處處長繆安成 公出

代行技正李宣果

中華民國二十九年十二月十三日

昆明空袭紧急救济联合办事处关于上报一九四一年一、二月份空袭伤亡赈恤表册致云南省振济委员会的呈
（一九四一年一月二十日）

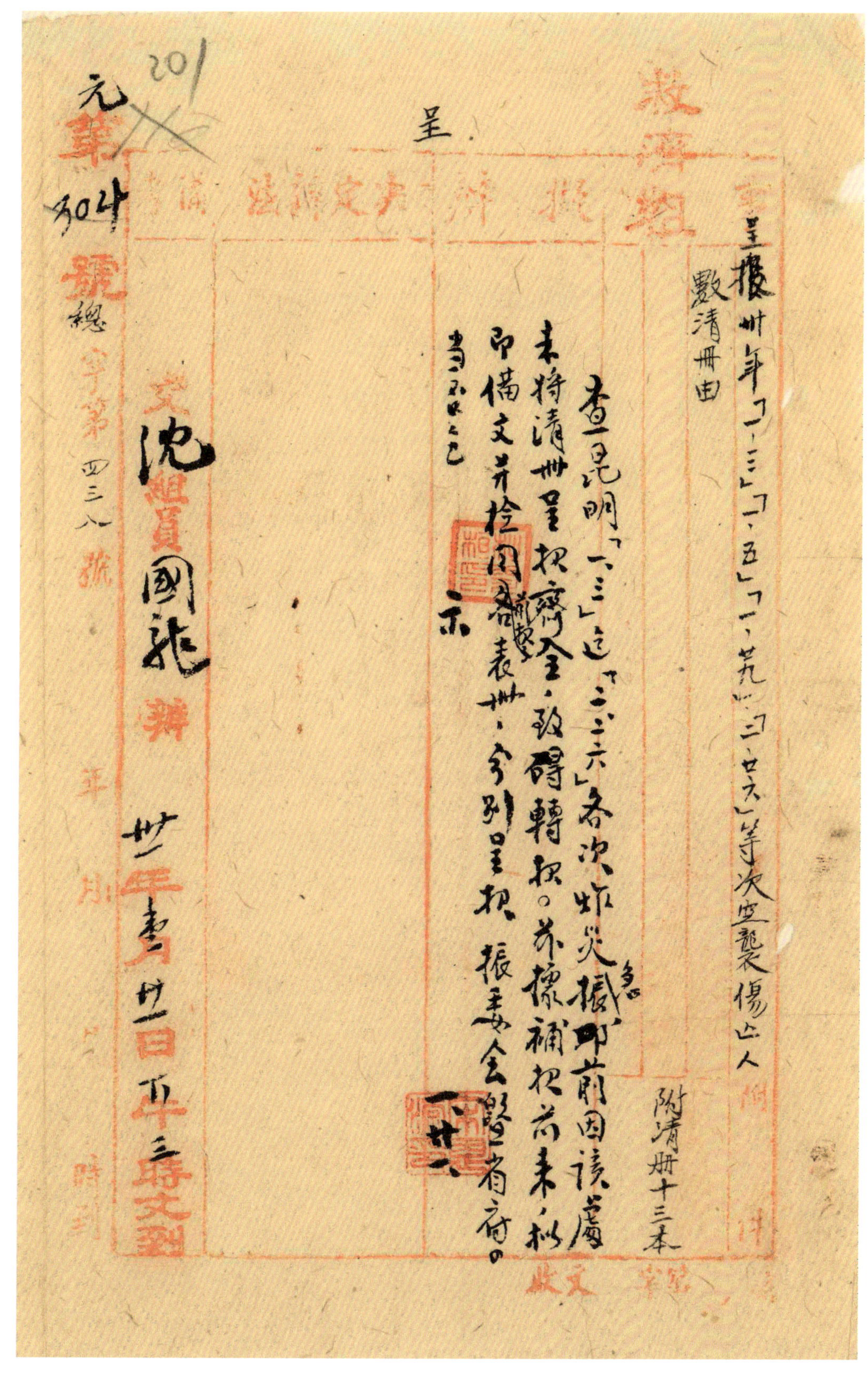

呈

呈报卅年「一、三」「一、五」「一、廿九」「二、廿六」等次空袭伤亡人数清册由

附清册十三本

查昆明「一、三」迄「二、廿六」各次炸灾急振，即前因该处未将清册呈报振济会，致碍转报。兹据补报前来，核印备文并检同各表册，分别呈报振委会暨省府。

一、廿六

元 304 號 總字第四三八號

沈國兆 辦

卅年一月廿一日下午三時文到

202

昆明空襲緊急救濟聯合辦事處呈文　　字第　　號

案奉

鈞會振救字第一三三號指令開：

案查本省各市縣遭受空襲災害，均經本會分別滙發急振，持振飭即案照配發災民，事後案照手續造具振卹登記表一份、傷亡人數清冊三冊，連同領款書一併呈會：已迭經傳報，今已先後電令遵辦在案。乃查截至本年六月底以前各縣辦理空襲振救尚有遲延未報，或已具報仍與規定不符，經會退還更正者，復經本會分別令催具報亦在案。迄今已屆年終結束，仍有未遵令呈報者，殊屬非是

203

特再𠼪嚴令催促仰於文到五日内迅將欠報各項書表清册趕辦具報以

憑核彙幸勿再事玩延至干議懲切切此令

等因奉此遵將廿年「一三」「一五」「一七九」「二七六」等次空襲傷亡

人數清册六十三本分别造報理合檢具各清册隨附呈仰乞

鑒核示遵

謹呈

雲南省振濟會

附呈遭受空襲傷亡人數清册六十三本

昆明空襲緊急救濟聯合辦事處副主任委員 禄國藩 裴存藩

書記長 樊汝平

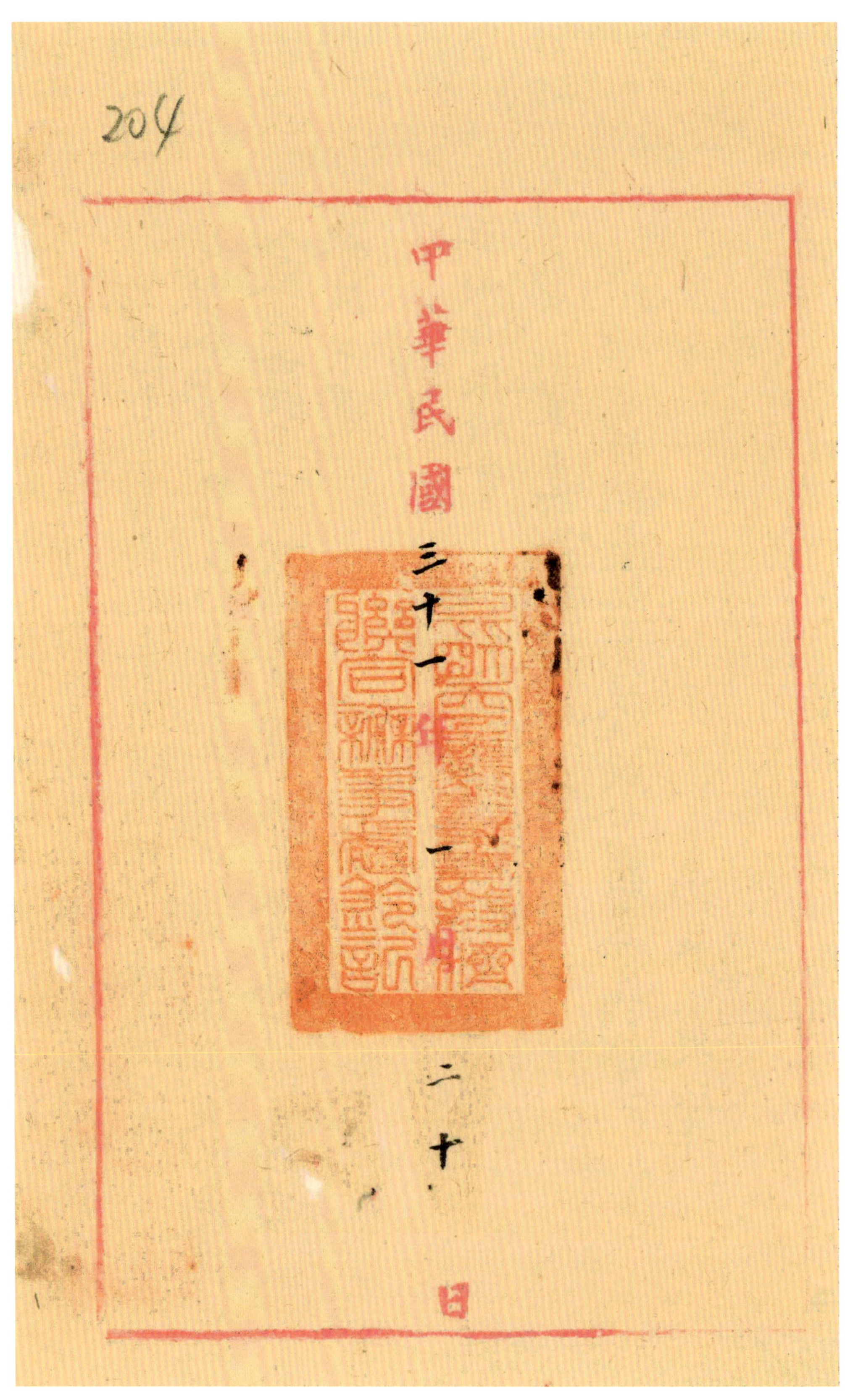

204

中華民國三十一年一月二十日

云南省振济会为报发九月三十日炸灾急赈款清册致云南省政府的呈（一九四一年二月四日）

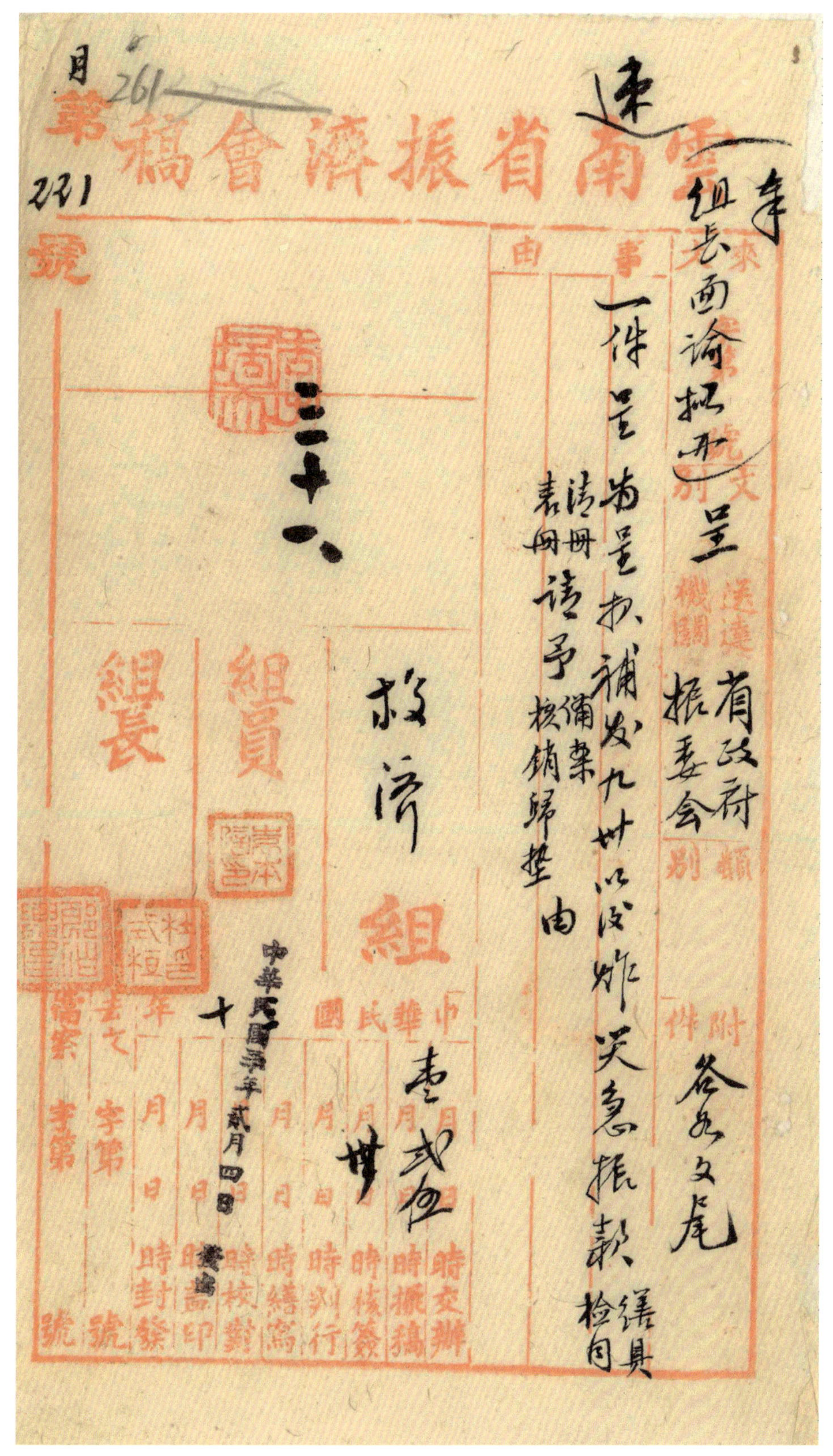
云南省振濟會稿

第二二一號

來文機關：省政府

送達機關：振委会

文別：呈

事由：一件呈為呈報補發九卅炸灾急振款繕具清册請予核銷歸墊由

附件：各冊文尾

組長：　組員：　救濟組

中華民國卅年貳月四日

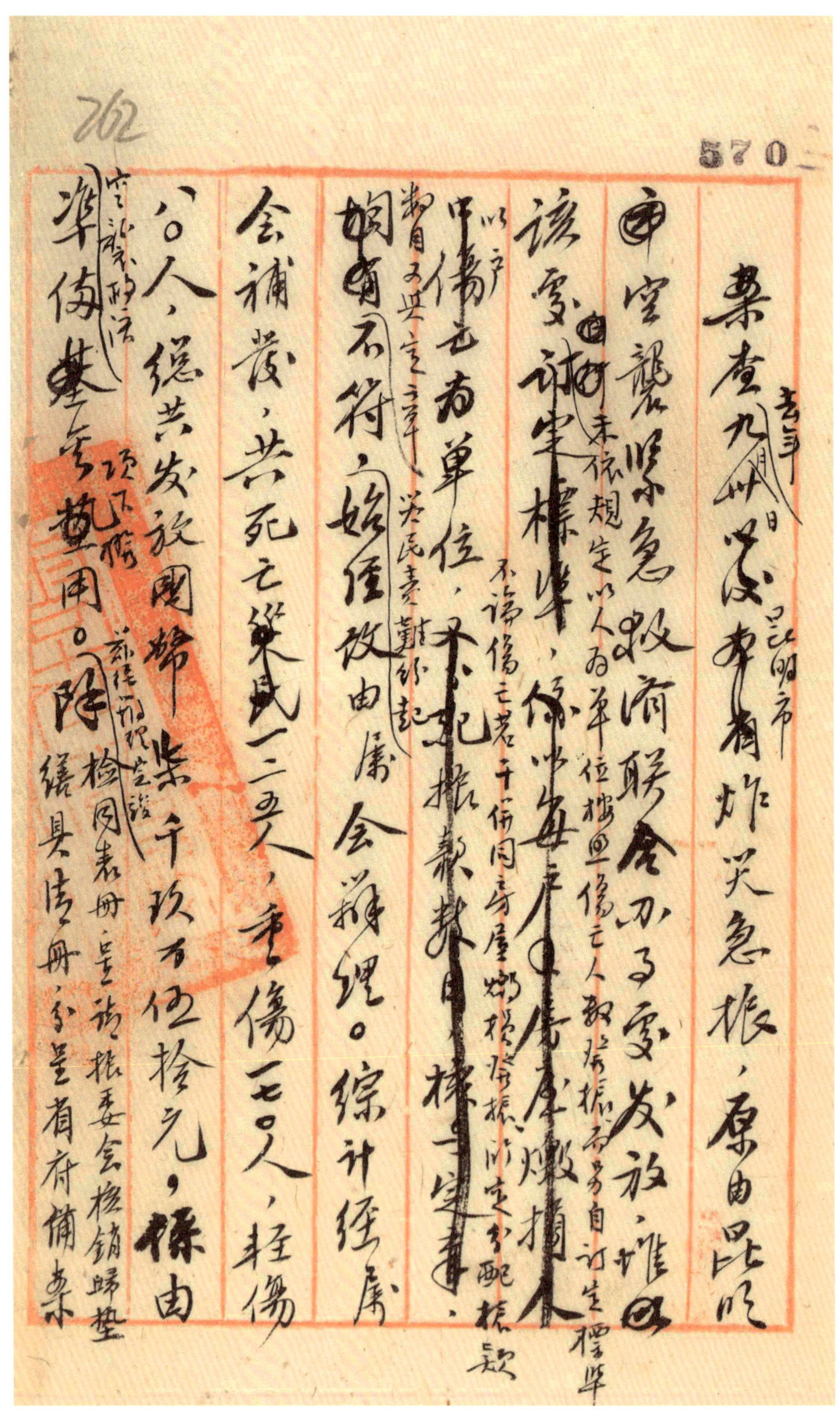

262

570

案查去年九月卅日昆明市被炸灾民急振，原由昆明
市空袭紧急救济联合办事处发放，惟因
该处未依规定以人为单位，按照伤亡人数发给振款，而另自订定标准，
不论伤亡若干，依同一房屋炸损程度分配振款，
以户为单位，
核与中央规定办法不符，灾民责难纷起，嗣经改由本会办理。综计经本
会补发，共死亡难民一二五人，重伤一七〇人，轻伤[illegible]
人，总共发放国币柒千玖百伍拾元，系由
空袭紧急救济联合办事处项下垫借，[illegible]检同表册，呈请振委会核销归垫，
准备案。除缮具清册，分呈省府备案

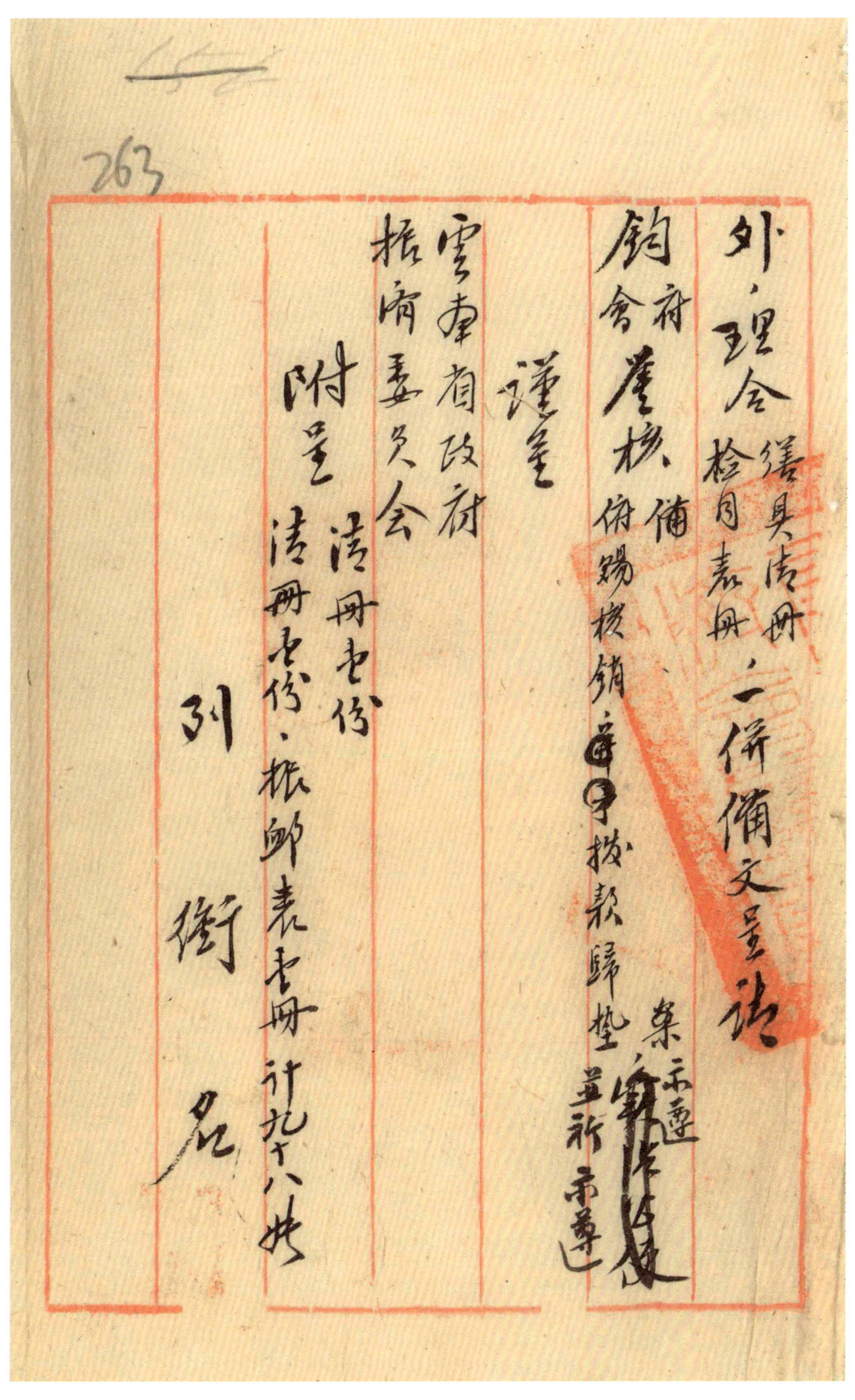

263

外，理合繕具清冊、檢同表冊，一併備文呈請

鈞府
鈞會 鑒核，備案示遵
俯賜核銷，並予撥款歸墊，並祈示遵

謹呈

雲南省政府
振濟委員會

附呈 清冊壹份
清冊壹份、振卹表壹冊，計九十八頁

列銜名

264

中華民國三十一年一月 日

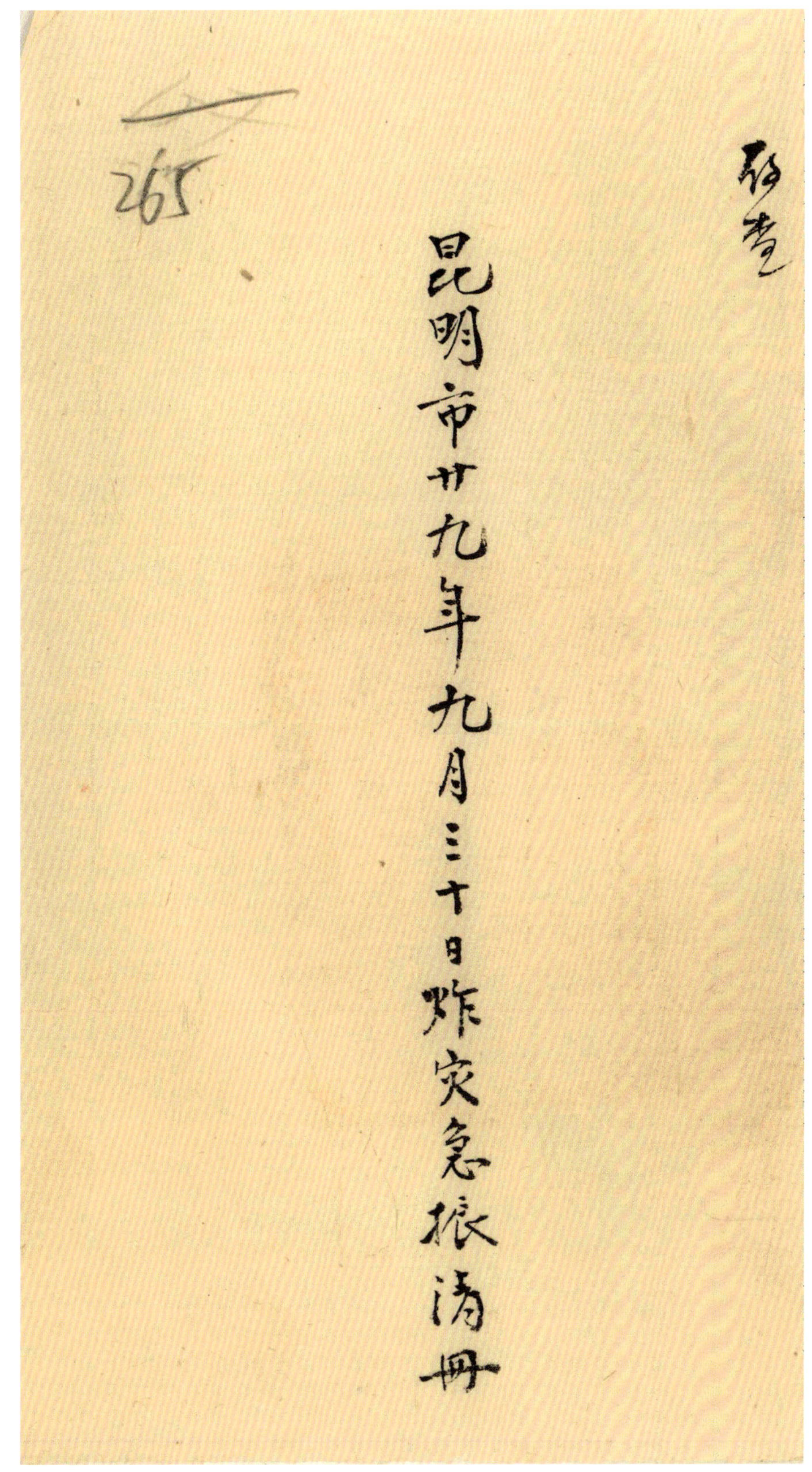
昆明市廿九年九月三十日炸灾急赈清册

266

死亡部

姓名	性别	年龄	受灾地或住址	振郵表編號	備註
胡老二	男	四八	昆明大板橋	1	
胡老二之妻	女	卅六	昆明大板橋	2	
孔陳氏	女	六一	宣威（本市書林街）	3	
韓王氏	女	五十	書林街	4	
徐王盤之孫	男	二	雲津市場	5	
楊蕭氏	女	四八	雲津市場	6	

267

高王氏孫	女	廿六	雲津市場	7
李復吳妻	女	三三	雲津市場	8
李孔氏	女	六七	雲津市場	11
楊莫氏	女	六二	集園	22
胡李氏	女	七八	崇善街	23
胡桂玲	女	十二	崇善街	24
葉張氏	女	六三	崇善巷	25
段王氏	女	四十	集園	41

268

梁仲超	男	二十五	雲津市場	42
曾王氏	女	二十二	書林街	43
崔白昌	男	二十八	金碧路	44
張世鑫	男	六十三	報國街	45
黄譚氏	女	四十五	金碧路	46
凌士友	男	二十五	頭道巷	47
凌何氏	女	二十一	頭道巷	48
崔張氏	女	五十八	報國街	49

268

魏吴氏	女	二十八	土橋	50
傅李氏	女	四十六	崇善巷	51
傅桂明	男	一十八	崇善巷	52
廖李氏	女	五十六	灵光街	53
楊王氏	女	四十六	柳填	54
楊小蘭	女	一十六	柳填	55
彭陳氏	女	二十八	柳填	56
雲海項	男	二十五	北後街	72

270

姓名	性别	年龄	住址	编号
譚濟洪	男	二十五	馬市口	73
金正才	男	二十四	新草房黄苗街	105
李中林	男	十七	灵光街	106
甯紹斌	男	三十七	金碧路	107
馬四順	男	五十	臨江里	108
馬撒氏	女	四八	臨江里	109
尹吴氏	女		威遠街	110
桂蘭仙	女	十八	臨江里	111

221

姓名	性別	年齡	住址	號
張如庭	男	五十二	臨江里	129
張楊氏	女	四十六	臨江里	130
張惠仙	女	九	珠璣街	131
夏雲奇	男	三十	珠玑街	132
姚順	男	十五	珠玑街	138
罗文亮	男	十六	珠玑街	152
罗小貴	男	十二	珠玑街	153
罗女	女	九	珠玑街	154

212

徐胡氏	女	廿五	珠玑街	156
李漢中	男	十八	金碧路	168
李王氏	女	四五	金碧路	169
吴文福	男	廿三	金碧路	170
楊立清	男	廿四	米市橋	174
陳松	男	卅二	金碧路	188
李嫂	女	五四	金碧路	189
李蘭仙	女	十六	金碧路	190

273

姓名	性別	年齡	住址	號
李月娟	女	九	南強街	192
楊立榮	男	廿八	朱甫橋	196
柳同	男	十二	同仁街	199
洪梁氏	女	廿六	崇善巷	203
唐興文	男	一十九	崇善巷	204
陳興	男	十三	後新街	205
郭有守	男	三二	青林街	206
徐胡氏	女	二六	臭水河	207

274

管志文	男	十九	石橋舖	209
丁李氏	女	六二	頭道巷	212
文華清	男	二五	金碧路	213
孔朱氏	女	二六	金碧路	214
位森	男	十五	石橋舖	220
孔仲三	男	廿八	石橋舖	221
毛可	男	四五	石橋舖	222
黄玉琴	女	十五	東寺街	231

275

姓名	性別	年齡	住址	編號
辛楊氏	女	四十	南華街	233
辛文林	男	十二	南華街	234
李德育	男	六五	書林街	235
李馬氏	女	三十	書林街	236
沙左英	女	二二	金碧路	244
李玉清	女	十六	金碧路	245
李秀清	女	十三	金碧路	246
方居尚	男	二十四	金碧路	250

276

姓名	性别	年龄	住址		编号
鍾琴端	女	二二	金碧路		251
鍾小二	男	十二	金碧路		252
鍾小三	男	九	金碧路		253
辛盧氏	女	廿六	米市橋		257
溧嫂	女	廿五	金碧路		264
趙陳氏	女	三六	三市街		265
傅蘭敏	女	一九	金碧路		268
申發	男	四五	金碧路		276

277

孔老五	男	一五	金碧路	287
何有福	男	二六	金碧路	288
何周氏	女	二六	金碧路	289
沈譚氏	女	二八	金碧路	290
李張氏	女	三一	金碧路	291
李林氏	女	二二	金碧路	295
劉全发	男	三二	小東城脚	371 ~~300~~
劉李氏	女	五五	小東城脚	301

278

蔡士行	男	四八	小東城脚	304
方陳氏	女	二九	節孝巷	305
李王氏	女	三七	竹園巷	306
申〃忠	男	三二	圓通街	307
申須氏	女	卅三	圓通街	308
劉　庭	男	五六	小東城脚	314
趙　升	男	四二	小東城脚	325
楊保玲	女	九	報國街	327

279

姓名	性別	年齡	住址	編號
覃文光	男	三五	圓通街	331
黄培森	男	五四	圓通街	332
馬小明	男	一六	圓通街	334
覃炳忠	男	十五	東城脚	339
覃炳朋	男	十三	東城脚	340
周李氏	女	廿八	報國街	342
李崇麻	男	十九	報國街	343
李淑英	女	十八	報國街	344

280

李淑文	女	十五	報國街	345
李華	男	二二	小東城脚	347
蔡王氏	女	二五	小東城脚	375 ~~348~~
蔣士和	男	二八	小東城脚	350
羅陳氏	女	四四	小東城	357
羅琴英	女	一六	小東城	358
任福明	男	四六	報國街	360
朱文清	男	三八	報國街	361

281

左信誠	男	二七	報國街	362
羅耀森	男	三四	小東城脚	363
簡先英	女	十八	節孝巷	365
樑　孫	男	十六	桃園街	368
彭馭天	男	五一	金碧路	369
彭鄺氏	女	五十	金碧路	370
洪　亮	男	四六	書林街	194

282

重傷部

姓名	性別	年齡	受災地或住址	振卹表編號	備註
胡老二之子	男	九	大板橋	9	
董輔仙	男	五三	雲津市場	12	
賈郭氏	女	二五	雲津市場	14	
賈蕭氏	女	五六	雲津市場	15	
賈凌鳳	女	五	雲津市場	16	
賈凌煥	女	二	雲津市場	17	

283

姓名	性别	年龄	住址	编号
楊馬氏	女	三七	崇善街	18
徐士盛之子	男	二八	雲津市場	19
徐吴氏	女	十九	雲津市場	20
尹徐氏	女	十八	崇善巷	26
賀羅氏	女	三八	書林街	27
賀喜发	男	六八	書林街	28
阮龍海	女	五八	崇善街	29
劉忠福	男	二九	雲津市場	30

284

趙福昌	男	四二	雲津市場	31
馬繼周	男	三八	崇善巷	32
余爾昌	男	四五	頭道巷	33
尚段氏	女	四五	三義舖	34
方張氏	女	四四	三義舖	35
蔣文明	男	四四	泰安街	36
任溥氏	女	三六	泰安巷	37
羅樹華	女	二四	泰安巷	38

285

姓名	性別	年齡	住址	編號
陳李氏	女	三二	頭道巷	39
劉在修	男	五八	?	40
周華清	男	五五	南華街	69
王從先	男	十一	受灾地向遠	71
楊桂芝	女	十九	書林街	75
張開文	男	二七	灵官街	76
辛惠仙	女	八	珠玑街	77
陳鄭氏	女	五十	圣望路	78

286

禄士居	男	三三一	黄鹤巷	79
梁雲高	男	四八	華山南路	80
郭張氏	女	廿九	雲津市場	82
鍾炳林	男	五十	護國路	83
阮光明	男	四十	金碧路	84
包清堂	男	卅六	堯深街	85
汪起麟	女	卅六	受灾地间遠	86
段小清	男	廿八	北後街	87

287

殷胡氏	女	二五	北後街	88
裴張氏	女	三八	小東城	89
裴向萬	男	四十	小東城	90
申品端	男	三八	馬家巷	91
楊佩清	男	三二	竹园巷	92
楊榮芳	男	四十	金凤花园	93
劉文聰	男	三二	金凤花园	94
蘇鳳雲	男	二二	青门寺巷	96

288

181

劉慶雲	男	十五	珠玑街	97
尹福	男	十六	青门寺巷	101
王吕	男	三七	王家堆	102
崔秀琼	女	十	報國街	104
桂荣	男	三十	珠玑街	112
包運洪	男	二七	桃源街	113
何向氏	女	五六	灵光街	114
邓成章	男	二五	臨江里	115

289

尹志林	男	二十	臨江里	116
陳陳氏	女	廿八	臨江里	124
陳小同	男	九	臨江里	125
高朗	男	十八	灵光街	126
郭则匠	男	廿五	珠玑街	127
張西虹	女	二十	臨江里	128
桂土氏	女	二十	珠玑街	133
朱張氏	女	廿六	珠玑街	135

290

張復新	男	十二	珠玑街	136
馮寅山	男	四八	臨江里	137
姚深甫	男	四二	珠玑街	139
曾仲昌	男	卅	小菜園	140
賀志英	女	十八	小菜園	141
彭譚氏	女	二五	小菜園	142
彭闻文	男	卅	小菜園	143
馮秀英	女	廿一	臨江里	144

291

崔陳氏	女	卅四	灵光街	145
崔尚仁	男	卅八	灵光街	146
鍾徐氏	女	六五	珠玑街	148
鍾文清	男	卅二	珠玑街	149
鍾何氏	女	廿六	珠玑街	150
嚴永生	男	四五	珠玑街	155
高嫂	女	廿二	灵光街	157
陳土章	男	十	韮源街	158

212

高陳氏	女	卅二	尭源街		159
沙明	女	十五	書林街		164
沈嫂	女	卅	書林街		165
沈小二	男	九	金碧路		170
方梁氏	女	五二	金碧路		176
文洪達	男	廿二	金碧路		177
阮之芬	女	十二	書林街		178
任文林	男	十九	三市街		179

283

編號	姓名	性別	年齡	住址
180	招何氏	女	五二	三市街
181	招子才	男	廿二	三市街
182	李定貴	男	廿五	三市街
183	李王氏	女	廿五	北後街
184	徐文清	男	廿五	崇善巷
185	徐李氏	女	五四	崇善巷
186	唐有慶	男	卅六	崇善巷
187	唐王氏	女	卅一	崇善巷

284

陳小玉	女	九	金碧路	191
洪宝林	男	二十	書林街	195
楊傅氏	女	二三	朱市橋	197
柳何氏	女	三五	同仁街	198
馬子良	男	卅二	石橋舖	200
姜康	男	二六	雲津市場	201
胡吉文	男	四八	雲津市場	202
柳兆來	男	廿二	書林街	210

285

趙李氏	女	卅二	崇仁巷	211
周老二	男	十八	金碧路	215
辛桂仙	女	十八	北後街	216
辛淑華	女	十五	北後街	217
李何氏	女	三二	北後街	218
李明心	男	三六	北後街	219
毛桂林	女	九	北後街	223
黄文亮	男	二四	東寺街	224

296

黄王氏	女	二五	東寺街	225
黄文慶	男	五二	東寺街	226
黄小五	男	二一	東寺街	227
梁文行	男	三二	鸡鳴橋	228
張子和	男	六八	柳埧	229
張李氏	女	六四	柳埧	230
周嫂	女	二三	三義鋪	232
凌李氏	女	卅八	鸡鳴橋	238

287

張國輝	男	十七	南通街	239
汪能文	男	卅八	金碧路	240
李如玉	女	十七	金碧路	241
何王氏	女	四二	金碧路	242
金慶	男	十一	順道巷	243
李玉池	男	八	金碧路	247
方廖氏	女	二九	南通街	256
王玉昆	女	二六	南強街	260

288

文何氏	女	二九	南通街	261
丁銀周	女	二四	南通街	266
丁人華	男	十八	南通街	267
張仁安	男	二五	金碧路	269
黄方氏	女	四八	金碧路	270
森上发	男	三四	金碧路	271
任少來	男	二四	崇善巷	274
甲張氏	女	二五	金碧路	277

288

姓名	性别	年龄	住址	号
包文清	男	二二	金碧路	278
左舜軒	男	三八	金碧路	279
王人化	男	一二	金碧路	280
馬文亮	男	三五	金碧路	284
馬銳中	男	三十	金碧路	285
馬子貞	男	二九	金碧路	286
文鋒	男	二八	金碧路	293
蔣田氏	女	三二	節孝巷	296

~~47~~

300

劉重富	男	六二	小東城脚		300
尚小東	男	十八	小東城脚		302
顏全	男	十七	月城		313
蔣珍	女	二五	竹園巷		317
劉兆中	男	二三	東城脚		315
柳福	男	三二	節孝巷		319
趙駿	男	二四	竹園巷		320
管李氏	女	三八	竹園巷		321

301

姓名	性別	年齡	住址	編號
管苓書	女	一二	竹園巷	322
趙張氏	女	四四	小東城脚	326
楊國棟	男	二二	報國街	328
葉尚勤	男	三四	金鳳花園	329
裘必顯	男	五五	金鳳花園	330
胡太林	男	三十	竹園巷	333
楊賓	男	三五	報國街	335
楊趙氏	女	廿四	報國街	336

202

賈宜三	男	六五	報國街	337
賈陈氏	女	五八	報國街	338
辛炳正	男	二二	東城脚	341
沈嫂	女	三六	圆通街	346
何嫂	女	二五	小東城脚	348
沙如眉	女	二四	小東城脚	372 ~~345~~
李玉姑	女	二四	小東城脚	373 ~~346~~
钱永壽	男	三六	東城脚	374 ~~347~~

303

姓名	性別	年齡	住址	編號
鐺徐氏	女	卅	東城脚	353
伍樹芳	女	二五	竹園巷	358
罗李氏	女	三十	小東城脚	364
楊嫂	女	三八	竹園巷	366

304

輕傷部

姓名	性別	年齡	受灾地或住址	振郵表編號	備註
胡老二之女	女	十三	大板橋	10	
賈正貴	男	六三	雲津市場	13	
尹國邦	男	三十	雲津市場	21	
何王氏	女	五十	翠花街	57	
曾雲山	男	五一	雲津市場	58	
張體安	男	五二	南華街	59	

305

陳少之	男	四六	崇善街	60
何純義	男	三三	雲津市場	61
段鄭氏	女	五一	集園	62
李元芳	女	一五	金碧路	63
楊玉容	女	一五	金碧路	64
李孔氏	女	六五	書林街	65
范張氏	女	三十	南華街	66
馬崔氏	女	五五	崇善巷	67

306

李金蓮	女	十八	营门口	68
師有生	男	三三	善益街	70
陳雲章	男	四八	第二分局	74
張天喜	男	二二	武成路	81
劉小勤	男	十七	金鳳花園	95
張鴻鈞	男	二三	五金工廠	98
金少南	男	四五	書林街	99
謝玉書	男	四五	小井巷	100

30

辛樹華	女	十四	珠玑街		103
桂海山	男	五三	臨江里		117
桂雲仙	女	一九	臨江里		118
項氏	女	四十	臨江里		119
王聞文	男	三一	珠玑街		120
李清云	男	三八	珠玑街		121
金洪发	男	三二	珠玑街		122
蔣氏	女	二五	臨江里		123

308

桂少華	男	三二	珠玑街	134
賈李氏	女	五一	小菜園	147
張福華	男	二三	臨江里	151
荀德尚	男	二六	雲津市場	160
姚永泉	男	十八	雲津市場	161
馬白氏	女	五六	雲津市場	162
桂少華	女	十六	雲津市場	163
何東成	男	十八	書林街	166

309

姓名	性别	年龄	住址		编号
馬胡氏	女	十八	書林街		167
楊明	男	十八	祥云街		172
葉嫂	女	二二	北後街		173
趙桂蘭	女	一九	祥云街		175
李士安	男	二八	南強街		193
崔張氏	女	四六	石橋鋪		208
張嘉尚	男	三十	東寺街		237
王尚達	男	三二	金碧路		248

310

王李氏	女	二六	金碧路	249
鍾少亮	男	二六	金碧路	254
鍾少明	男	二九	金碧路	255
李惠仙	女	三一	金碧路	258
李叙清	男	二三	金碧路	259
毛小二	男	十六	南華街	262
王自美	女	十六	南強街	263
朱士喬	男	十八	金碧路	272

311

姓名	性別	年齡	住址	號
阮少六	男	二七	崇善巷	273
朱文棟	男	三五	崇善巷	275
毛宜誠	男	三十	金碧路	281
左天協	男	三八	金碧路	282
左盧氏	女	二三	金碧路	283
文伯森	男	五三	金碧路	292
李明	男	二八	金碧路	294
葉吳氏	女	二七	金鳳花園	297

312

姓名	性别	年龄	住址		编号
劉宗貴	男	二三	金鳳花園		298
劉硌	男	四二	金鳳花園		299
蔡陈氏	女	四二	小東城脚		303
魏景宗	男	二二	小東城		309
魏桂華	女	十六	小東城		310
萬家桂	男	六二	報國街		311
簡百林	男	十八	東城脚		312
賴李氏	女	四六	竹園巷		316

313

錢素琴	女	二十	竹園巷	318
邱必高	男	十九	圓通街	323
管張氏	女	二二	竹園巷	324
錢小二	男	十八	報國街	349
雲四斤	男	十五	東城腳	351
盧仲明	男	二二	東城腳	352
蔡秀明	女	二八	東城腳	354
蔣廷貴	男	三六	竹園巷	355

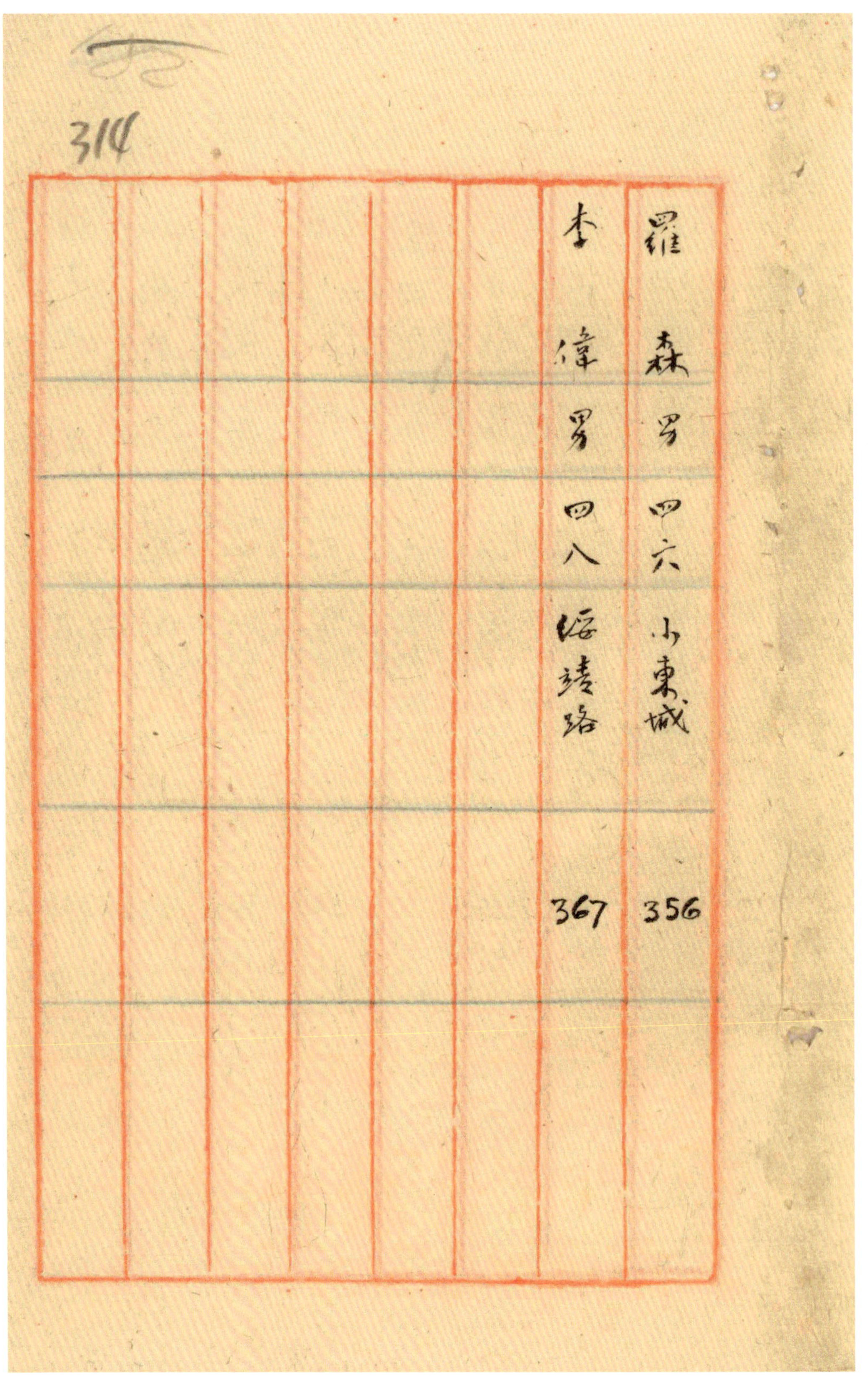

314

羅森	男	四六	小東城	356
李偉	男	四八	綏靖路	367

云南省政府关于昆明市一九四〇年九月三十日炸灾特赈清册致云南省振济会指令（一九四一年二月十五日）

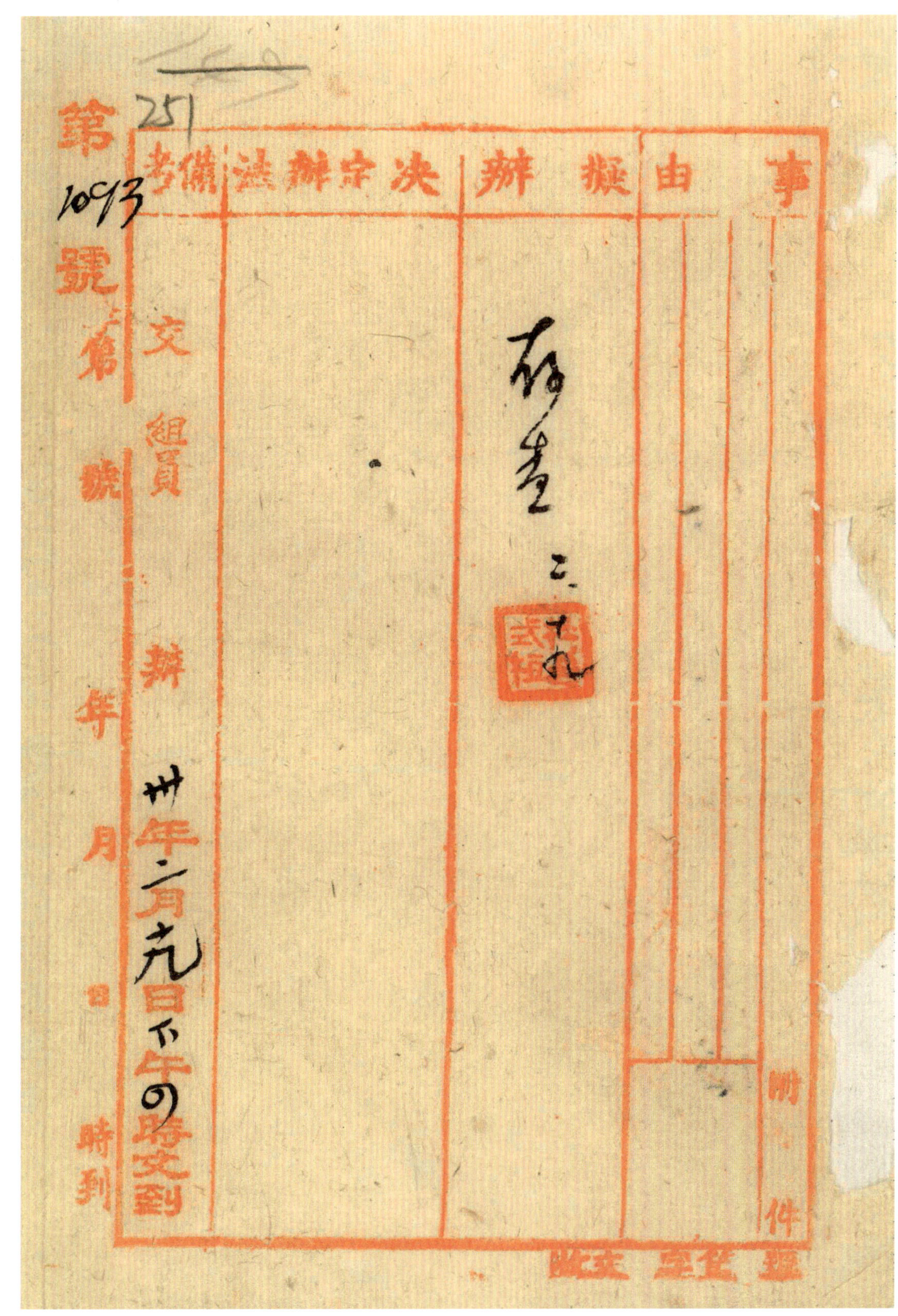
第 10913 號
事由
擬辦
存查 二、十九
決定辦法
備考
文組員 辦
卅年二月十九日下午四時文到
附件
秘書室發文

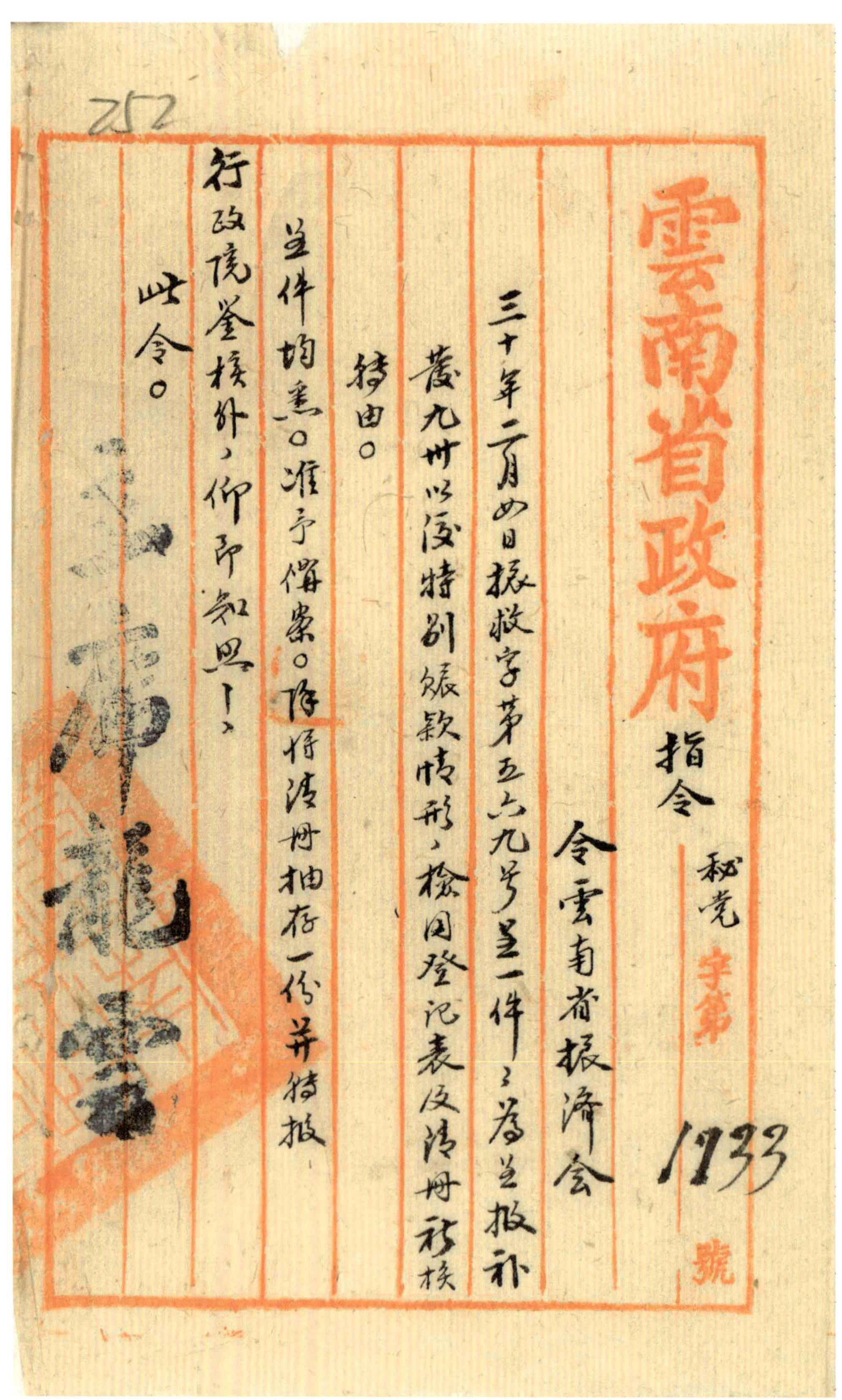
252

雲南省政府指令 秘赈字第1733號

令雲南省振济会

三十年二月廿日振救字第五六九号呈一件，为呈报补发九卅以后特别振款情形，检同登记表及清册祈核

转由。

呈件均悉。准予备案。除将清册抽存一份并转报

行政院鉴核外，仰即知照！

此令。

主席 龍雲

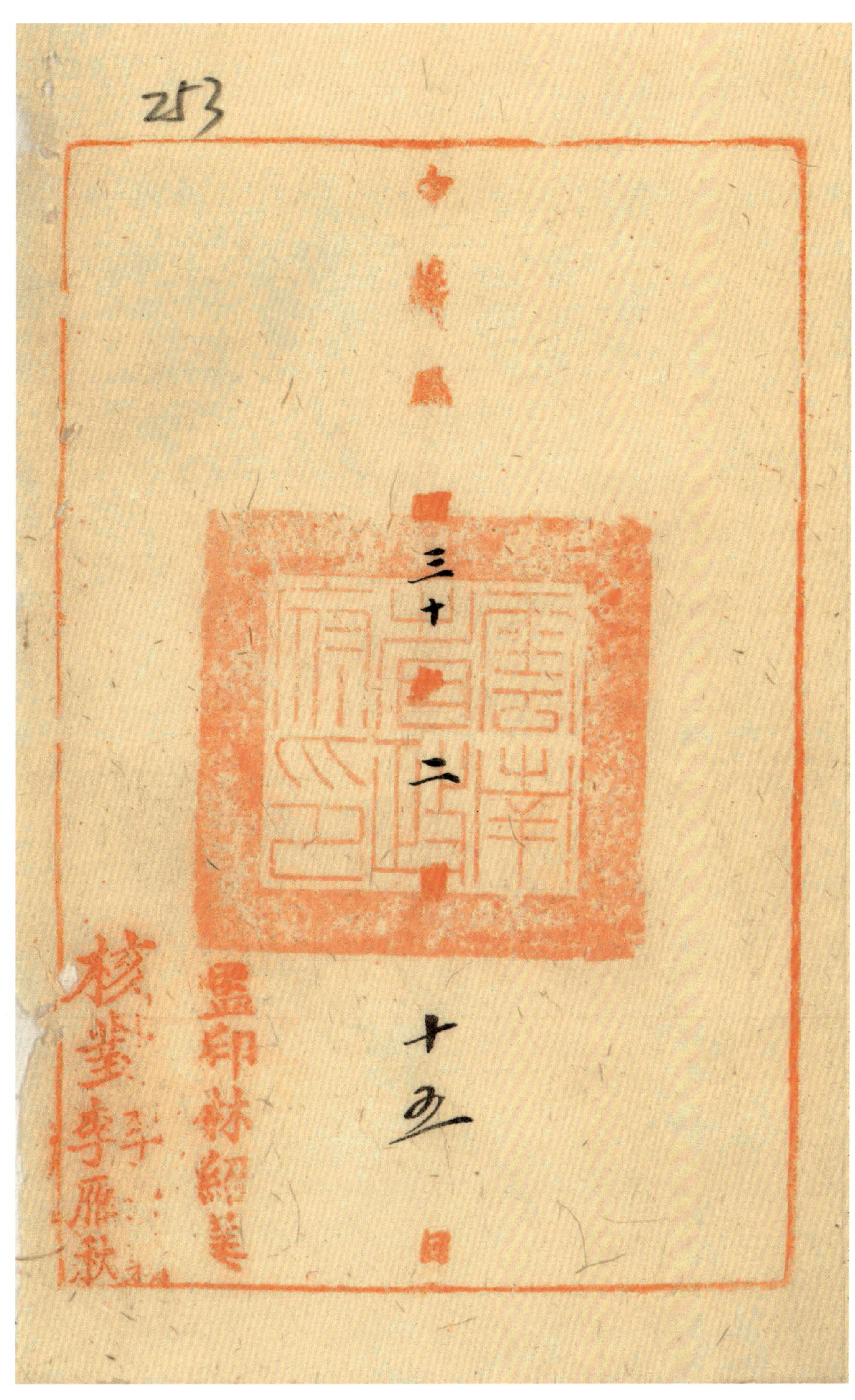

253
三十
二
十五
日
監印林紹
核

附：昆明市一九四〇年九月三十日炸灾特赈清册

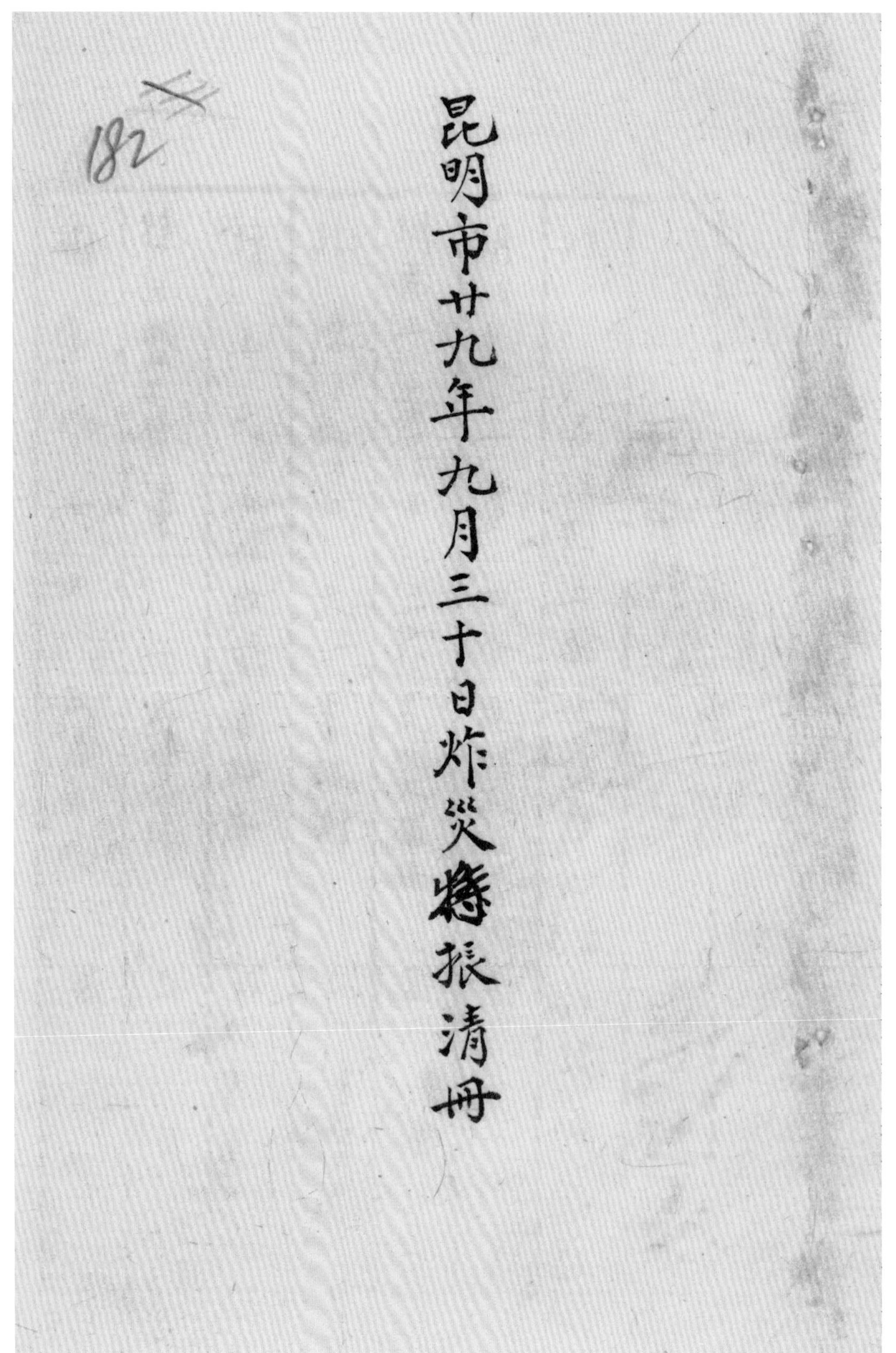

183

死亡部

姓名	性别	年龄	受灾地或住地	振卹表编号	备注
胡老二	男	四八	昆明大板桥	1	
胡老二之妻	女	三六	昆明大板桥	2	
孔陈氏	女	六一	书林街	3	
韩王氏	女	五一	书林街	4	
徐玉盛之孙	男	二	云津市场	5	
杨萧氏	女	四八	云津市场	6	

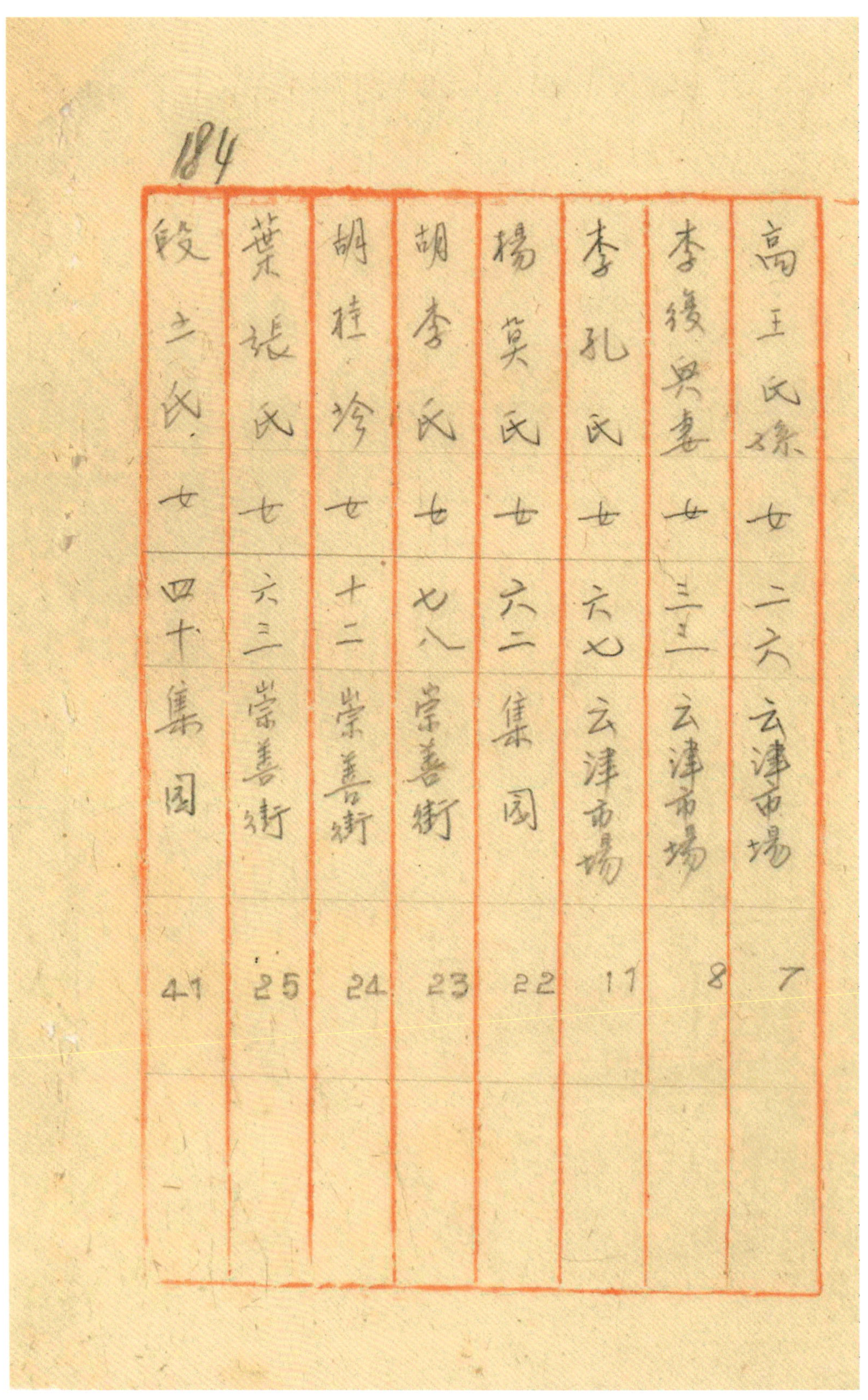

184

高王氏孫	女	二六	云津市場	7
李後吳妻	女	三三	云津市場	8
李孔氏	女	六七	云津市場	11
楊莫氏	女	六二	集园	22
胡李氏	女	七八	崇善街	23
胡桂珍	女	十二	崇善街	24
葉張氏	女	六三	崇善街	25
段王氏	女	四十	集园	41

45

185

梁仲超	男	二十五	云津市場	42
曾王氏	女	二十二	書林街	43
崔向昌	男	二十八	金碧路	44
張世鑫	男	六十三	報國街	45
黃譚氏	女	四十五	金碧路	46
凌士友	男	二十五	頭道巷	47
凌何氏	女	六十二	頭道巷	48
崔張氏	女	五十八	報國街	49

186

魏吴氏	女	二十八	土橋	50
傅李氏	女	四十六	崇善巷	51
傅桂明	男	一十八	崇善巷	52
廖李氏	女	五十六	灵光街	53
楊王氏	女	四十六	柳埧	54
楊小蘭	女	一十六	柳埧	55
彭陳氏	女	二十八	柳埧	56
項海雲	男	二十五	北後街	72

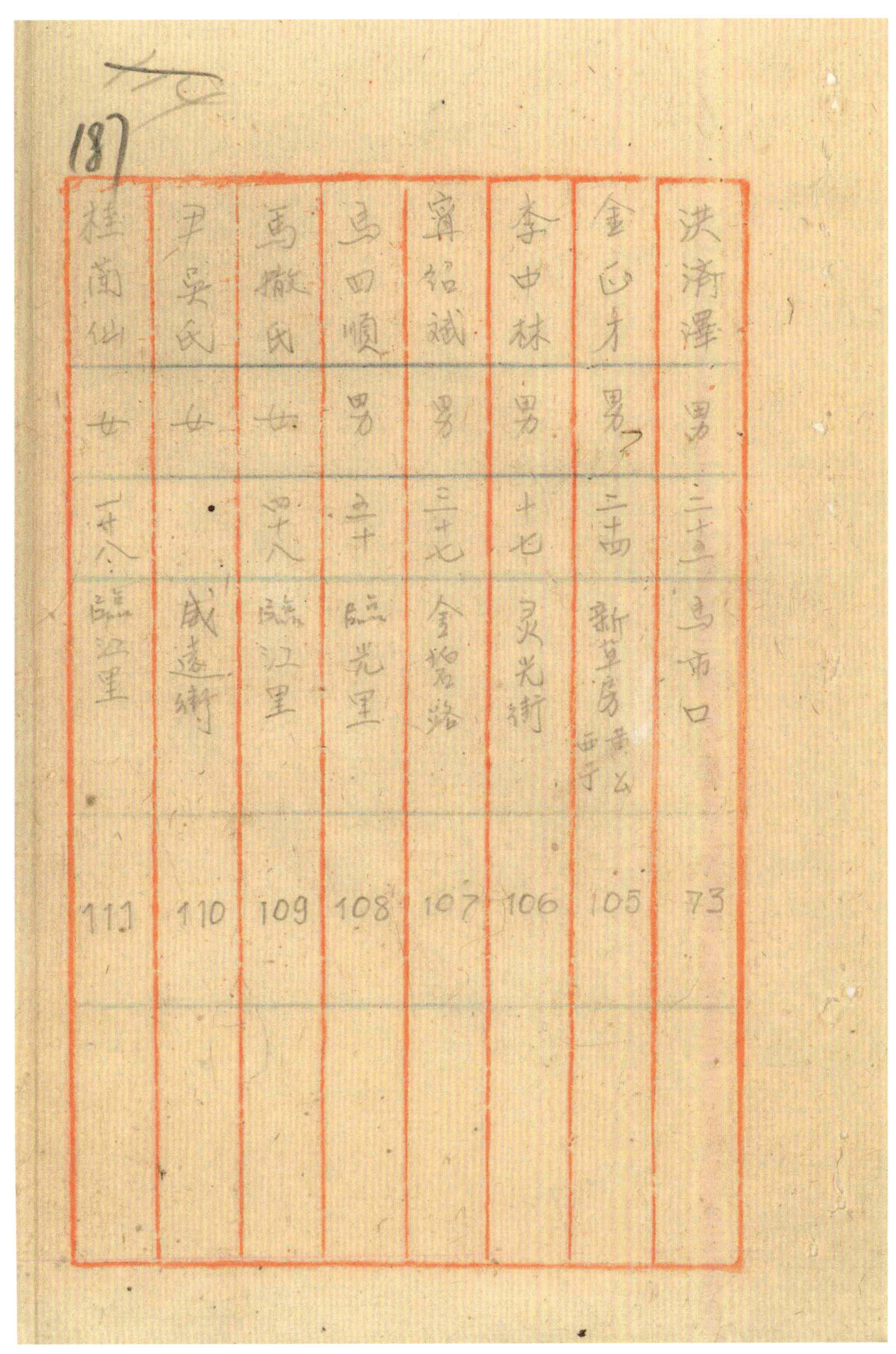

187

姓名	性別	年齡	住址	號
洪濟澤	男	二十五	烏市口	73
金正才	男	二十四	新草房黃公西子	105
李中林	男	十七	靈光街	106
甯紹斌	男	二十七	會館路	107
烏四順	男	五十	臨光里	108
馬撒氏	女	四十八	臨江里	109
尹吳氏	女		咸遠街	110
桂蘭仙	女	二十八	臨江里	111

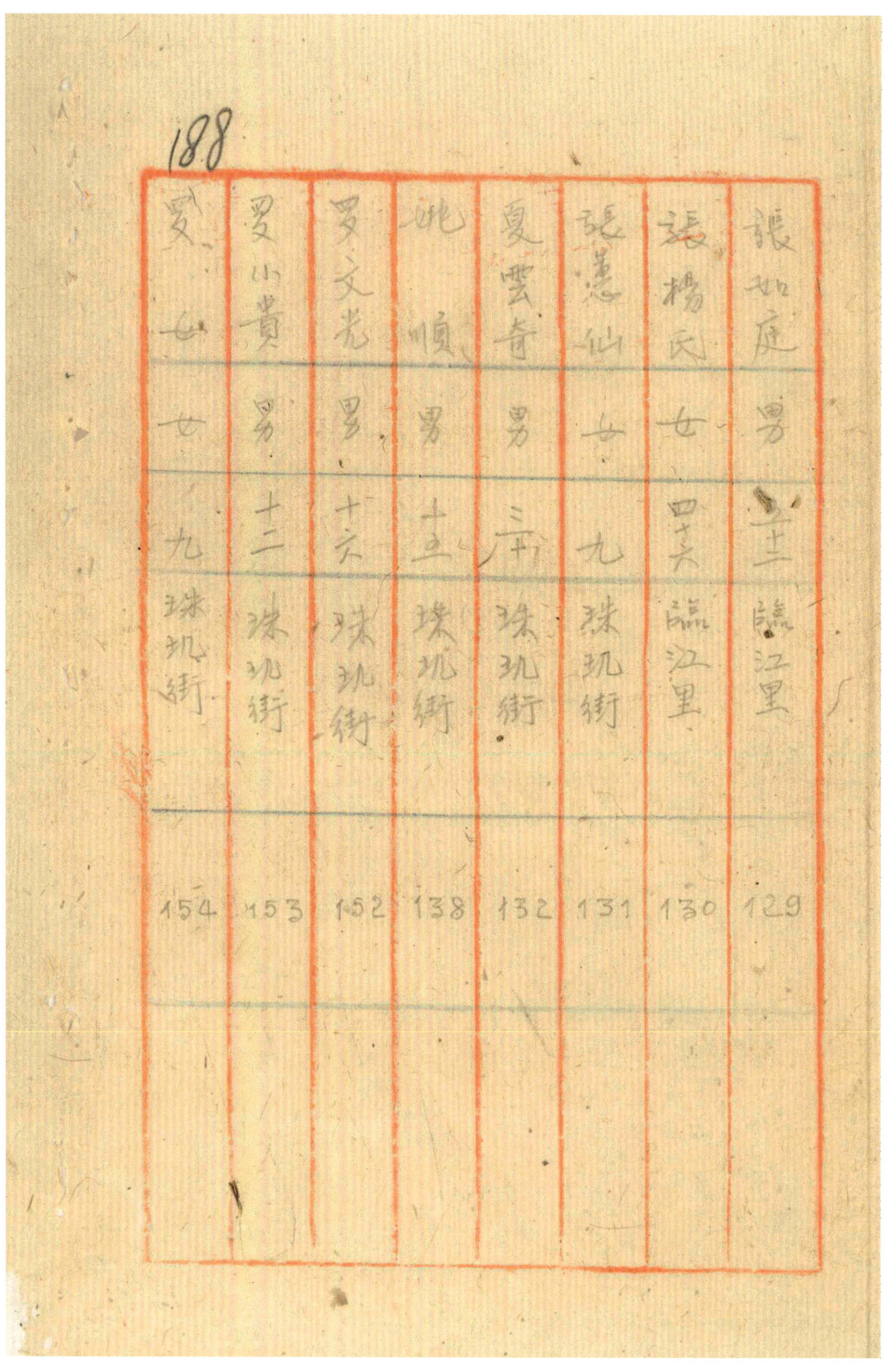

188

張如庭	男	二十三	臨江里	129
張楊氏	女	四十六	臨江里	130
張蕙仙	女	九	珠玑街	131
夏雲奇	男	三十	珠玑街	132
姚順	男	十五	珠玑街	138
罗文光	男	十六	珠玑街	152
罗小貴	男	十二	珠玑街	153
罗女	女	九	珠玑街	154

~~二六~~

189

姓名	性別	年齡	住址	號數
徐胡氏	女	二十五	珠玑街	156
李漢中	男	十八	金碧路	168
李王氏	女	四十五	金碧路	169
吴文福	男	二十二	金碧路	170
楊玉清	男	二十四	米市橋	174
陳松	男	三十二	金碧路	188
李嫂	女	五十四	金碧路	189
李蔚仙	女	十六	金碧路	190

180

李月娟	女	九	南強街	192
楊立棠	男	二十八	朱市橋	196
柳同	男	十二	同仁街	199
洪梁氏	女	二十六	崇善巷	203
唐興文	男	三十九	崇善巷	204
陳興	男	十三	後新街	205
郭有守	男	三十三	書林街	206
徐胡氏	女	二十六	臭水河	207

181

姓名	性別	年齡	住址	編號
管志文	男	十九	石桥舖	209
丁李氏	女	六十三	頭道巷	212
文華清	男	二十五	金碧路	213
孔王氏	女	二十六	金碧路	214
何森	男	一十五	石桥舖	220
孔仲三	男	二十八	石桥舖	221
毛可	男	四十五	石橋舖	222
黄玉琴	女	十五	東寺街	231

182

姓名	性别	年龄	住址	号
辛楊氏	女	四十	南華街	233
辛文林	男	十二	南華街	234
李德育	男	六十五	書林街	235
李馬氏	女	三十	書林街	236
沙左英	女	二十二	金碧路	244
李玉清	女	十六	金碧路	245
李秀清	女	十三	金碧路	246
方更尚	男	二十五	金碧路	250

183

~~47~~

鍾瑞芬	女	二十二	金碧路	251
鍾小二	男	十二	金碧路	252
鍾小三	男	九	金碧路	253
辛盧氏	女	二十六	米市橋	257
陳嫂	女	二十三	金碧路	264
趙陳氏	女	三十六	三市街	265
傅蘭敏	女	十九	金碧路	268
申黄	男	四十五	金碧路	276

184

孔老五	男	十五	金碧路	287
何有福	男	二十六	金碧路	288
何周氏	女	二十六	金碧路	289
沈譚氏	女	二十八	金碧路	290
李張氏	女	三十一	金碧路	291
李林氏	女	二十二	金碧路	295
劉全友	男	三十二	小東城脚	371 ~~[illegible]~~
劉李氏	女	五五	小東城脚	301

185

蔡士行	男	四十八	小東城脚	304
方陳氏	女	二十九	節孝巷	305
李王氏	女	三十七	竹園巷	306
申忠	男	三十二	圓通街	307
申頌氏	男	三十三	圓通街	308
劉庭	男	五十六	小東城脚	314
趙升	男	四十二	小東城脚	325
楊保珍	女	九	報國街	327

186

姓名	性别	年龄	住址	编号
覃文光	男	三十五	圓通街	331
黄焙森	男	五十四	圓通街	332
馬小明	男	十六	圓通街	334
覃炳忠	男	十五	東城脚	339
覃炳朋	男	十三	東城脚	340
周李氏	女	二十八	報國街	342
李崇方	男	十九	報國街	343
李淑英	女	十八	報國街	344

187

李淑文	女	十五	報國街	345
李華	男	二十三	小東城脚	347
蔡王氏	女	二十二	小東城脚	375 ~~348~~
蔣士和	男	二十八	小東城脚	350
罗陳氏	女	四十四	小東城	357
罗琴英	女	十六	小東城	358
任福明	男	四十六	報國街	360
朱文清	男	三十八	報國街	361

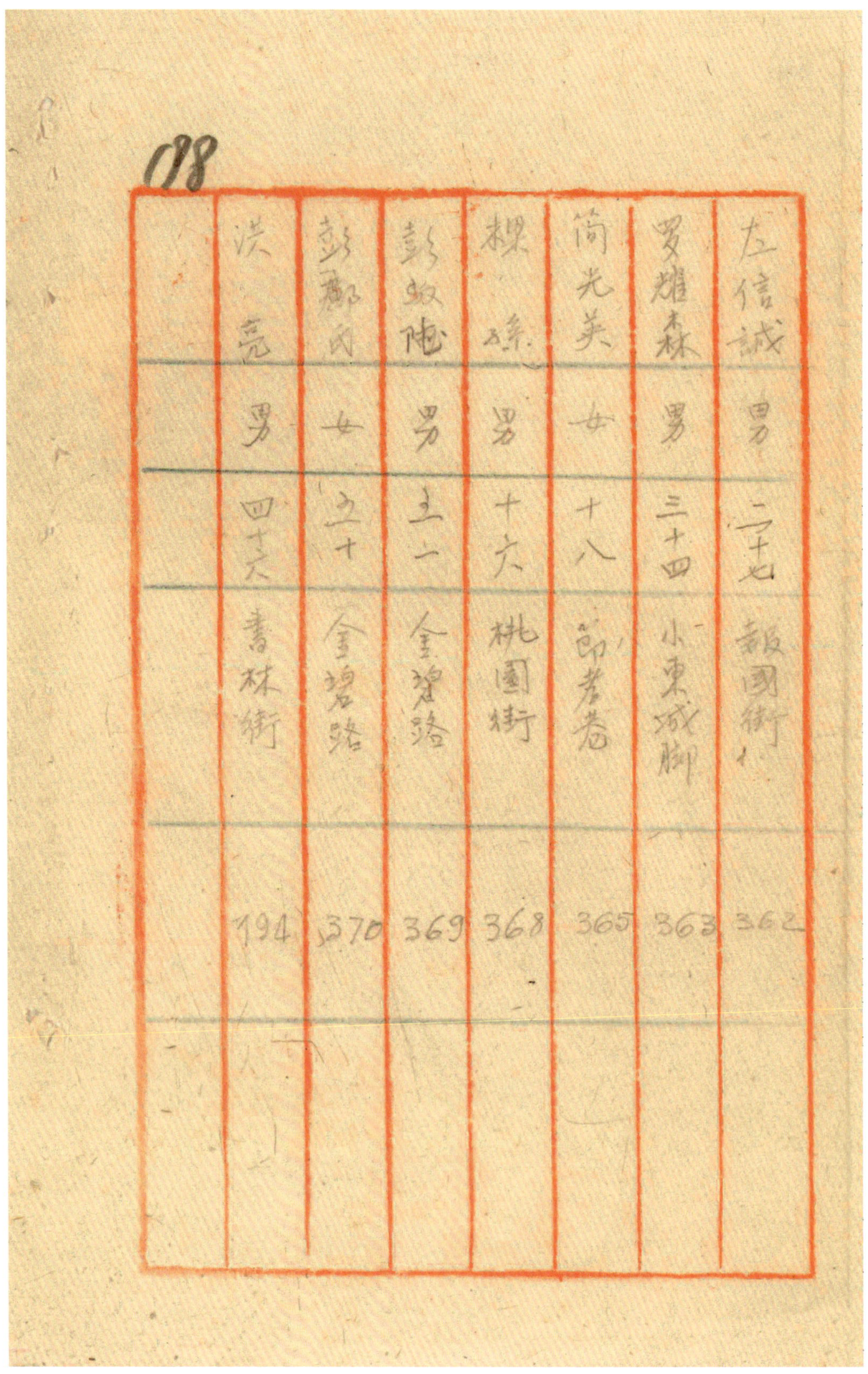

098

姓名	性别	年龄	住址	编号
左信誠	男	二十七	報國街	362
罗雄森	男	三十四	小東城脚	363
简光英	女	十八	節孝巷	365
樑孫	男	十六	桃園街	368
彭敏陁	男	五十一	金碧路	369
彭鄭氏	女	五十	金碧路	370
洪亮	男	四十六	書林街	194

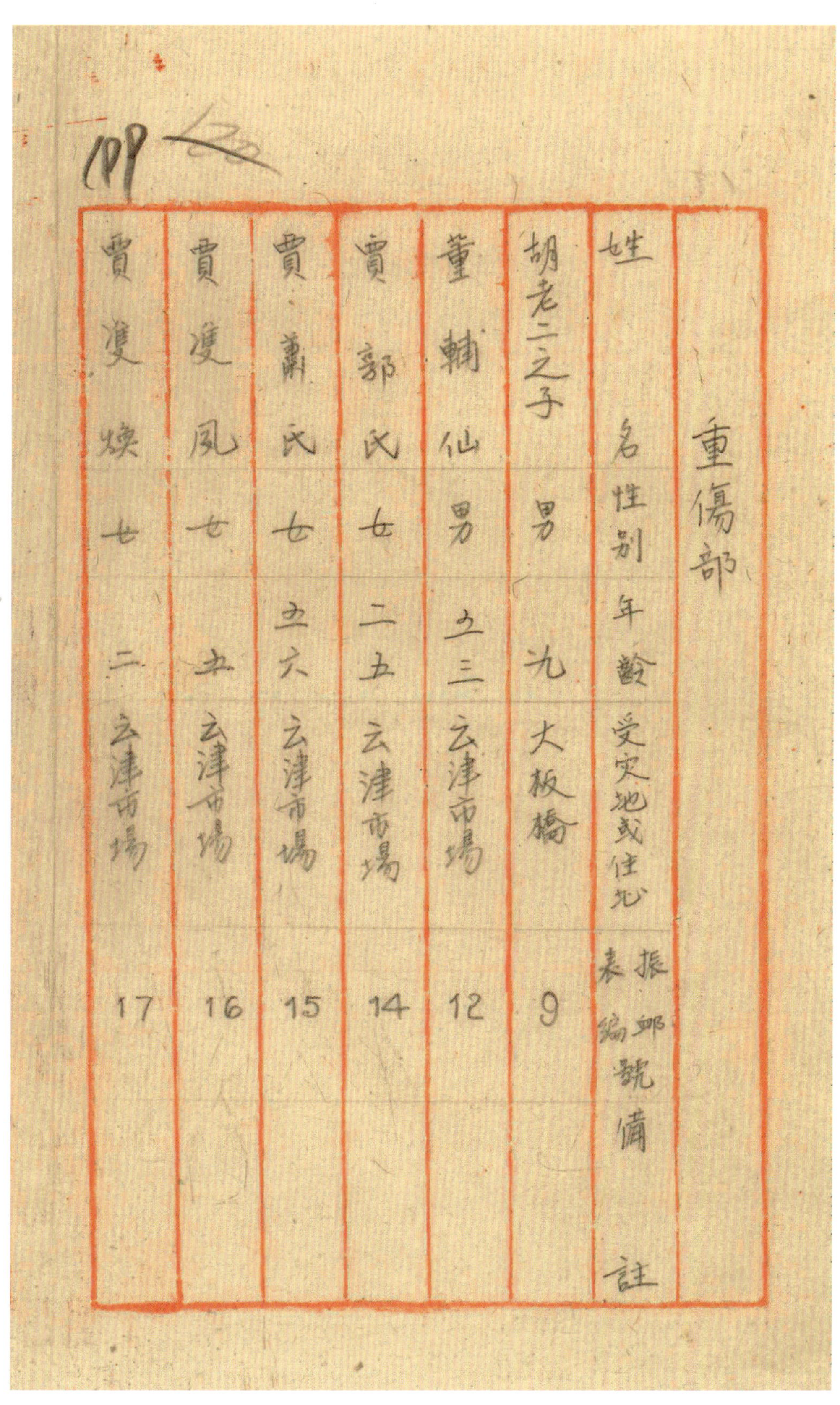

129

重傷部

姓名	性别	年齡	受灾地或住址	振鄉表編號	備註
胡老二之子	男	九	大板橋	9	
董輔仙	男	五三	云津市場	12	
賈郭氏	女	二五	云津市場	14	
賈蕭氏	女	五六	云津市場	15	
賈變凤	女	五	云津市場	16	
賈變煥	女	二	云津市場	17	

200

楊馬氏	女	三七	崇善街	18
徐玉盛之子	男	二八	云津市場	19
徐吳氏	女	十九	云津市場	20
袁徐氏	女	十八	崇善巷	26
賀罗氏	女	三八	書林街	27
賀寿发	男	六八	書林街	28
阮龍海	女	五八	崇善街	29
劉忠福	男	二九	云津市場	30

201 12

姓名	性別	年齡	住址	編號
趙福昌	男	四十二	天津市場	31
馬繼周	男	二八	崇善巷	32
余爾昌	男	四五	頭道巷	33
尚段氏	女	四五	三義鋪	34
方張氏	女	四四	三義鋪	35
蔣文明	男	四四	泰安街	36
任溥氏	女	三六	泰安巷	37
翟樹華	女	二四	泰安巷	38

202

姓名	性別	年齡	住址		編號
陳李氏	女	三二	頭道巷		39
劉在修	男	五八			40
周華清	男	五五	南華街		69
羊從先	男	十一	[illegible]		71
楊桂芝	女	十九	書林街		75
張炳文	男	二七	靈光街		76
韋惠仙	女	八	珠璣街		77
陳鄭氏	女	十五	金碧路		78

203

姓名	性別	年齡	住址	編號
椽士居	男	三三	黄鶴巷	79
梁雲高	男	四八	華山南路	80
郭張氏	女	二九	雲津市場	82
鍾炳林	男	五十	護國路	83
阮光明	男	四十	金碧路	84
包清堂	男	卅六	桃源街	85
汪趣麟	女	卅六	受史地兩邊	86
段小清	男	二八	北後街	87

704

段胡氏	女	二五	北後街	88
裴張氏	女	三八	小東城	89
裴向萬	男	四十	小東城	90
申品端	男	三八	馬家巷	91
楊佩清	男	三二	竹园巷	92
楊崇芳	男	四十	金凤花园	93
劉支聰	男	三二	金凤花园	94
蘇鳳雲	男	二二	青门寺巷	96

205

姓名	性別	年齡	住址	號
劉慶雲	男	十五	珠璣街	97
尹福	男	十六	青門寺巷	101
王·臣	男	三七	土家堆	102
崔秀娣	女	十	報國街	104
桂榮	男	卌	珠璣街	112
色運洪	男	三七	桃源街	113
何向氏	女	五六	灵光街	114
邓成章	男	二三	臨江里	115

206

尹玉林	男	五十	臨江里	116
陳陳氏	女	三八	臨江里	124
陳小同	男	九	臨江里	125
高朗	男	十八	灵光街	126
鄭則臣	男	廿五	珠璣街	127
張西虹	女	廿二	臨江里	128
桂王氏	女	五十	珠璣街	133
朱張氏	女	三六	珠璣街	135

207

張漁彬	男	十二	珠璣街		136
馮寅山	男	四八	臨江里		137
姚深甫	男	四二	珠璣街		139
曾仲昌	男	卅	小菜园		140
賀志英	女	十八	小菜园		141
彭譚氏	女	二五	小菜园		142
彭開文	男	卅	小菜园		143
馮秀英	女	二一	臨江里		144

208

姓名	性别	年龄	住址		编号
崔陳氏	女	卅四	灵光街		145
崔尚仁	男	卅八	灵光街		146
鍾錫氏	女	六五	珠璣街		148
鍾文清	男	廿二	珠璣街		149
鍾何氏	女	廿六	珠璣街		150
嚴永生	男	四五	珠璣街		155
高嫂	女	廿二	灵光街		157
陳金章	男	十	桃園街		158

209

姓名	性别	年龄	住址		编号
萬陳氏	女	卅二	桃源街		159
沙明	女	廿五	書林街		164
沈嫂	女	卅	書林街		165
沈小二	男	九	金碧路		170
方梁氏	女	五二	金碧路		176
文洪達	男	二二	金碧路		177
阮之芳	女	十二	書林街		178
任文林	男	十九	三市街		179

210

何氏	胡子才	李宝贵	李王氏	徐文清	徐李氏	唐有庆	唐王氏
女	男	男	女	男	女	男	女
五二	二二	二五	二五	二五	五四	卅六	卅一
三市街	三市街	三市街	北馆街	崇善街	崇善巷	崇善巷	崇善巷
180	181	182	183	184	185	186	187

24

陳小玄	女	九	金碧路	191
洪賀林	男	廿	書林街	195
楊傅氏	女	廿三	米市橋	197
柳何氏	女	卅五	同仁街	198
馬子良	男	三二	石橋鋪	200
姜康	男	二六	雲津市場	201
胡吉又	男	四八	雲津市場	202
柳兆泰	男	廿二	書林街	210

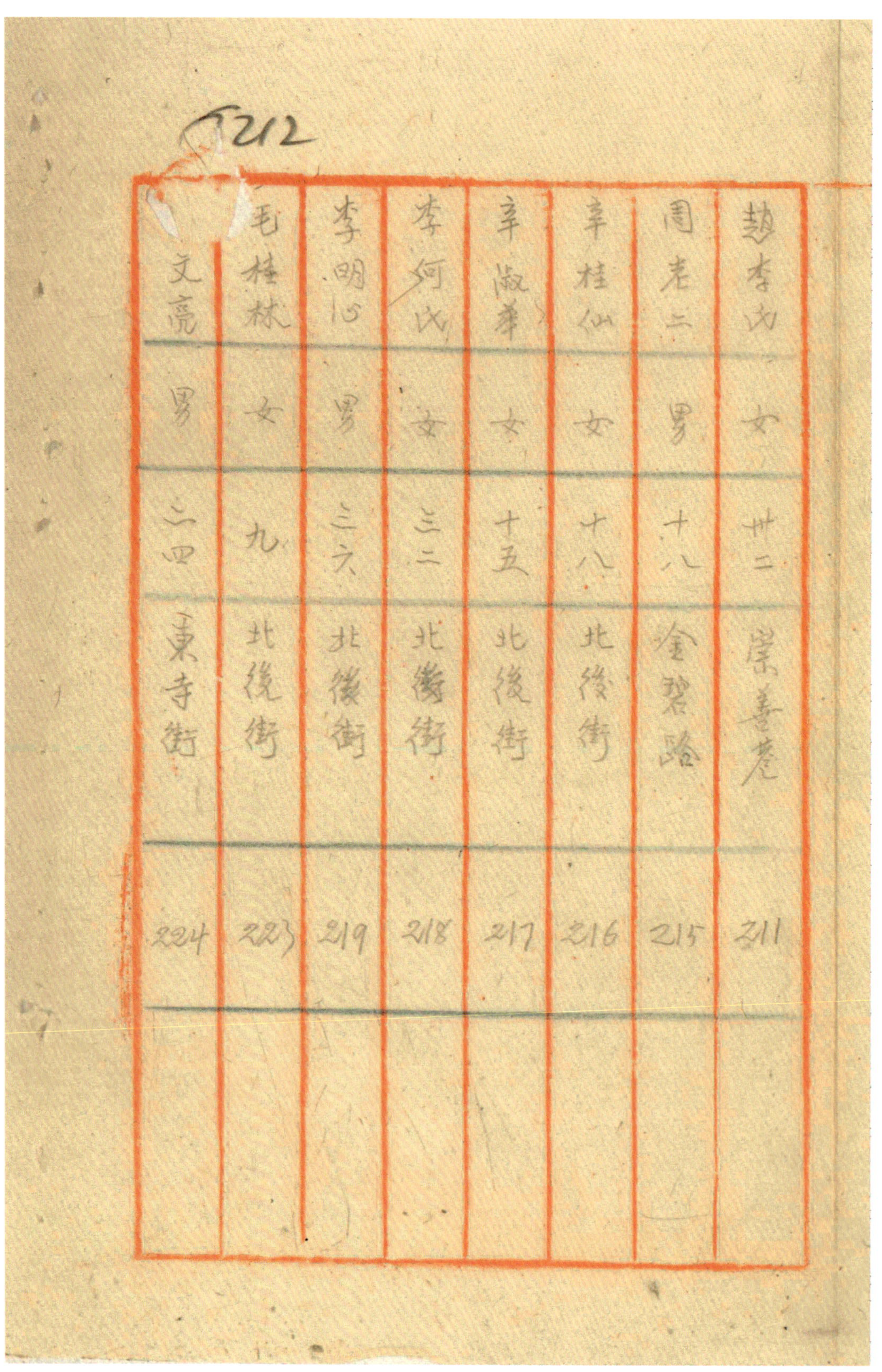

212

趙李氏	女	廿二	崇善巷		211
周老二	男	十八	金碧路		215
辛桂仙	女	十八	北後街		216
辛淑華	女	十五	北後街		217
李何氏	女	三二	北後街		218
李明心	男	三六	北後街		219
毛桂林	女	九	北後街		223
[illegible]文亮	男	二四	東寺街		224

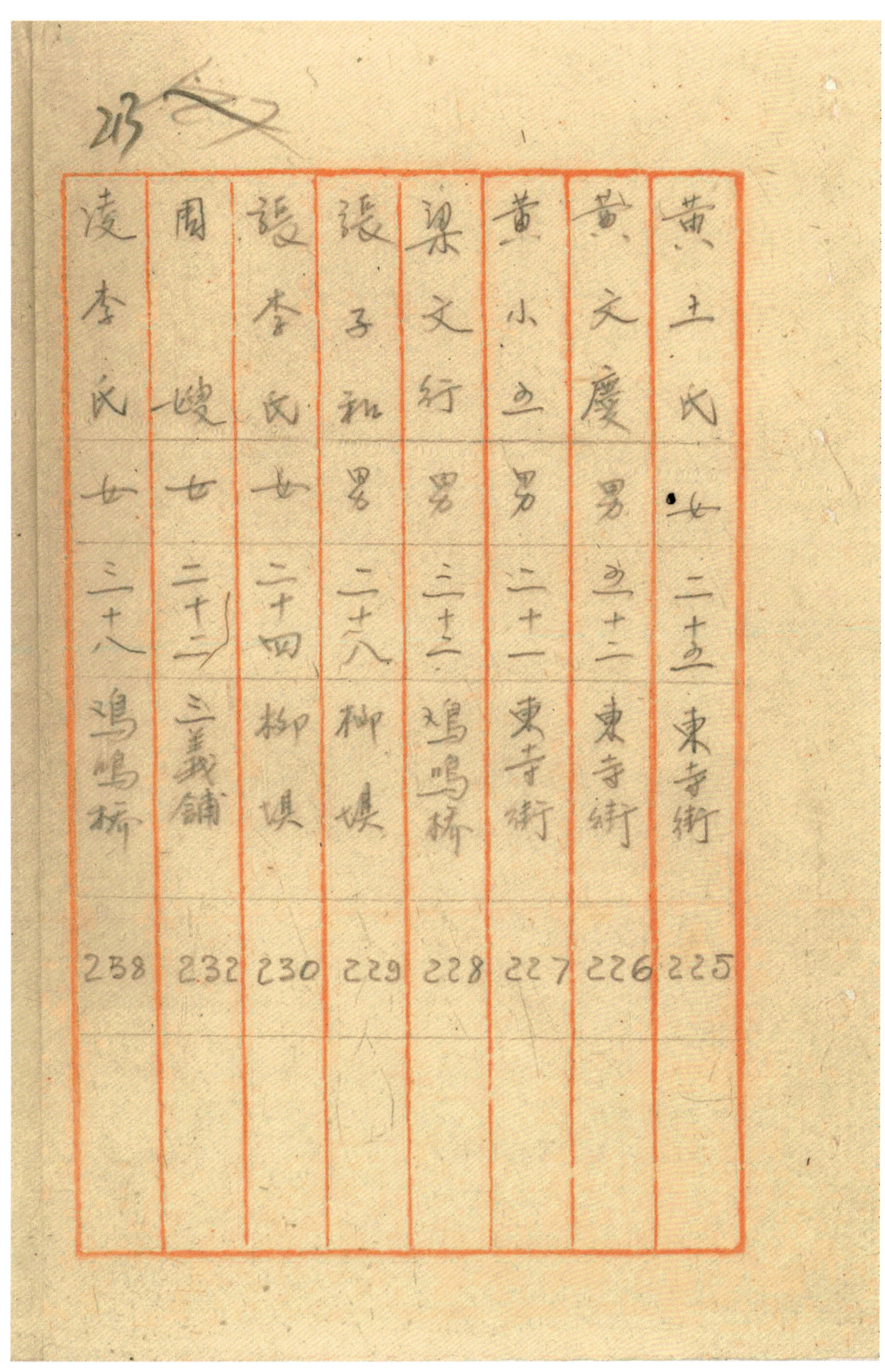

213

編號	姓名	性別	年齡	住址
225	黄王氏	女	二十五	東寺街
226	黄文慶	男	五十二	東寺街
227	黄小五	男	二十一	東寺街
228	梁文行	男	三十二	鴻鳴橋
229	張子和	男	二十八	柳堤
230	張李氏	女	二十四	柳堤
232	周嫂	女	二十二	三義舖
238	凌李氏	女	三十八	鴻鳴橋

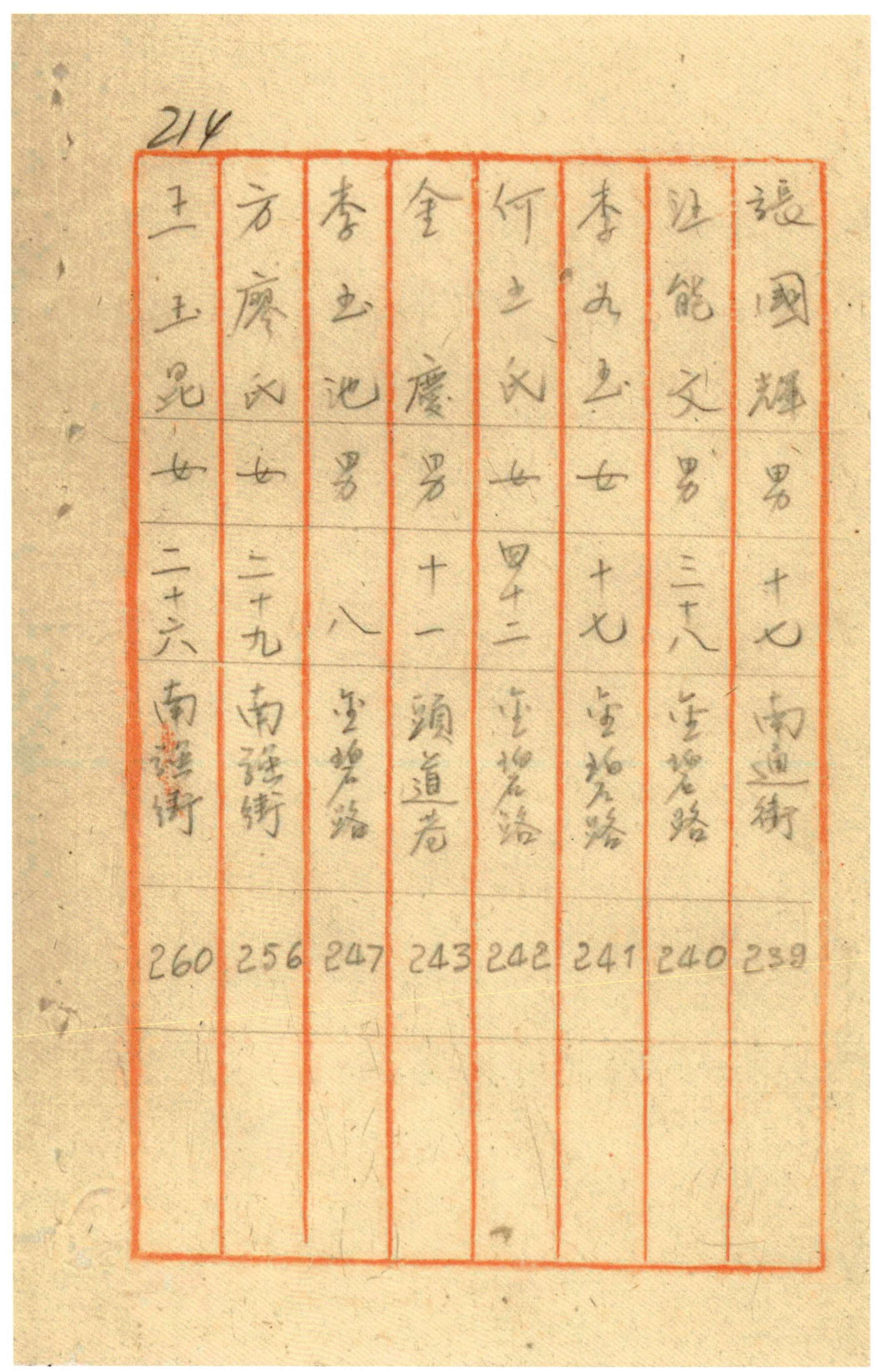

214

張國輝	男	十七	南道街	239
汪能文	男	三十八	金碧路	240
李文玉	女	十七	金碧路	241
何立氏	女	四十二	金碧路	242
金慶	男	十一	頭道巷	243
李玉池	男	八	金碧路	247
方廖氏	女	二十九	南强街	256
王玉昆	女	二十六	南强街	260

215

文何氏	女	二十九	南通街	261
丁銀圓	女	二十四	南通街	266
丁人華	男	十八	南通街	267
張仁安	男	二十五	金碧路	269
黄方氏	女	四十八	金碧路	270
森上友	男	三十四	金碧路	271
任少來	男	二十四	崇善巷	274
田張氏	女	二十五	金碧路	277

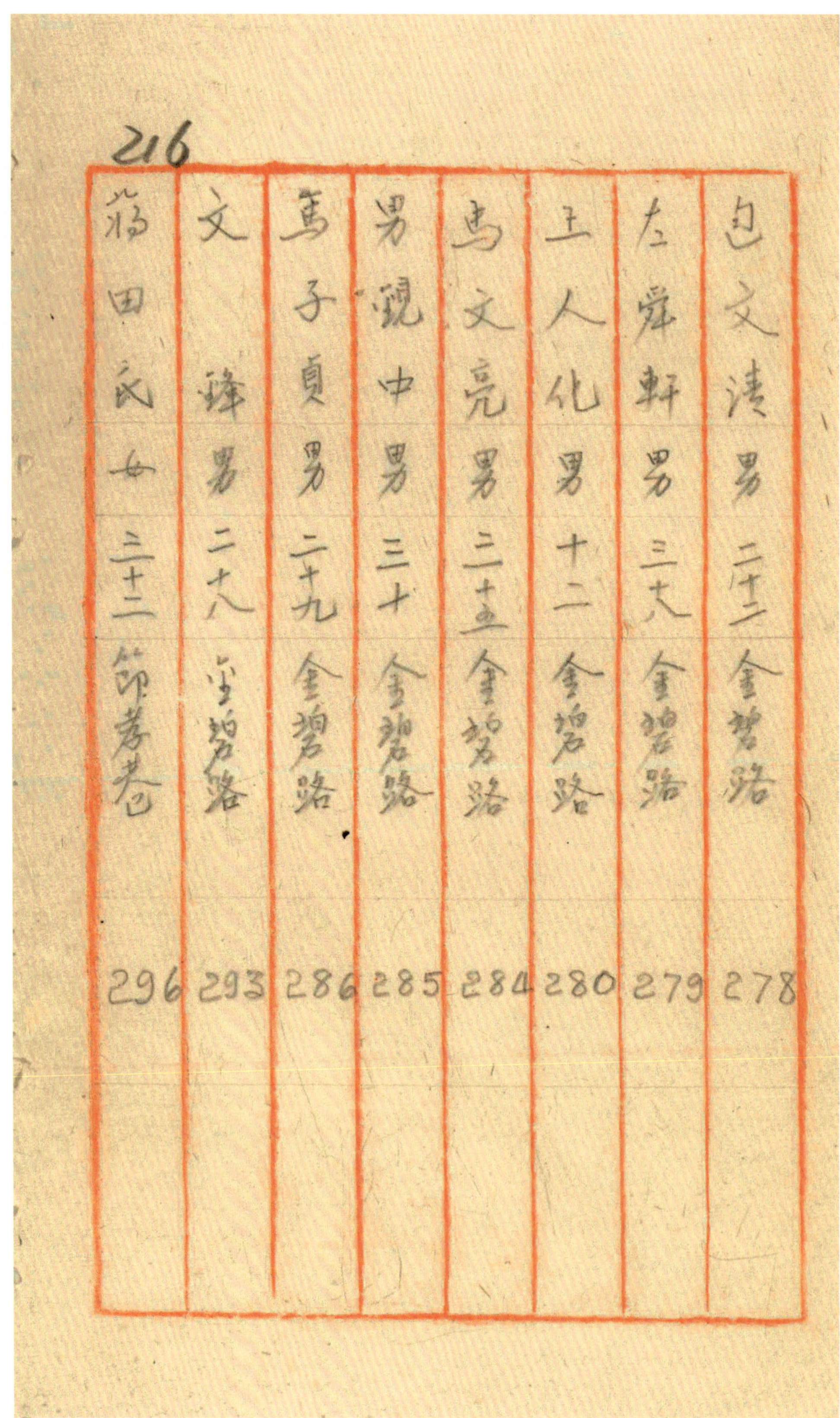

216

姓名	性别	年龄	住址	编号
包文清	男	二十二	金碧路	278
左舜軒	男	三十八	金碧路	279
王人化	男	十二	金碧路	280
馬文亮	男	二十五	金碧路	284
男覲中	男	三十	金碧路	285
萬子貞	男	二十九	金碧路	286
文鋒	男	二十八	金碧路	293
蔣田氏	女	三十二	節孝巷	296

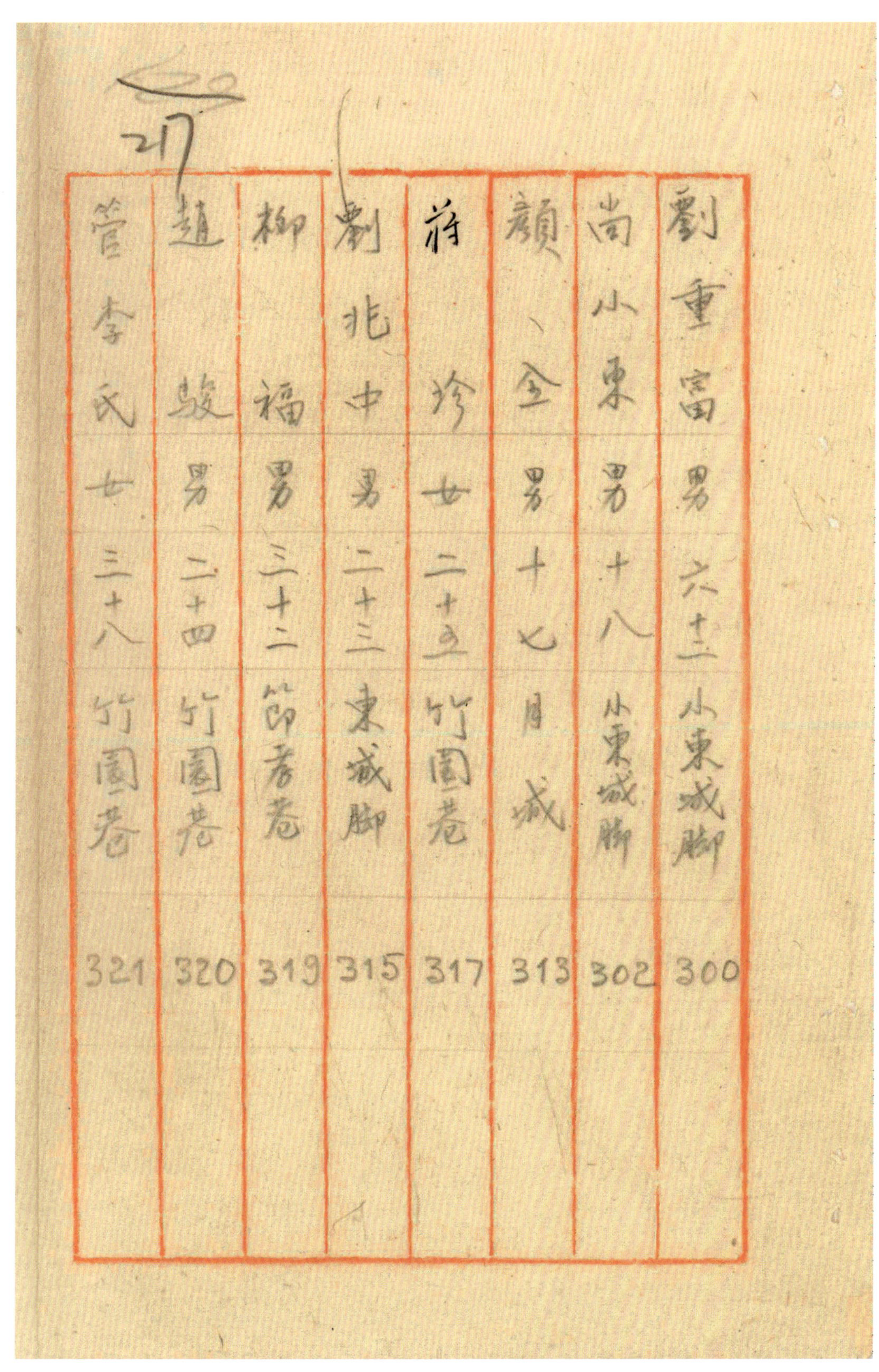

217

姓名	性別	年齡	住址	編號
劉重富	男	六十三	小東城脚	300
尚小東	男	十八	小東城脚	302
顏、全	男	十七	月城	313
蔣玲	女	二十五	竹園巷	317
劉兆中	男	二十三	東城脚	315
柳福	男	三十二	節孝巷	319
趙駿	男	二十四	竹園巷	320
管李氏	女	三十八	竹園巷	321

218

管芬書	女	十二	竹園巷	322
趙張氏	女	四十四	小東城脚	326
楊國棟	男	二十二	報國街	328
葉尚勤	男	三十四	金鳳花園	329
裘必顯	男	四十五	金鳳花園	330
胡太林	男	三十	竹園巷	333
楊賓	男	三十五	報國街	335
楊趙氏	女	三十四	報國街	336

219

姓名	性别	年龄	住址	编号
賈宜三	男	六十五	報國街	337
賈陳氏	女	五十八	報國街	338
辛炳正	男	二十二	東城脚	341
沈嫂	女	三十六	國通街	342
何嫂	女	二十五	小東城脚	348
沙如眉	女	二十四	小東城脚	372 ~~345~~
李玉姑	女	二十四	小東城脚	373 ~~346~~
錢永壽	男	三十六	東城脚	374 ~~347~~

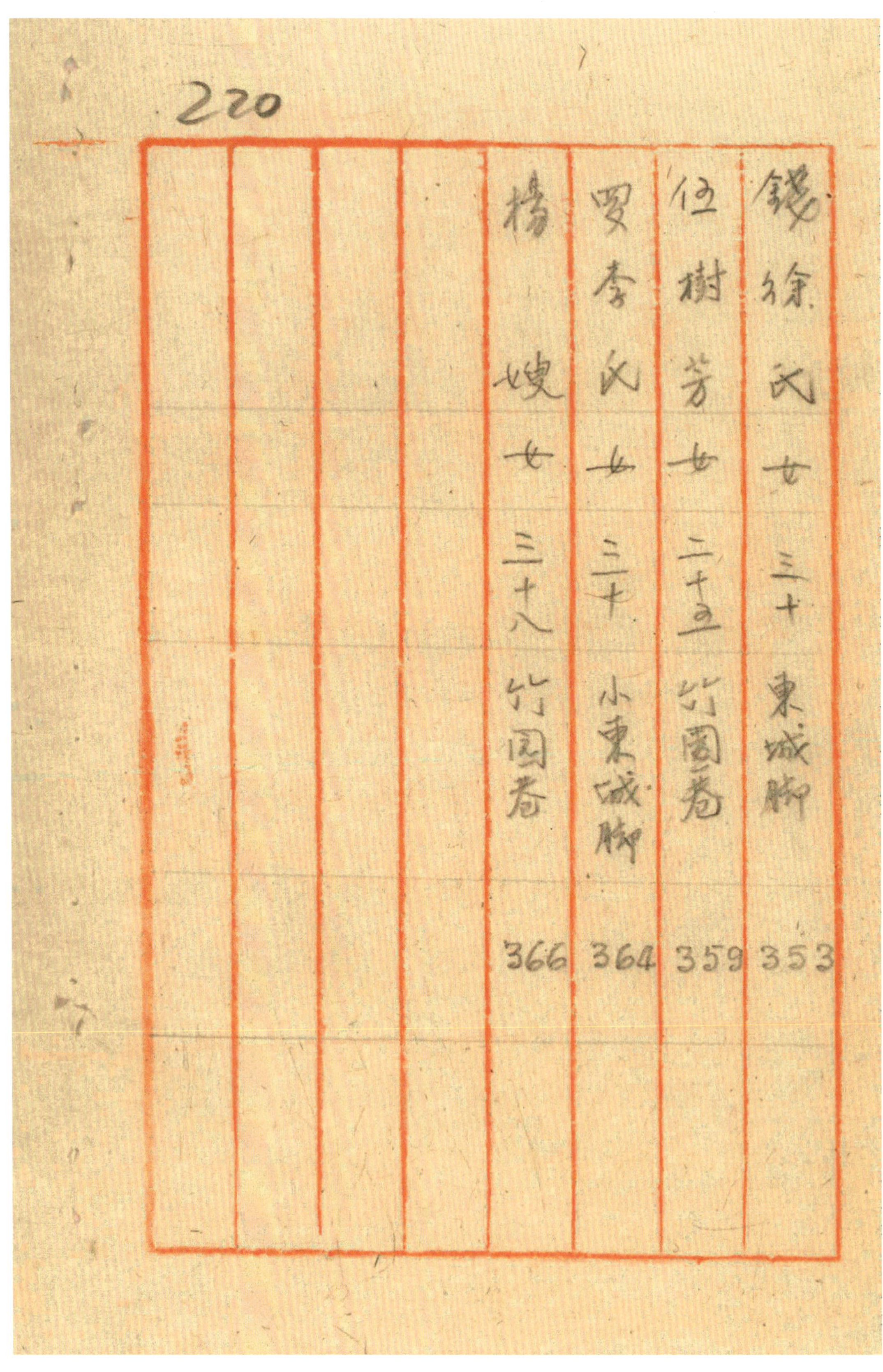
220

钱徐氏	女	三十	東城脚	353
任樹芳	女	二十五	竹園巷	359
罗李氏	女	三十	小東城脚	364
楊嫂	女	三十八	竹園巷	366

221

輕傷部

姓名	性別	年齡	受災地或住址	振郵表編號	備註
胡老二之女	女	十三	大板橋	10	
賈心貴	男	六三	云津市場	13	
尹同邦	男	三十	云津市場	21	
何王氏	女	五十	翠花街	57	
曾云山	男	五一	云津市場	58	
張体安	男	五二	南華街	59	

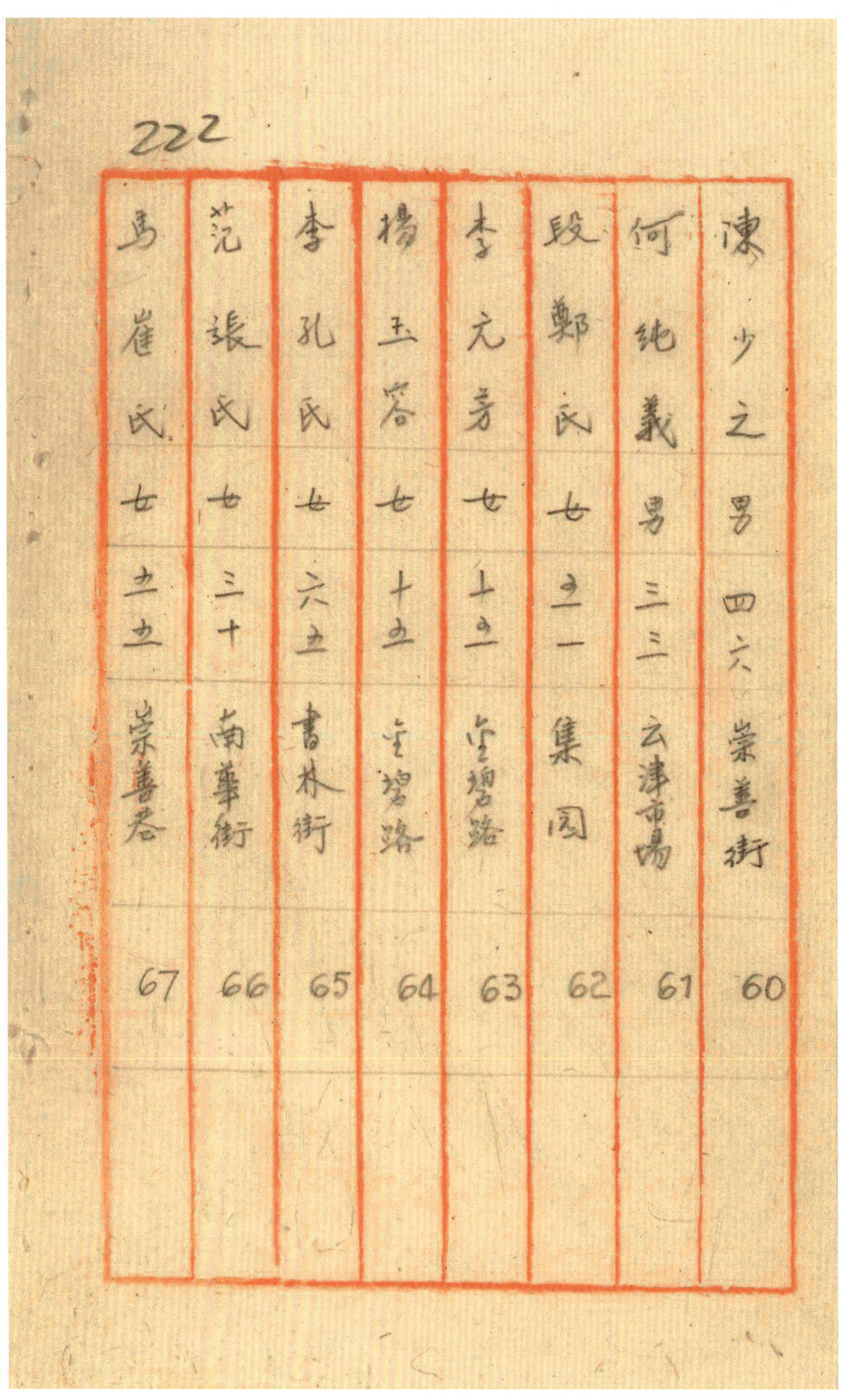

222

60	陳少之	男	四六	崇善街
61	何纯義	男	三三	云津市場
62	段鄭氏	女	二一	集园
63	李元芳	女	十二	金碧路
64	楊玉蓉	女	十五	金碧路
65	李孔氏	女	六五	書林街
66	范張氏	女	三十	南華街
67	馬崔氏	女	五五	崇善巷

223

李金蓮	女	十八	营门口	68
師有生	男	三十三	益善街	70
陳玄康	男	四八	第二分局	74
張文嘉	男	二二	武成路	81
劉小勤	男	十七	金鳳花園	95
張鴻鈞	男	二三	五金工廠	98
金少甫	男	四五	書林街	99
謝玉書	男	四五	小井巷	100

224

姓名	性别	年龄	住址	编号
辛樹華	女	十四	珠玑街	103
桂海山	男	五三	臨江里	117
桂雲仙	女	一九	臨江里	118
項氏	女	四十	臨江里	119
王閑文	男	三一	珠玑街	120
李清云	男	三八	珠玑街	121
金洪发	男	三二	珠玑街	122
蔣氏	女	三五	臨江里	123

225

134	147	151	160	161	162	163	166
桂少華	賣李氏	張福華	苟德尚	姚永泉	馬白氏	桂少華	何東城
男	女	男	男	男	女	女	男
二十二	五十一	二二	二六	十八	五六	十六	十八
珠玑街	小菜園	臨江里	雲津市場	雲津市場	雲津市場	雲津市場	書林街

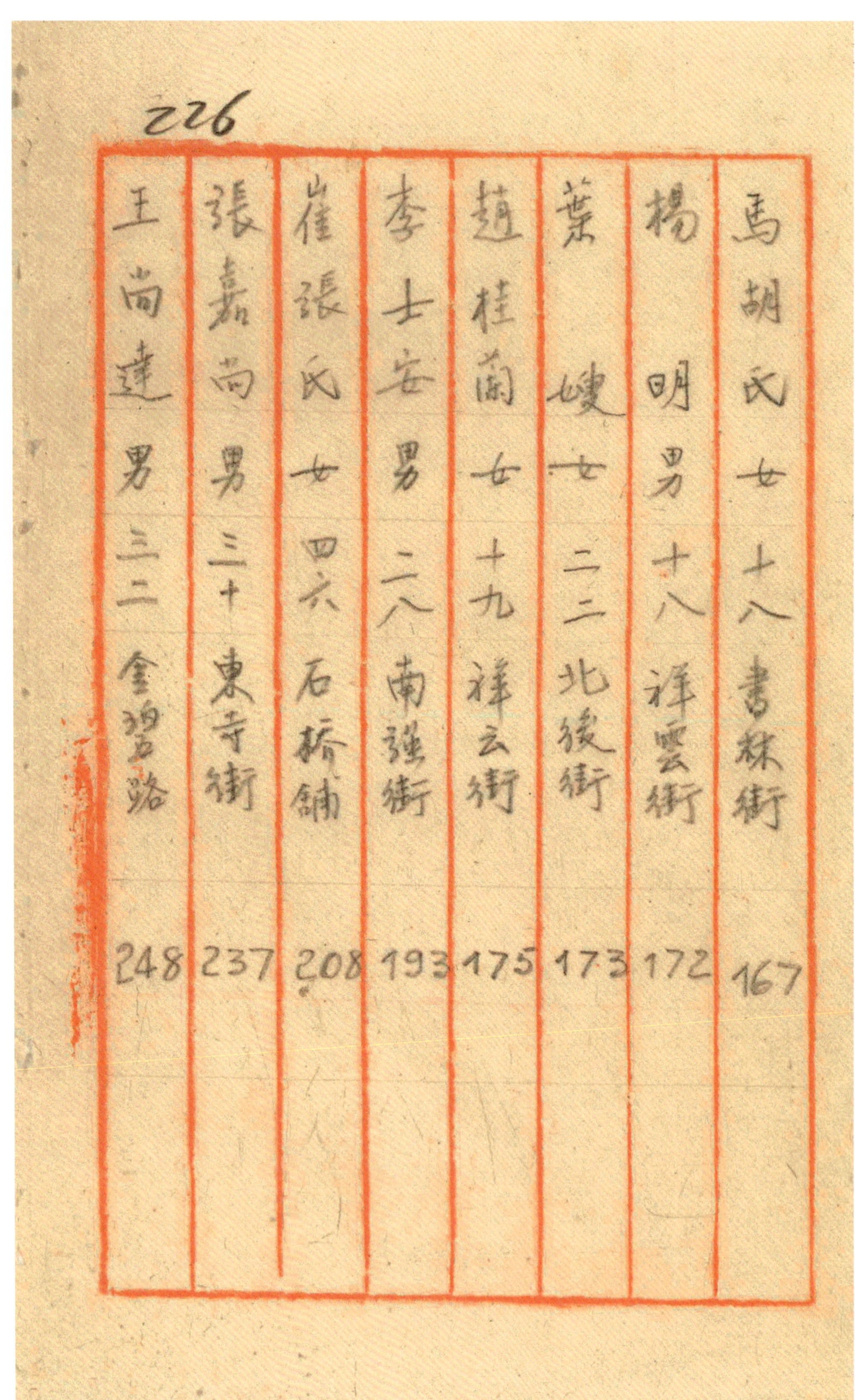

226

馬胡氏	女	十八	書林街	167
楊　明	男	十八	祥雲街	172
葉　嫂	女	二二	北後街	173
趙桂蘭	女	十九	祥云街	175
李士安	男	二八	南強街	193
崔張氏	女	四六	石橋舖	208
張嘉尚	男	三十	東寺街	237
王尚達	男	三二	金碧路	248

227

王李氏	女	二六	金碧路	249
鍾少亮	男	二六	金碧路	254
鍾少明	男	二九	金碧路	255
李慧仙	女	三一	金碧路	258
李叙清	男	二三	金碧路	259
毛小二	男	十六	南華街	262
王自美	女	十六	南强街	263
朱市喬	男	十八	金碧路	272

228

阮少六	男	二七	崇善巷	273
朱文棣	男	三五	崇善巷	275
毛宜誠	男	三十	金碧路	281
左天協	男	三八	金碧路	282
左盧氏	女	二三	金碧路	283
文伯方	男	三三	金碧路	292
李明	男	二八	金碧路	294
葉吳氏	女	二七	金鳳花園	297

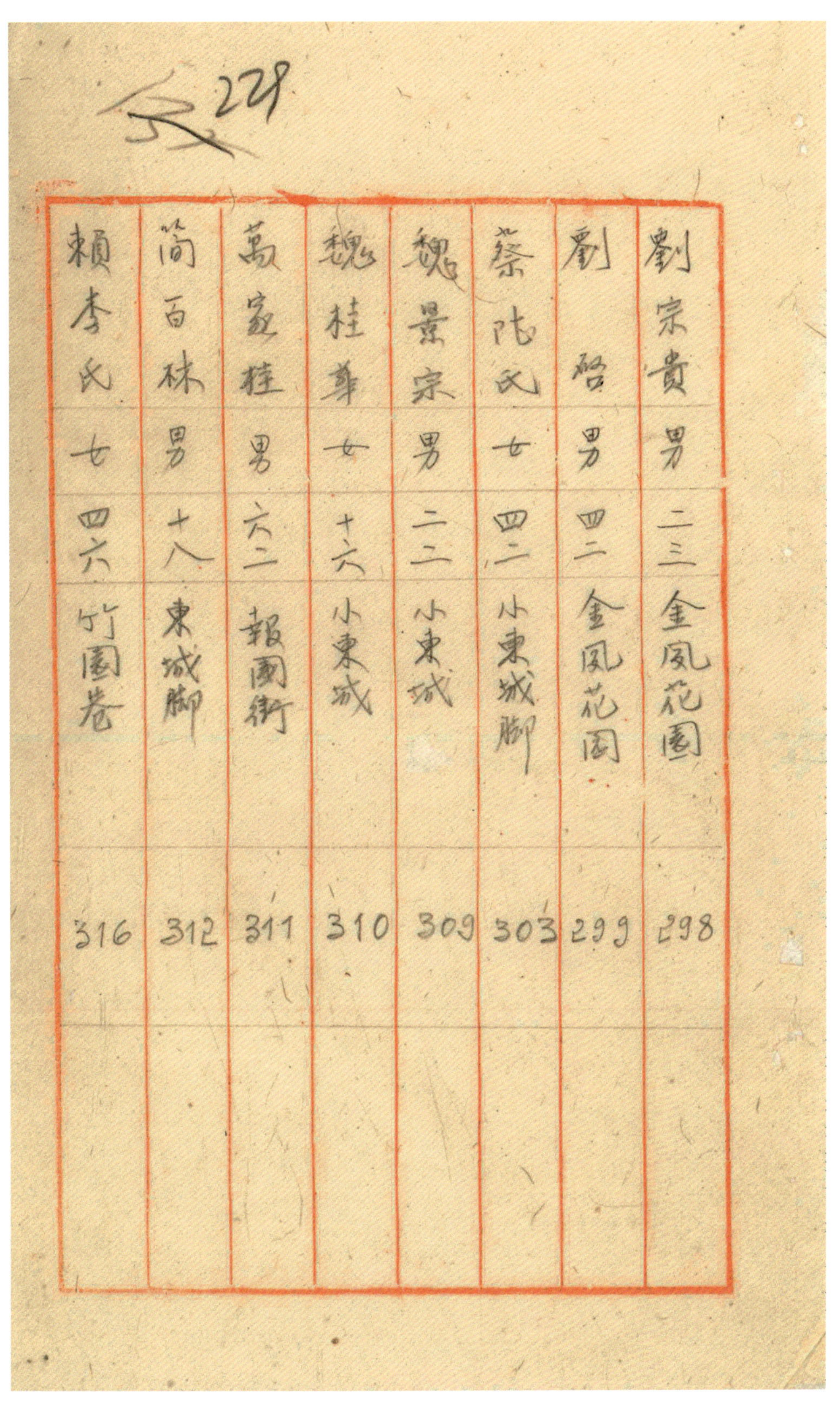

228

姓名	性别	年龄	住址	编号
劉宗貴	男	二三	金鳳花園	298
劉啓	男	四二	金鳳花园	299
蔡陳氏	女	四二	小東城脚	303
魏景宗	男	二二	小東城	309
魏桂華	女	十六	小東城	310
葛家桂	男	六二	報國街	311
简百林	男	十八	東城脚	312
賴李氏	女	四六	竹園巷	316

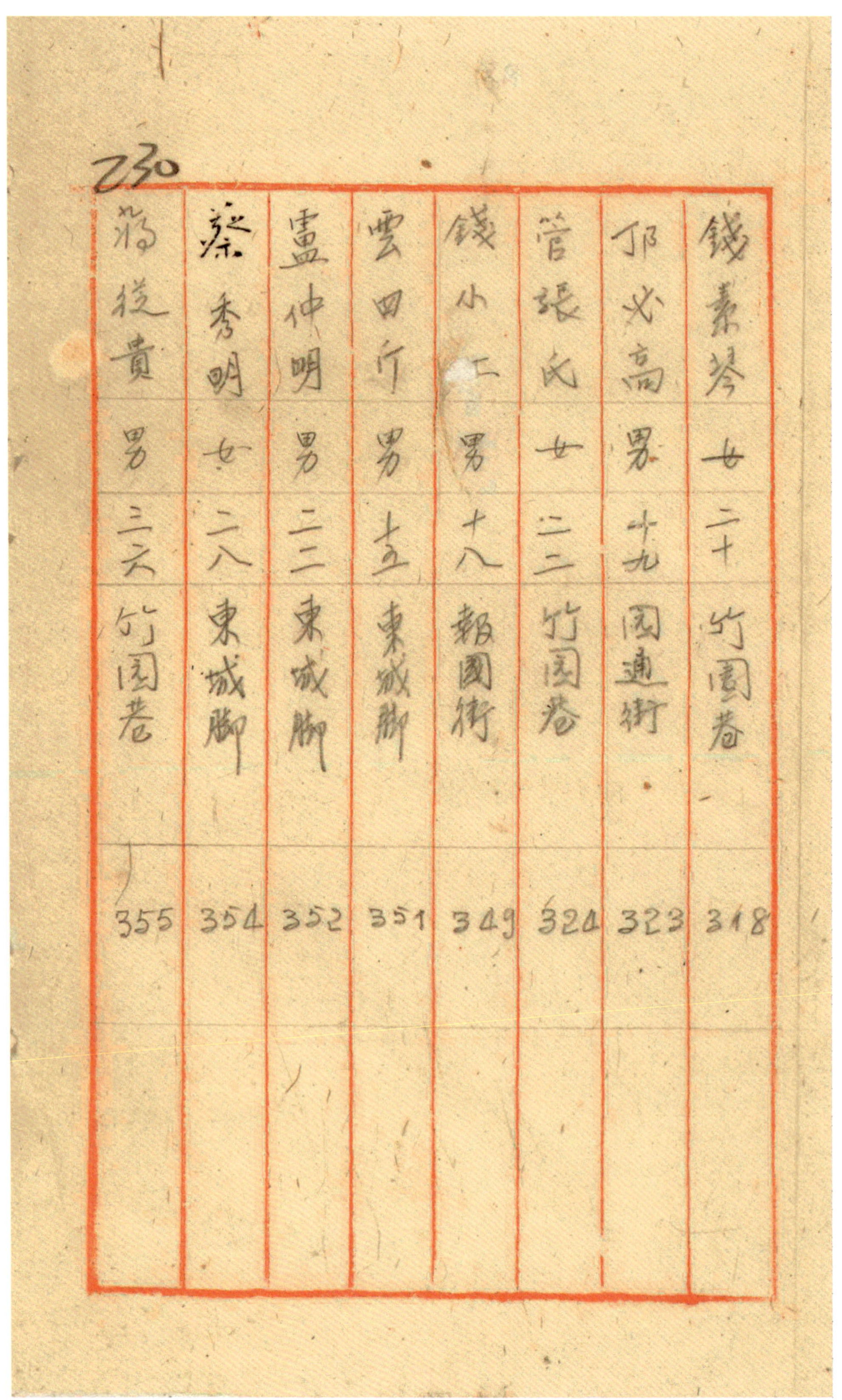

230

錢素琴	女	二十	竹園巷		318
邓必高	男	廿九	園通街		323
管張氏	女	二二	竹園巷		324
錢小二	男	十八	報國街		349
雲四斤	男	十五	東城脚		351
盧仲明	男	二三	東城脚		352
蔡秀明	女	二八	東城脚		354
蔣從貴	男	三六	竹園巷		355

231

罗 森 男 四六 小東城

李 偉 男 四八 小東城

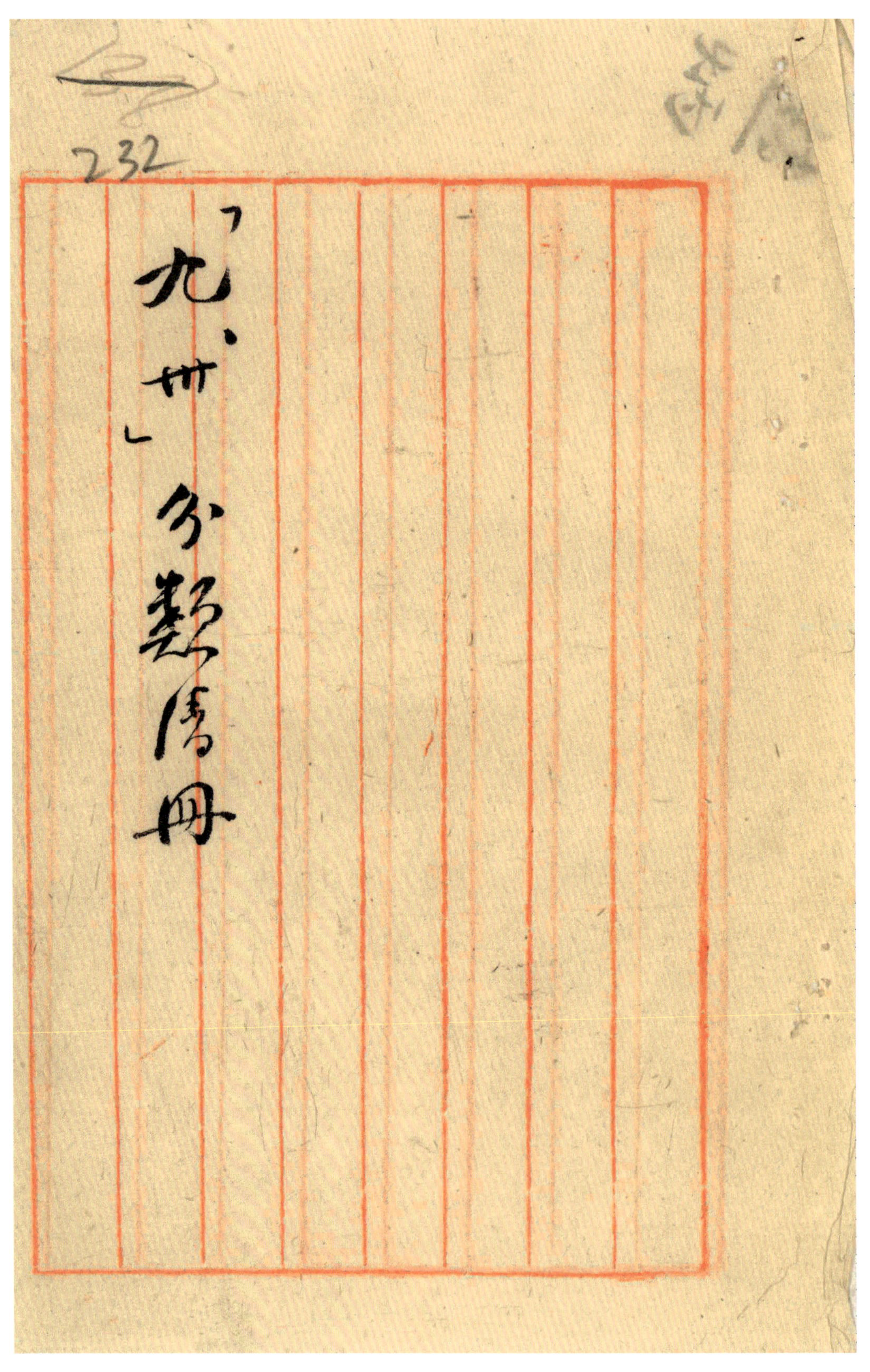
232

「九、卅」分類清冊

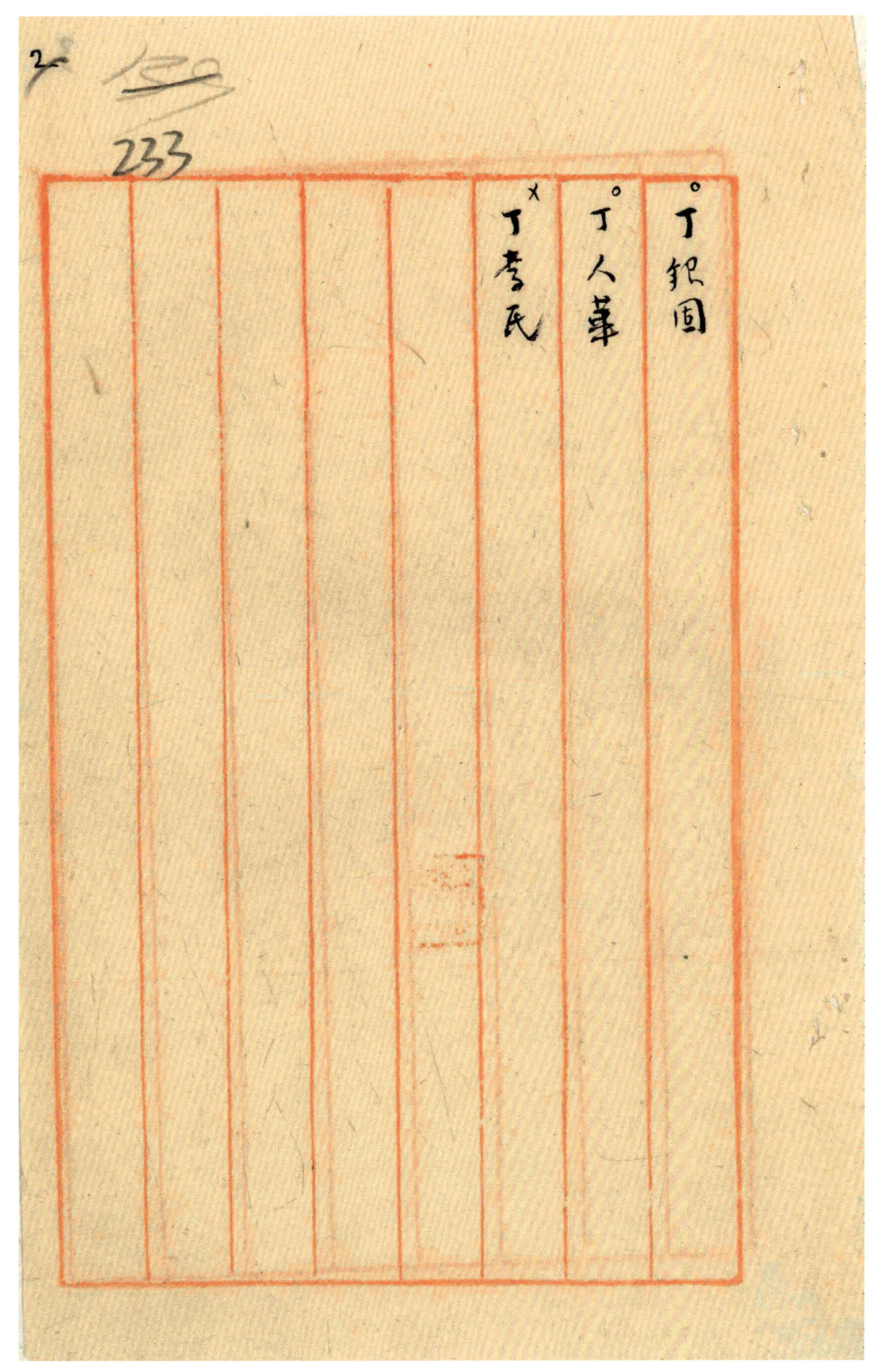

2

~~129~~

233

°丁銀固

°丁人華

×丁孝民

4

234

孔陳氏　毛桂林　王玉昆　王自美　王以恕

尹同邦　孔王氏　方陳氏　文鋒

王尚達　毛直誠　文伯方　孔仲三

文何氏　王人化　文鴻達　王李氏

文華清　王從先　王銀　孔誠

王李氏　尹福　王繼文　方呆氏

尹徐氏　方君尚　文選直　毛可

方張氏　毛小二　孔老二　方廖氏

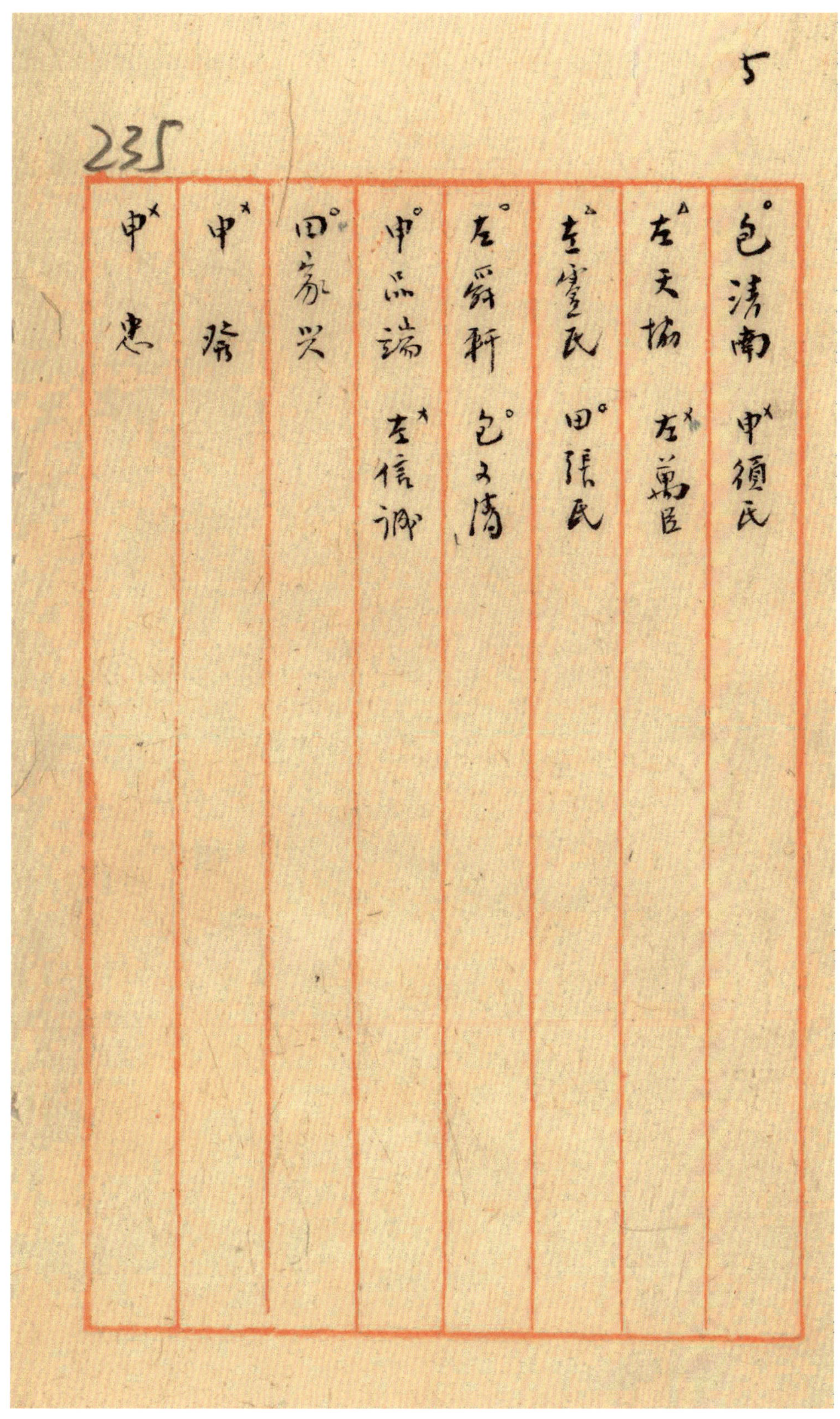
5
235
包清南　申須氏
左天協　左萬臣
左雲氏　田張氏
左舜軒　包文清
申品端　左信誠
田家興
申琦
申忠

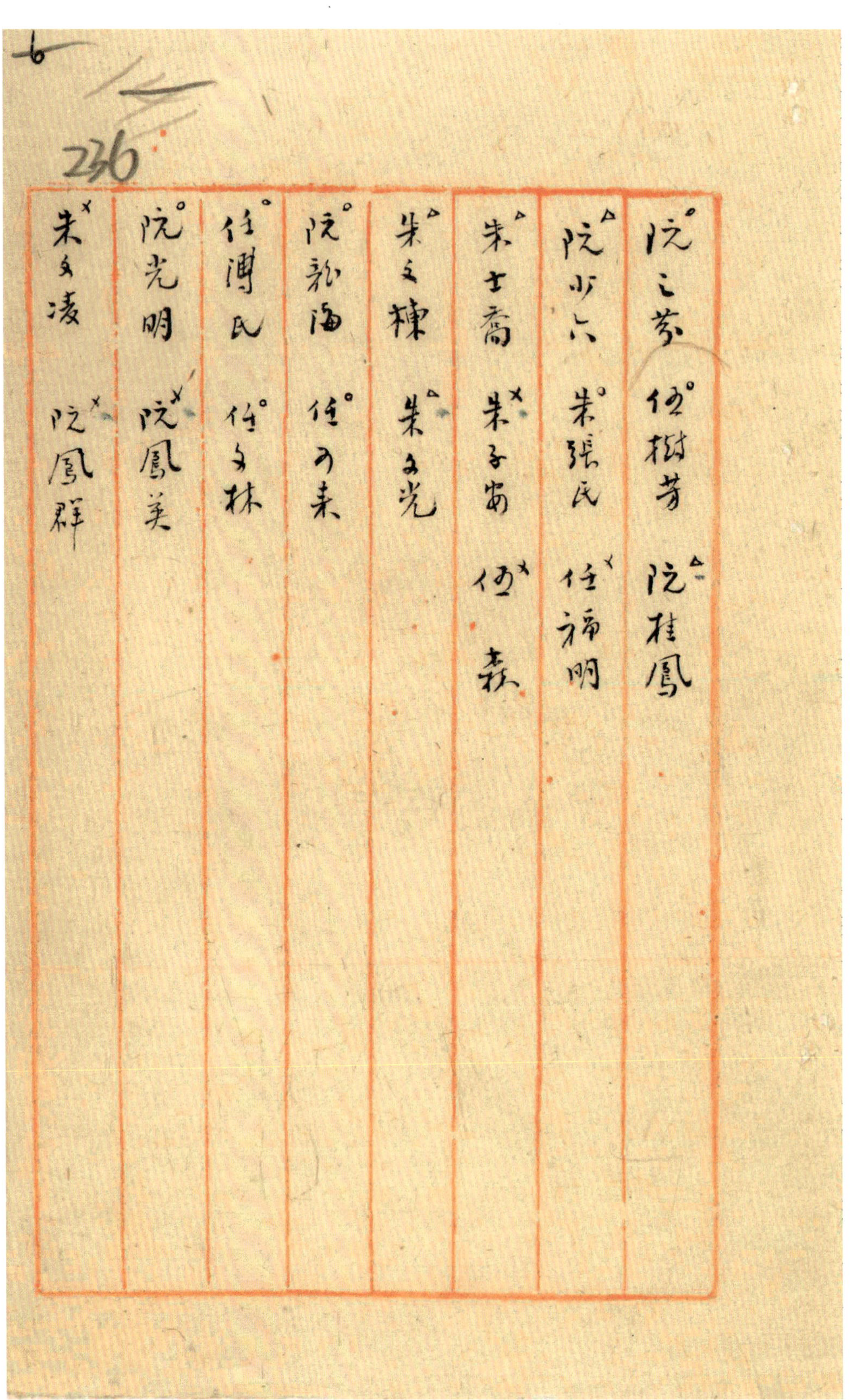

6

236

阮三芬　何樹芳　阮桂鳳
阮少六　朱張氏　任福明
朱士斋　朱子安　何森
朱文棟　朱文光
阮新海　任乃来
任溥氏　任文林
阮光明　阮鳳美
朱文凌　阮鳳群

7

237

李源兴之妻　李士安　李孔氏　吴文福
李孔氏　李叙清　沙明　何周氏
李明　何東成　沈小二　李全山
李何氏　李王氏　李水玉　沙沙氏
李月娟　李何氏　李玉清　李焕富
李惠仙　何纯義　李秀清　何有福
李兴　李刚　李王氏　李宗方
沈唐氏　李元芳　何子之　李马氏
余尔昌　李少英　李少云　何张氏
何姣　李涵文　李二祥　李刘氏
李華　李张氏　李三福　沈谭氏
李振武　李汉中　沙水眉　李德育
何王氏　汪能文　李玉地　李妆
李芸昌　沈妆　何王氏　李兰仙
李定贵　李益兴　沙左英
李明心　李杨氏　李林氏

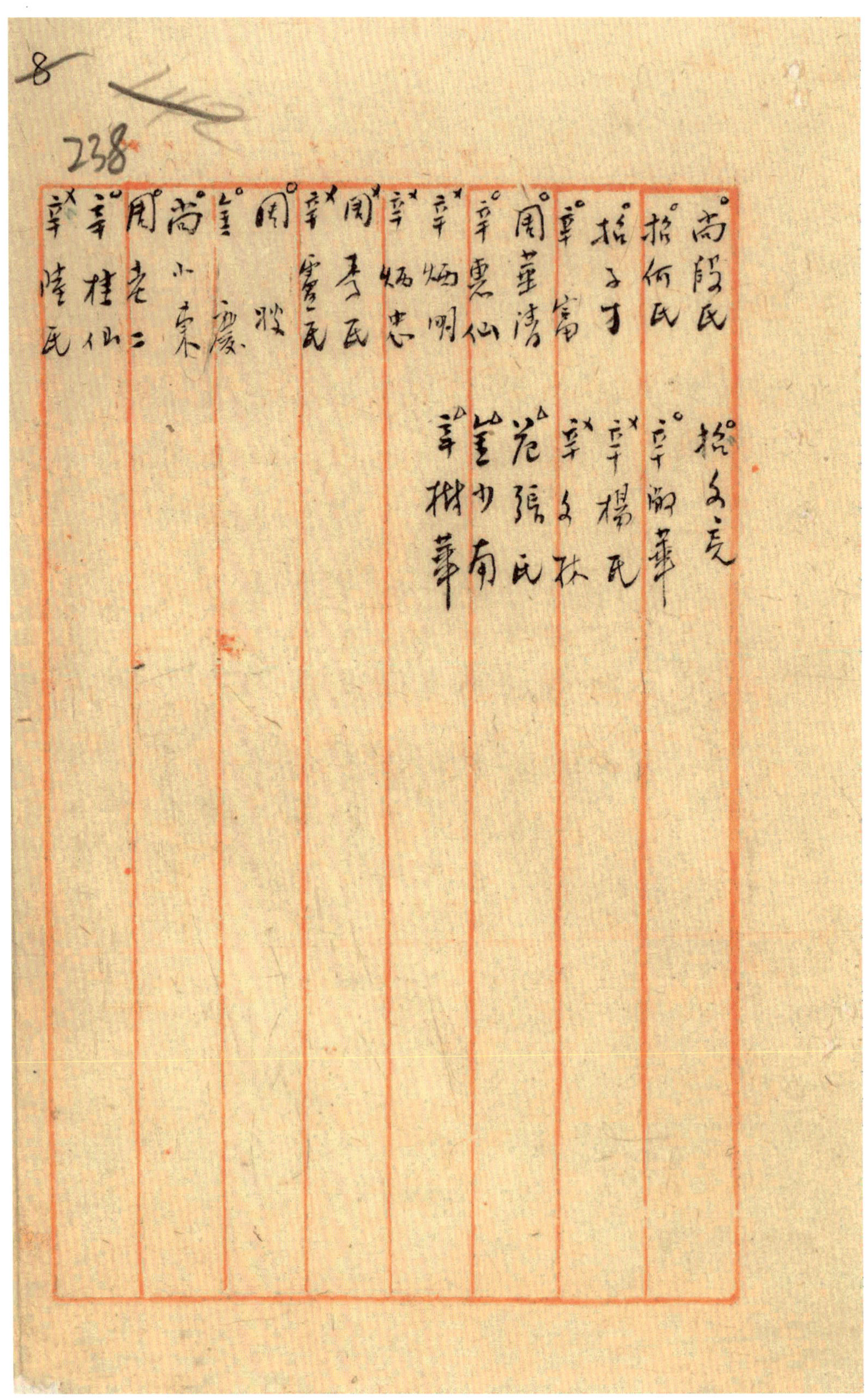

8

238

尚段氏　招文亮

招何氏　辛爾華

招子才　辛楊氏

辛富　辛文林

周華清　范張氏

辛惠仙　董少南

辛炳明　辛樹華

辛炳忠

周秀氏

辛雲氏

周牧

董慶

尚小東

周老二

辛桂仙

辛陸氏

19

238

馬子良　洮明雄　馬正清
馬繼周　胡吉文　段郭氏
馬文亮　胡大林　馬崔氏
洪亮　胡李氏　馬胡氏
洪畢氏　胡桂珍　苟德尚
胡老二　段王氏　洮永泉
胡老二妻　洪海淳　馬白氏
胡老二子　胡康齡　胡占祥
~~胡老~~　洪森　馬少清
胡廷秀　馬馬氏
洮宗泉　段小奇
馬鈞中　段胡氏
馬子貞　洪宗林
姜康　洮森南
馬山明　洪馬氏
洮順　馬東氏

徐玉璽之孙 陳小玉 徐李氏 陳光甫 陳雲之年

仝之子 高妆 高调 郭有康 桂樹蘭

高李氏之孙 桂王氏 陳玉章 徐胡氏 桂少華

高陳氏 徐吴氏 陳鄭氏 陳有福

陳陳氏 陳李氏 郭張氏 郭炳臣

陳小同 徐子清 唐連隆 唐王氏

唐思文 陳松 高海濤 陳力之

陳興 夏雲壽 陳華煌 師有生

18

241

張世金	梁云高	張楊氏
崔張氏	崔秀琛	崔百昌
張國祥	梁毅超	馮士友
張王氏	曹正富	馮何氏
張子和	張元錢	張玉喜
張仁安	張西虹	張鴻鈞
張牧	馮秀氏	張壽元
張福興	崔尚仁	梁宗永
張國光	崔陳氏	馮有富
張佑安	馮秀英	張福華
梁仲紅	張明光	張嘉尚
曹王氏	張佑臣	
張滌新	馮有富	
馮居山	張榮華	
梁子行	張蕙水	
張尚文	張水亭	

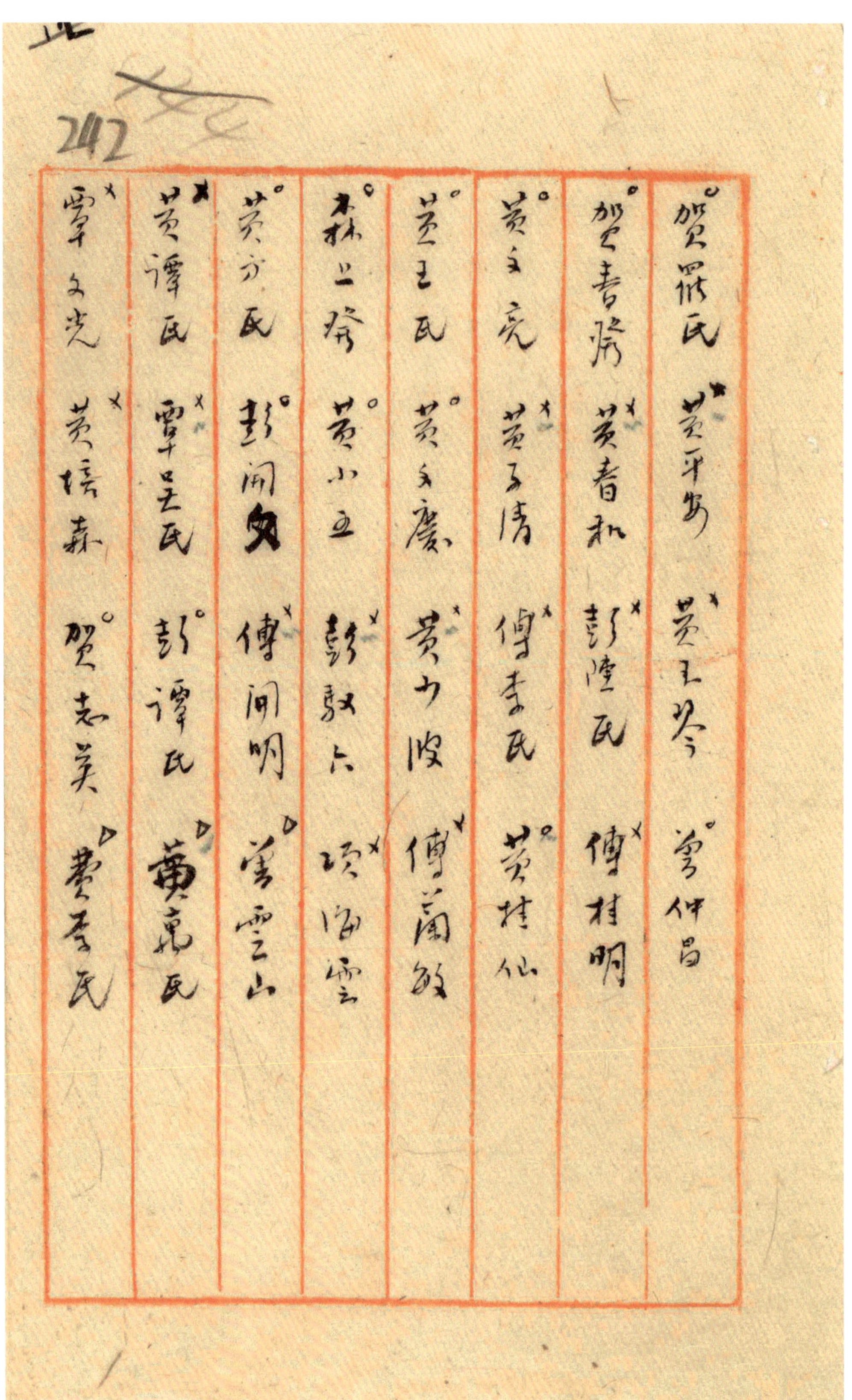
正

242

贺罗氏 黄平安 黄玉琴 曾仲昌

贺春荣 黄春和 彭陆氏 傅桂明

黄文亮 黄子清 傅李氏 黄桂仙

黄王氏 黄文庆 黄少俊 傅兰敏

林正发 黄小五 彭驭六 项治云

黄方氏 彭润文 傅润明 黄云山

黄谭氏 覃吴氏 彭谭氏 黄熊氏

覃文光 黄培森 贺志英 费李氏

243

楊蕭氏　賈宜三　楊佩清
董輔仙　賈陸氏　楊立榮
賈郭氏　葉尚勤　楊保昨
賈蕭氏　裘必賢　楊榮芳
賈双鳳　楊鳴皋　賈正貴
賈双煥　楊咪　楊玉宗
楊王氏　楊尚氏　楊明
楊小甫　陳牧　葉牧
楊寅　楊玉清　葉金氏
楊楊氏　楊桂芝
楊傳氏　楊榮
楊馬氏　楊繇卿
楊萱氏　裘張氏
葉張氏　裘向華
楊牧　~~楊玉堂~~
楊團棟　楊桂芝

本部

124

244

赵福昌　邓志文　郭何氏

禄士君　赵平　常炳轩

赵李氏　赵陆氏　管张氏

郭福　赵兴平　~~廖树森~~

赵张氏　廖李氏　赵钧

管琴书　郭同　赵桂兰

郭相云　管李氏　郭必鸿

廖庚森　郭兆来

15

245

劉忠福　蔣士和　劉清和

蔣文明　蔣珍　蔣真

蔣田氏　賴行　蔣德貴

劉兆中　劉在修　賴李氏

劉重富　劉文聰　劉宗貴

劉廷　劉慶榮　劉炽

劉金濤　劉小勤

劉李氏　劉正芳

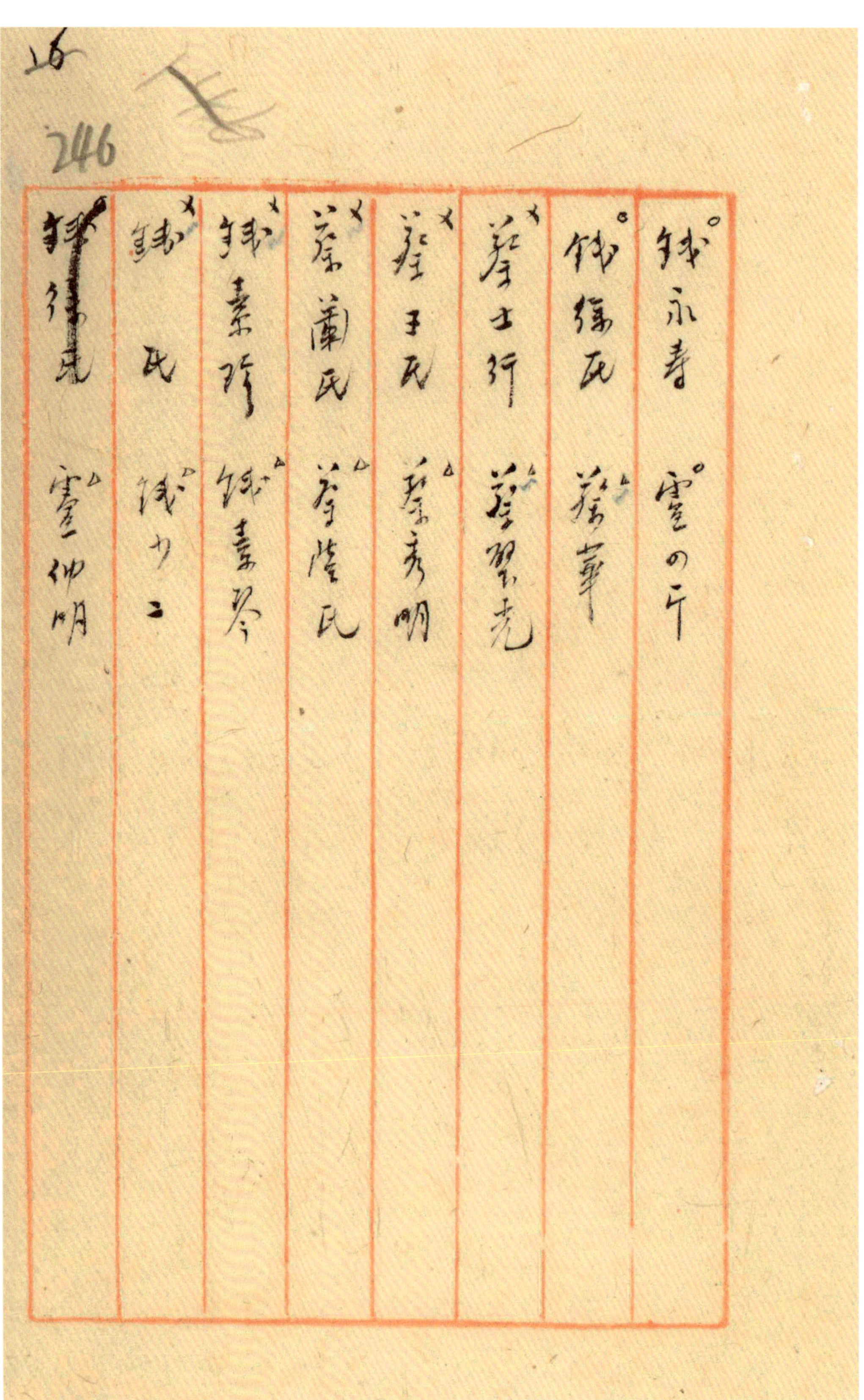

246

钱永寿　雷[illegible]斤

钱缘氏　蔡华

蔡士行　蔡翠光

蔡王氏　蔡秀明

蔡兰氏　蔡陆氏

钱素琼　钱素芬

钱氏　钱少二

钱缘氏　雷仲明

2407

17

魏呈氏　鍾小三　魏桂華

鍾炳林　謝玉書　簡少明

鍾傅氏　簡仲清

鍾文清　簡玉英

鍾何氏　謝玉書

鍾銀山　鍾少明

鍾瑞琴　鍾少亮

魏小二　魏奉宗

韓王氏

郭金

19

249

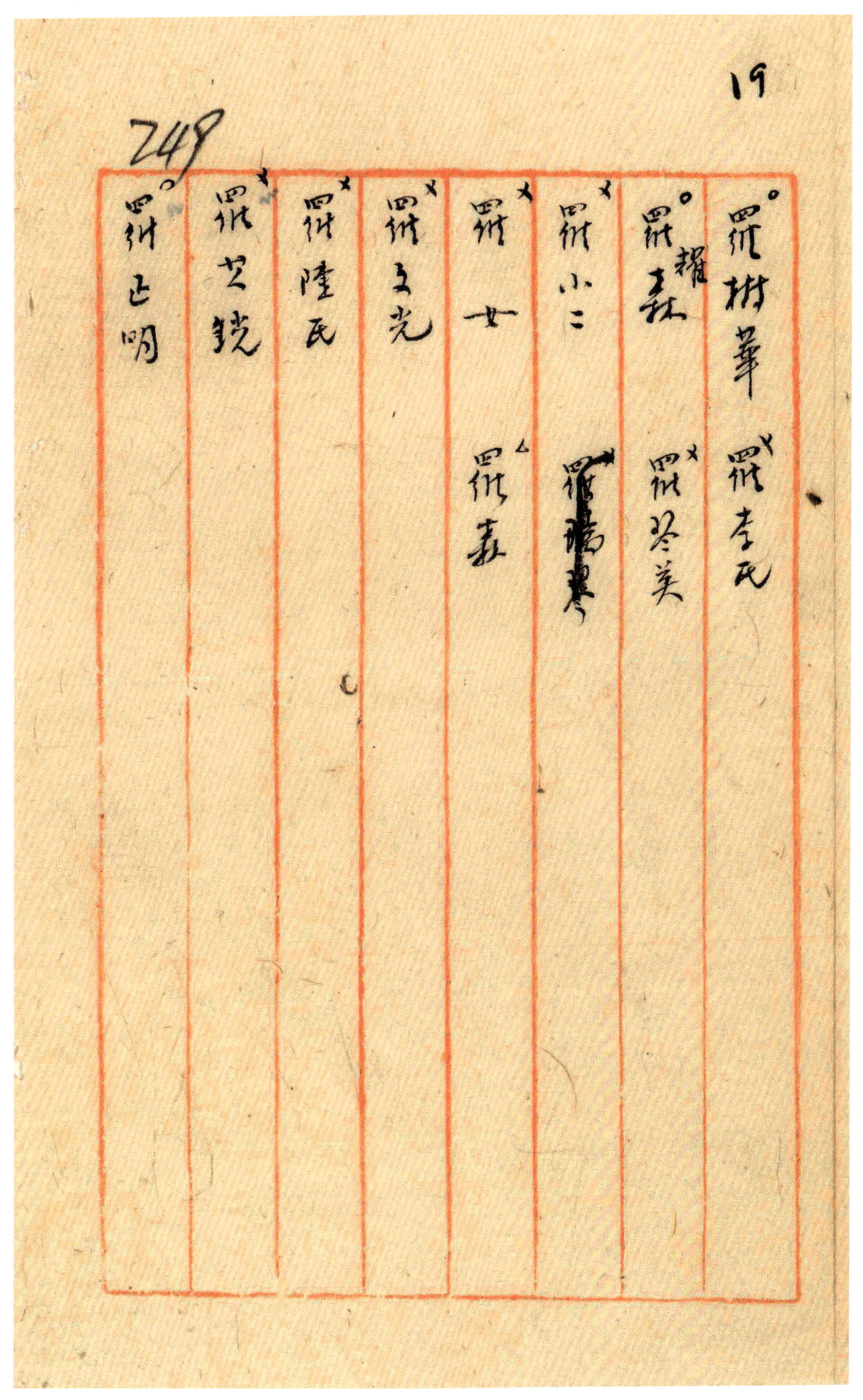

羅樹華　羅李氏

羅森（楫）　羅琴美

羅小二　~~羅瑞貴~~

羅女　羅森

羅文光

羅陸氏

羅艾鏡

羅正明

20

250

苏凤云

严禄生

严永生

蘭双玉

严福生

苏家桂

云南省振济会总务组关于请收容昆明市被炸灾民致昆明空袭紧急救济联合办事处的通知（一九四一年二月二十六日）

106

通知　　從字第　　號

逕啓者：頃奉

常委李面諭：本日市區被炸災情慘重，所有救護、掩埋、收容、善後等項工作，着由組通知空襲聯辦處迅以會同各有關機關團体積極辦理，至傷亡人數尤須調查詳確，務儘三日內辦畢，照章配糧，以惠災黎等因，奉

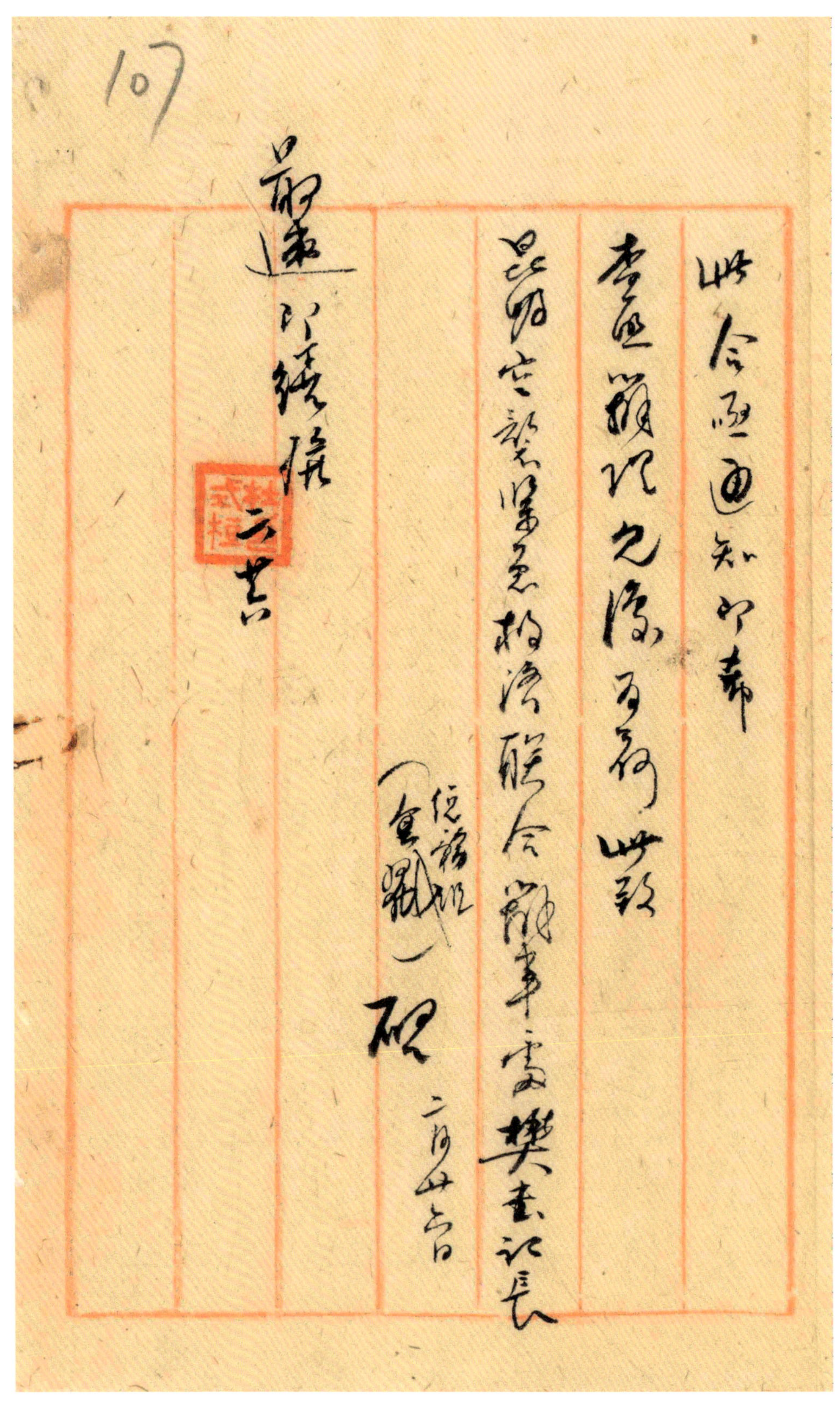

107

此令函通知外部
查照办理见复为荷。此致
昆明空袭紧急救济联合办事处樊委员长
侦缉组（盖戳）启 二月廿六日

最近可续领
（印）二廿六

昆明空袭紧急救济联合办事处一九四一年一月份炸灾赈款支出计算书暨收支对照表（一九四一年二月）

151

云南省振济会核发昆明空袭紧急救济联办处卅年一月份炸灾振款支出计算书

支出临时门

科目	核定数	实支数	比较 增	比较 减	备考
第一款 经费总数	二七六〇〇	二七六〇〇			
第一项 炸灾振款	二七六〇〇	二七六〇〇			
第一目 死亡	一五〇〇〇	一五〇〇〇			计死亡五十人，各支叁元，共如上数
第二目 重伤	一二六〇〇	一二六〇〇			计重伤六十三人，各支廿元，共如上数

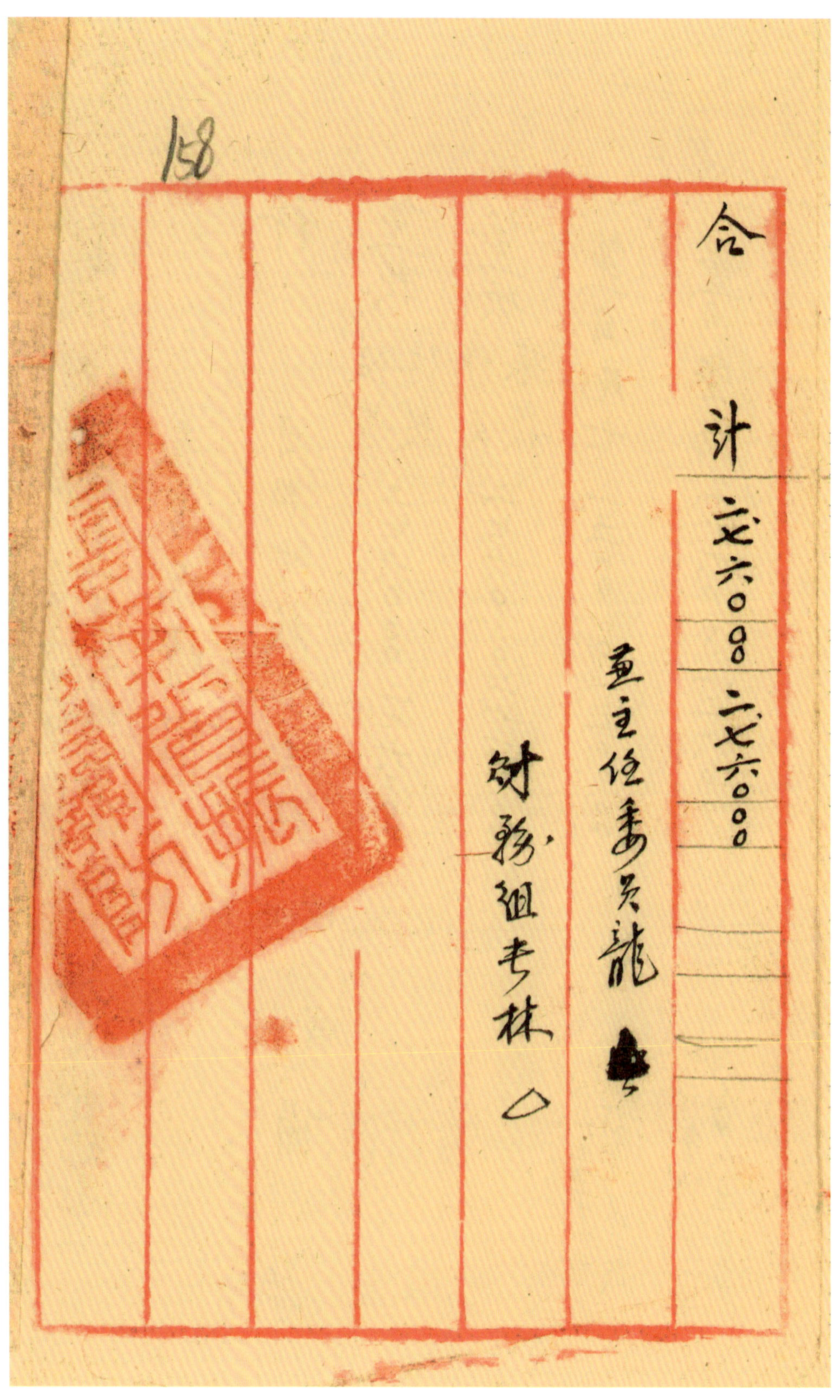
158

合 计 二七六〇〇〇 二七六〇〇

处主任委员龍

财务组长林

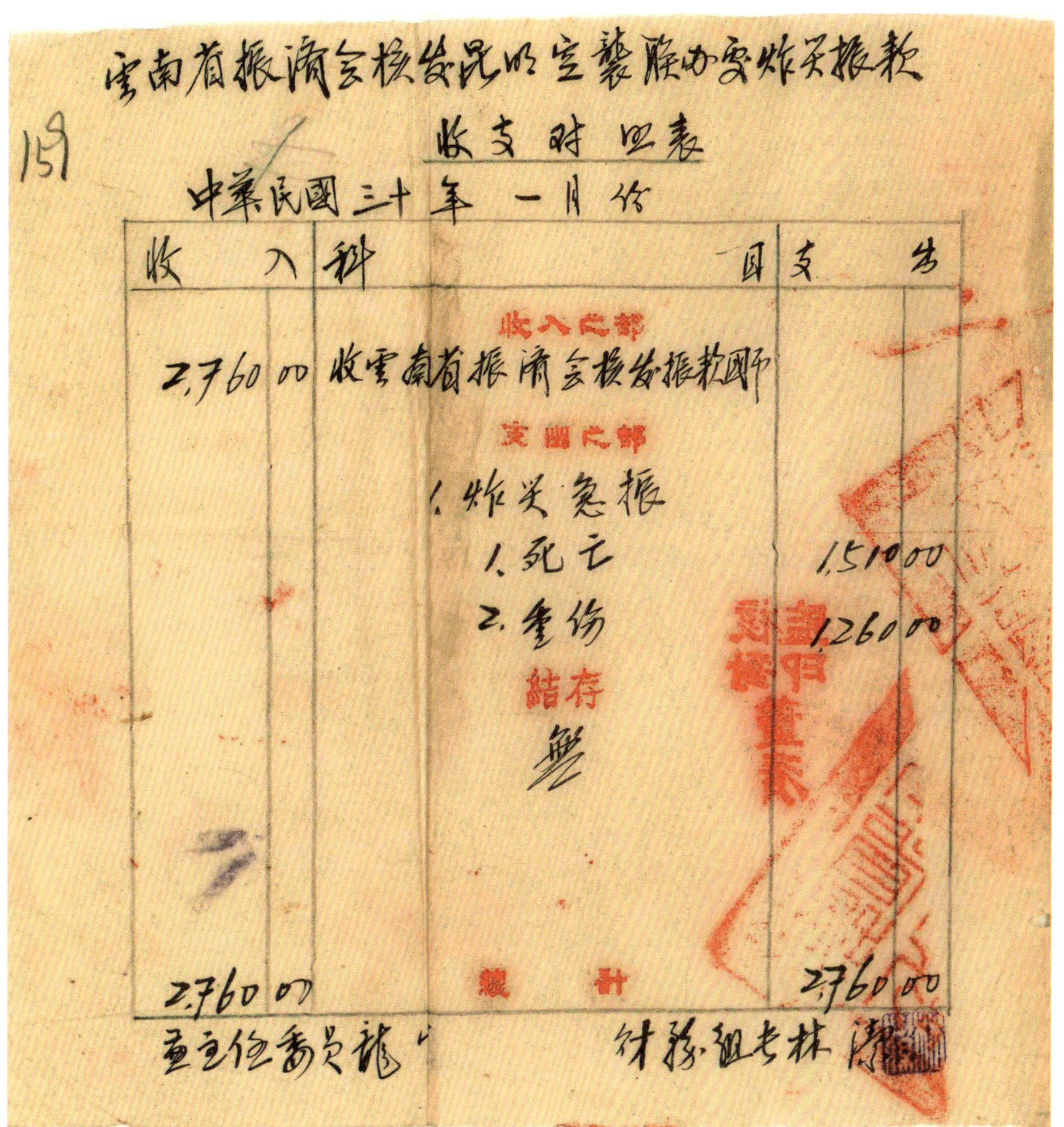

159

雲南省振濟會核發昆明空襲殃及炸災振款

收支對照表

中華民國三十年一月份

收入		科目	支出	
		收入之部		
2,760	00	收雲南省振濟會核發振款國幣		
		支出之部		
		1. 炸災急振		
		1. 死亡	1,510	00
		2. 重傷	1,260	00
		結存		
		無		
2,760	00	總計	2,760	00

查放委員龍

財務組長林

云南省政府关于赈恤及收容二二六昆明市被炸受灾灾民致云南省振济会的训令（一九四一年三月十日）

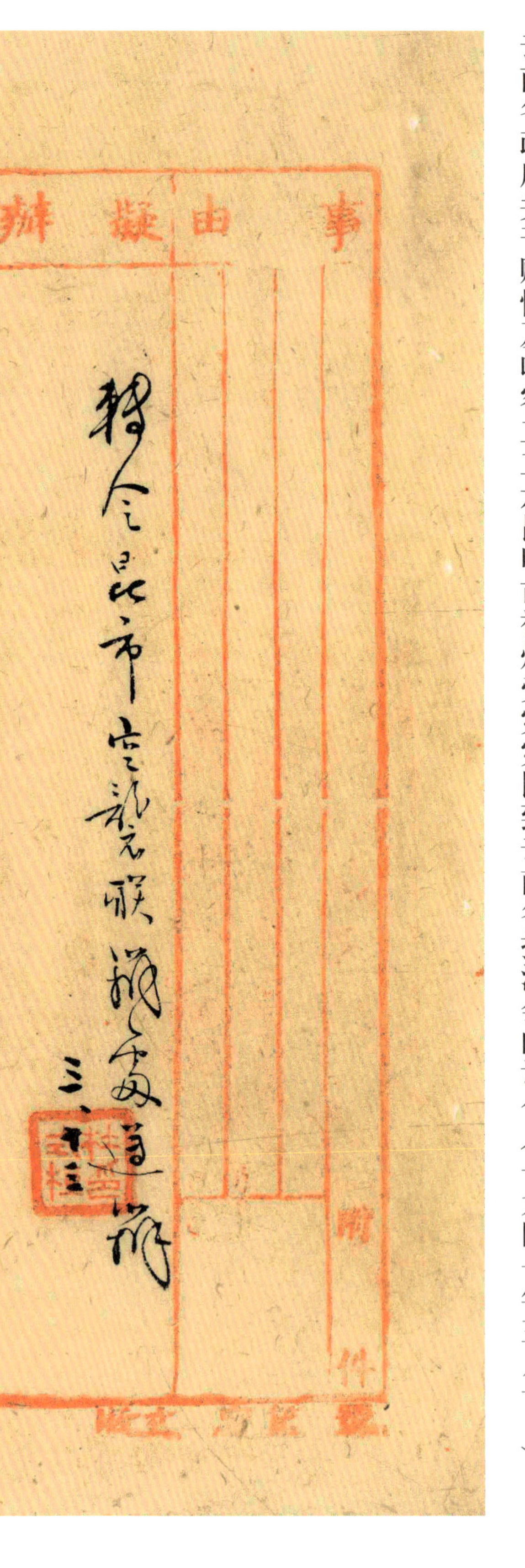

26

雲南省政府訓令　秘宛字第1804號

令雲南省振濟会

振濟委員会東渝兩丙教電開：

「丁丑宥酉亥兩機兩電及感戌電敬悉。省三十

一道情慘重，至深係念。死傷者請飭妥爲按章

振卹，無家可歸者請設法收容，以免流離，并希

代爲分別慰問，藉達中央垂念之意。特復。」

等由。准此。查二月二十六日市區等接被炸情形，前經

本府先後電達在案。茲准復電前由，合行令仰該

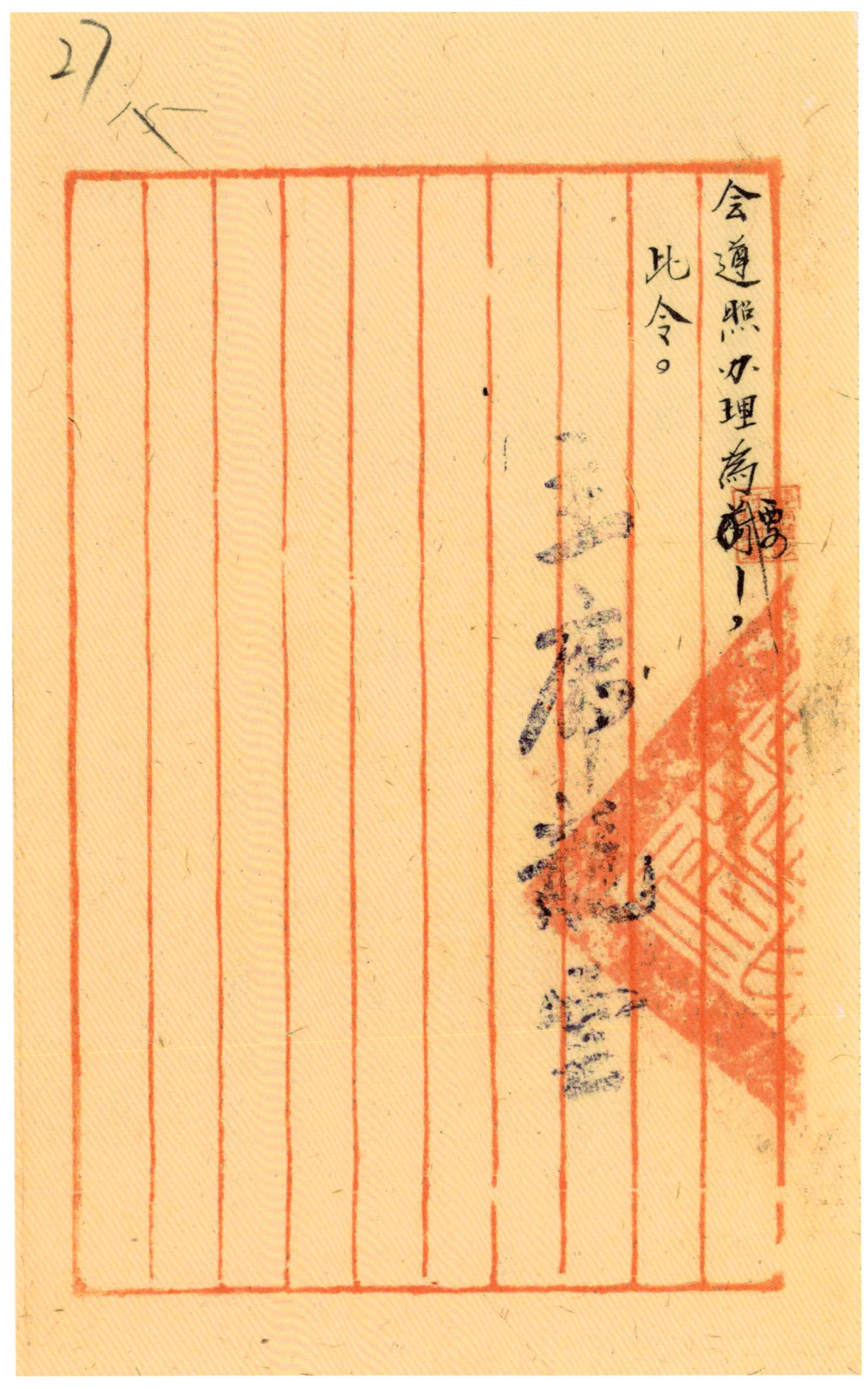
27

会遵照办理为要！

此令。

王应麟

28
廿三
十
監印林紹美
校對李上義

昆明空袭紧急救济联合办事处关于「二二六」昆明被炸灾民已分别收容赈恤致云南省振济会的呈（一九四一年四月十二日）

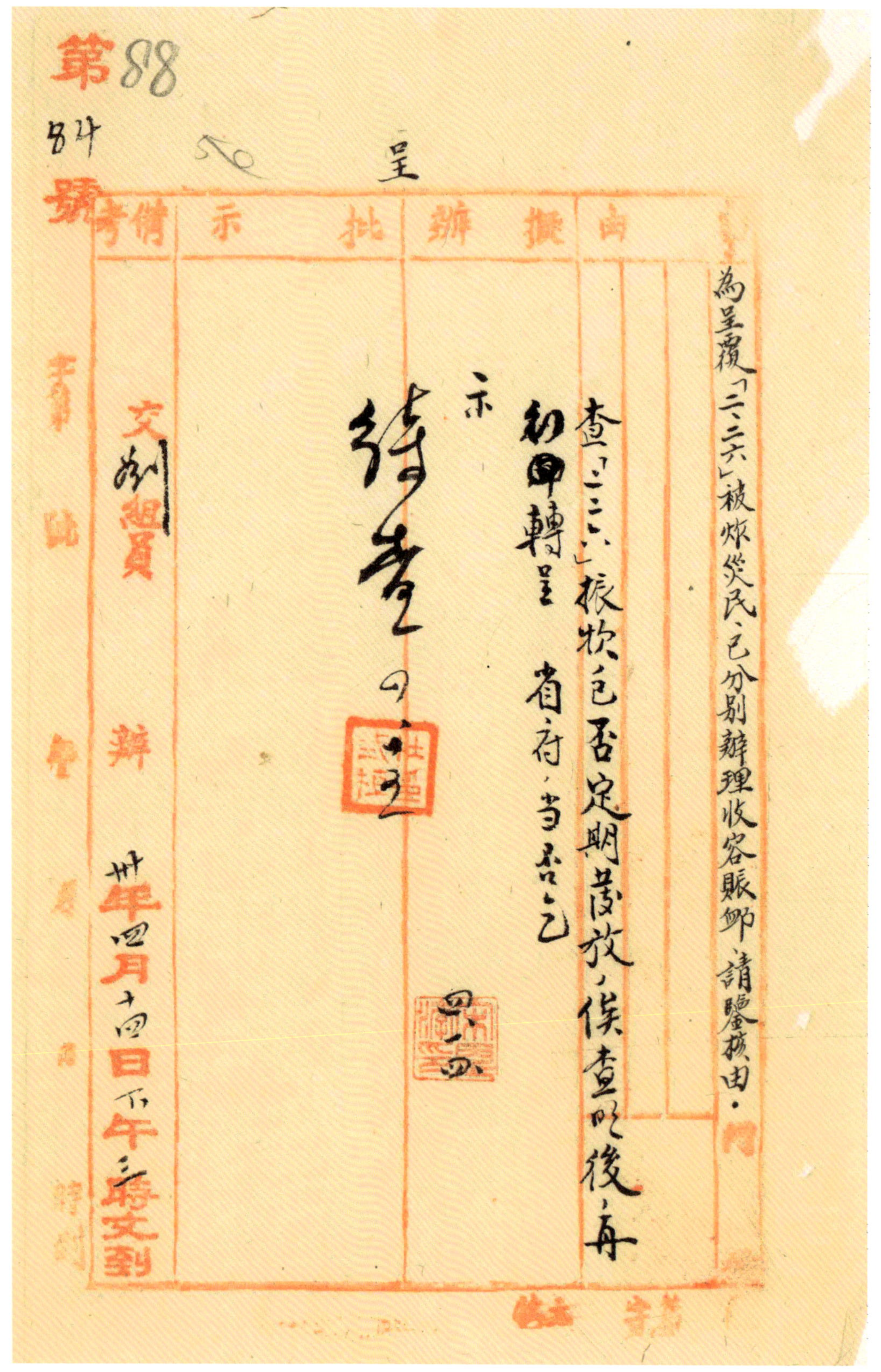

第88號

呈

為呈覆「二、二六」被炸災民已分別辦理收容賑卹，請鑒核由。

查「二二六」振款已否定期發放，俟查明後，再行轉呈省府，可否之處，

示

請核 四.十二

文別 覆員

辦

卅年四月十四日下午三時文到

89

案奉

鈞會三十年三月二十二日振救字第九六三號訓令開：

「案奉　雲南省政府秘黨字第一八〇四號訓令開：「振濟委員會東渝丙教電開：（二十六日）災情慘重，死傷者飭即按章振卹，無家可歸者，設所收容」等因；一案，後開：合行令仰處遵照辦理為要」

等因，奉此，自應遵照。查「三、二六」市區被炸後，職處除立刻將傷者昇送醫院治療，死者發棺掩埋，無家可歸之難民，分別送住災區附近之第四第十一兩收容所收容，並于當夜即經呈報外，復飭救濟組辦理傷亡賑卹及難民善後，茲已訂于四月九日發放急賑，

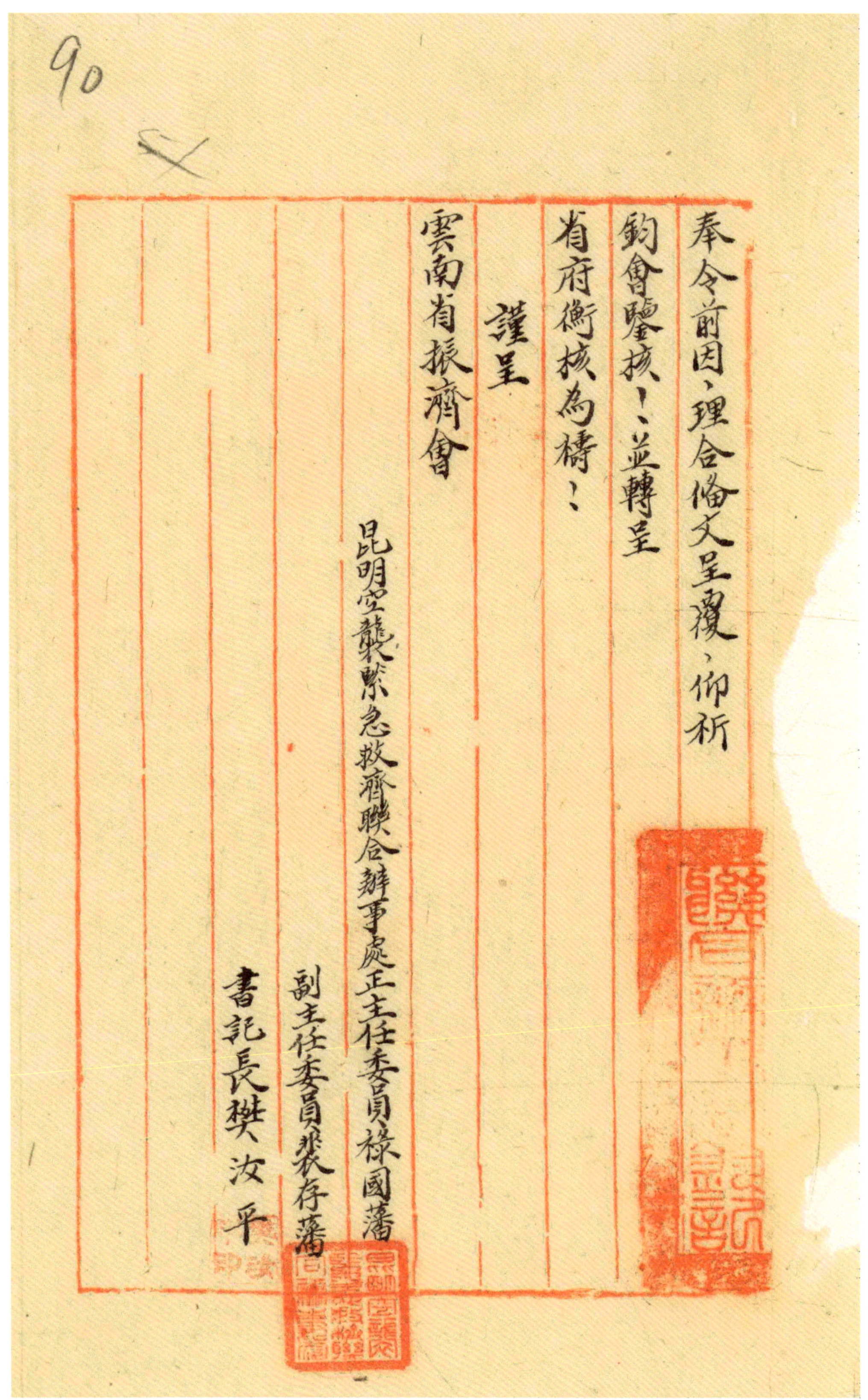
奉令前因，理合備文呈覆，仰祈
鈞會鑒核！並轉呈
省府衡核為禱！
謹呈
雲南省振濟會
昆明空襲緊急救濟聯合辦事處正主任委員祿國藩
副主任委員裴存藩
書記長樊汝平

91

中華民國三十四年四月十二日

重庆振济委员会会关于从速办理赈恤收容无家可归者致昆明总站的代电（一九四一年四月二十二日）

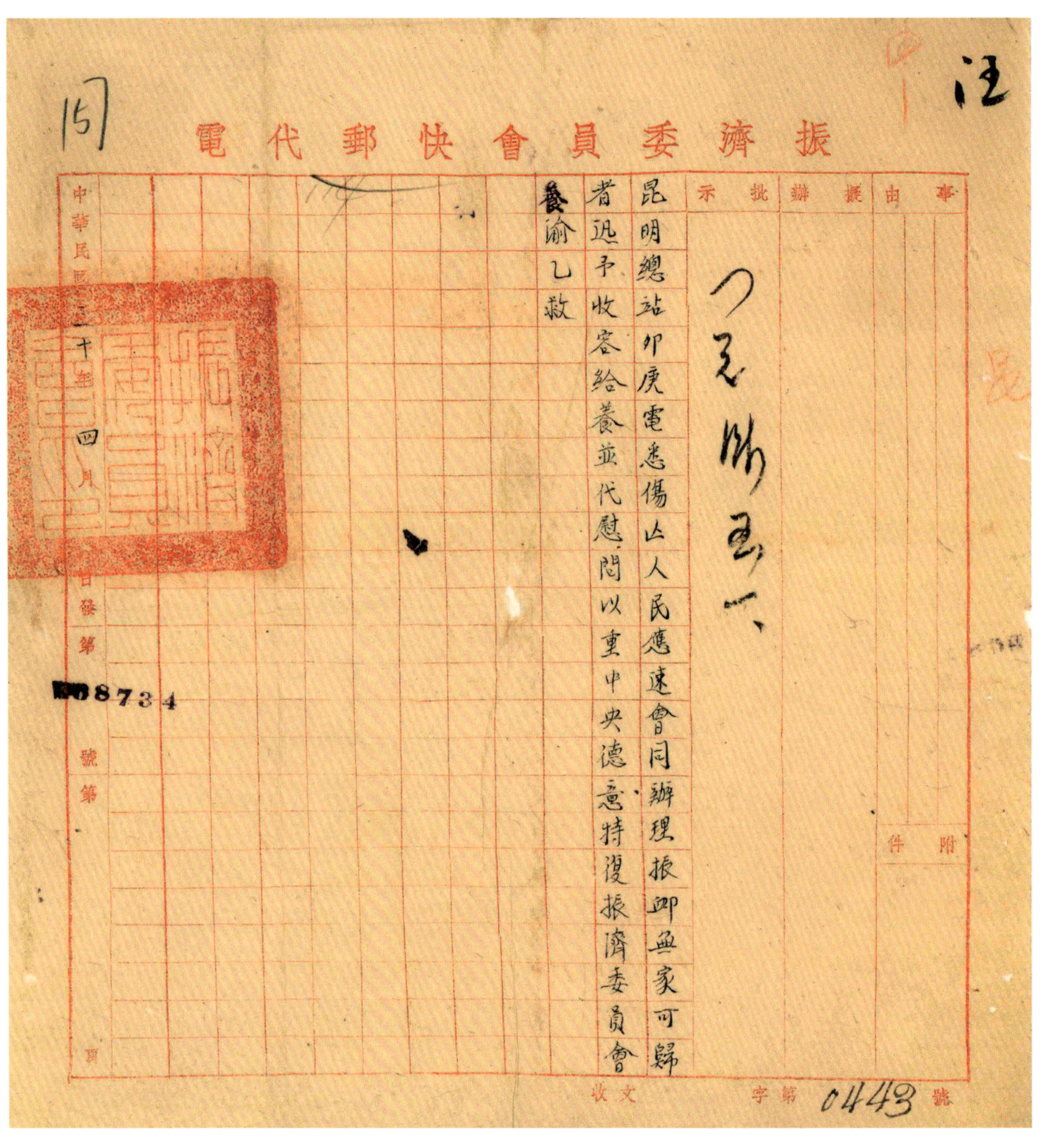
振济委员会快邮代电

昆明总站卯庚电悉。伤亡人民应速会同办理振卹。无家可归者迅予收容给养，并代慰问，以重中央德意。特复。振济委员会养渝乙救

中华民国三十年四月

宋恩溥关于发放「四二六」昆明炸灾赈款情形致云南省振济会的签呈（一九四一年四月三十日）

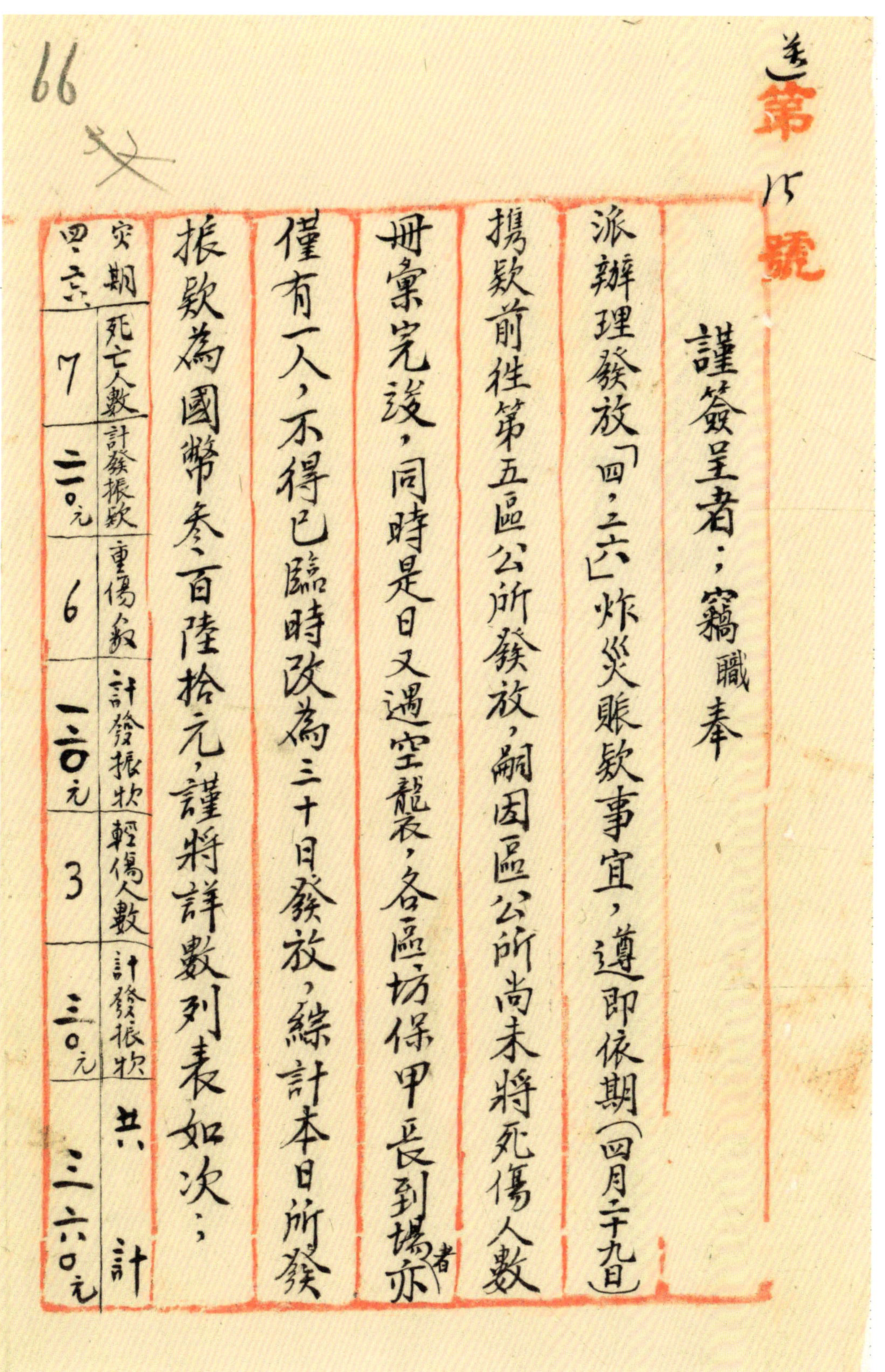

送第15號

謹簽呈者：竊職奉

派辦理發放「四．二六」炸災賑款事宜，遵即依期（四月二十九日）攜款前往第五區公所發放，嗣因區公所尚未將死傷人數冊彙完竣，同時是日又遇空襲，各區坊保甲長到場者亦僅有一人，不得已臨時改爲三十日發放，綜計本日所發振款爲國幣叁百陸拾元，謹將詳數列表如次：

災期	死亡人數	計發振款	重傷人數	計發振款	輕傷人數	計發振款	共計
四．二六	7	二一〇元	6	一二〇元	3	三〇元	三六〇元

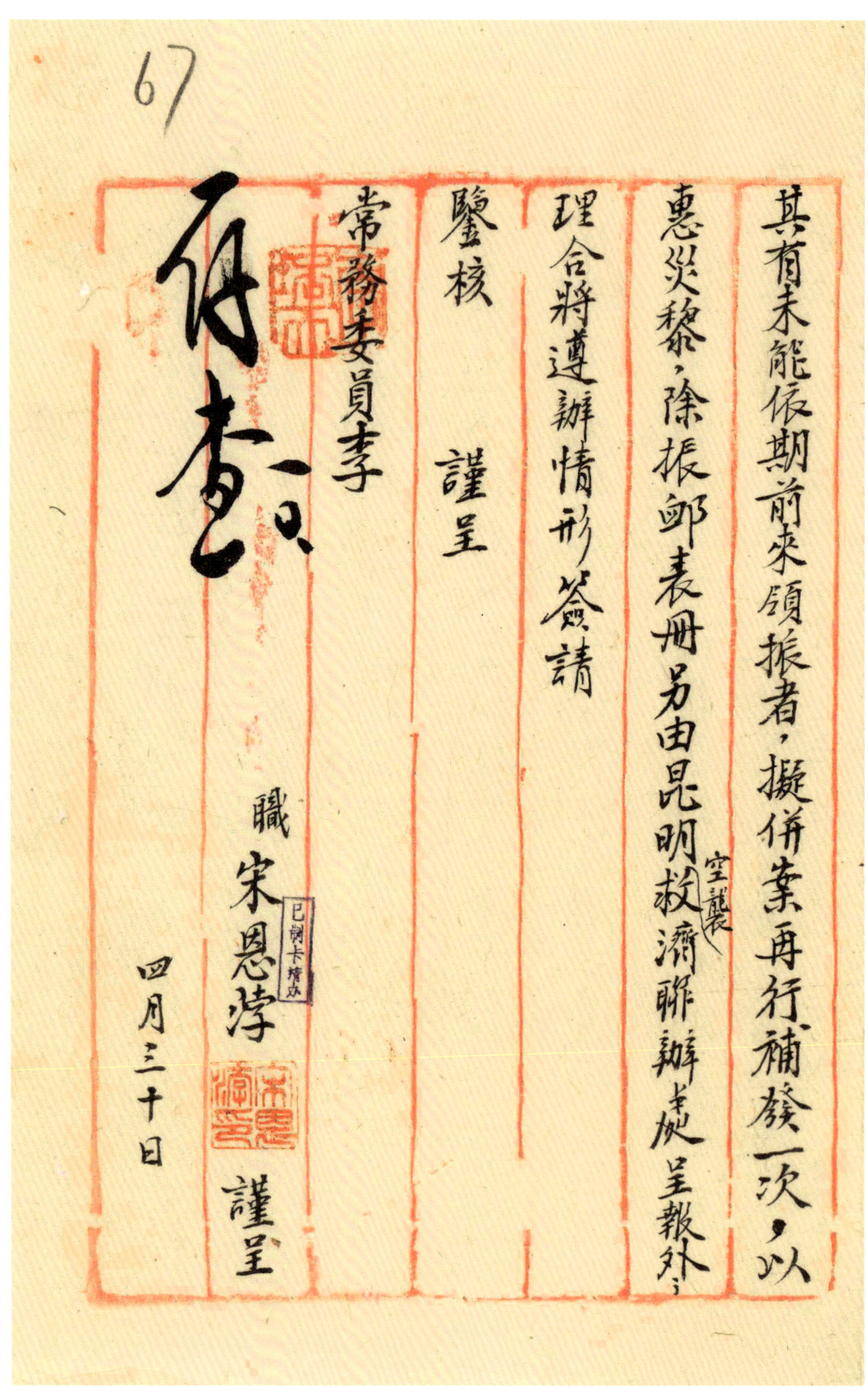
67

其有未能依期前來領振者，擬併案再行補發一次，以惠災黎。除振郵表册另由昆明空襲救濟聯辦處呈報外，理合將遵辦情形簽請鑒核。謹呈

常務委員李

職宋恩溥（已制卡　靖）謹呈

四月三十日

存查

昆明空袭紧急救济联合办事处关于请求派员监发「四二九」昆明炸灾赈款致云南省振济会的呈
（一九四一年四月三十日）

第111號
呈
事由：為呈請派員蒞處監發「四二九」急賑由。
擬辦：
奉已派了、存。
批示：
文號：字第 號
卅年四月卅日下午七時文到

69

竊查昨日（四、二九）敵機復襲本市，市屬第一、二、三、五、六等區，均被轟炸，除受災情形、傷亡人數，業經職處漏夜調查登記，具報

鈞會鑒核，其無家可歸之難民，並經指定第三、第六、第八等收容所負責收容外，查傷亡民衆，亟應遵照

中央規定，迅發急賑，以惠災黎。茲謹訂於明日（五月一日）午后三時，（如有警報，則改為警報解除後一小時）在處集合，前往發賑，除已分別函知各有關處所派員屆時來處會同前往發賑外，合謹備文呈請

鈞會俯賜派員屆時蒞處，前往監賑，以昭鄭重，實為公便！至于如有登記遺漏者，業經分函各該災區迅為查報來處，又再訂期補發，合併陳明！

謹呈

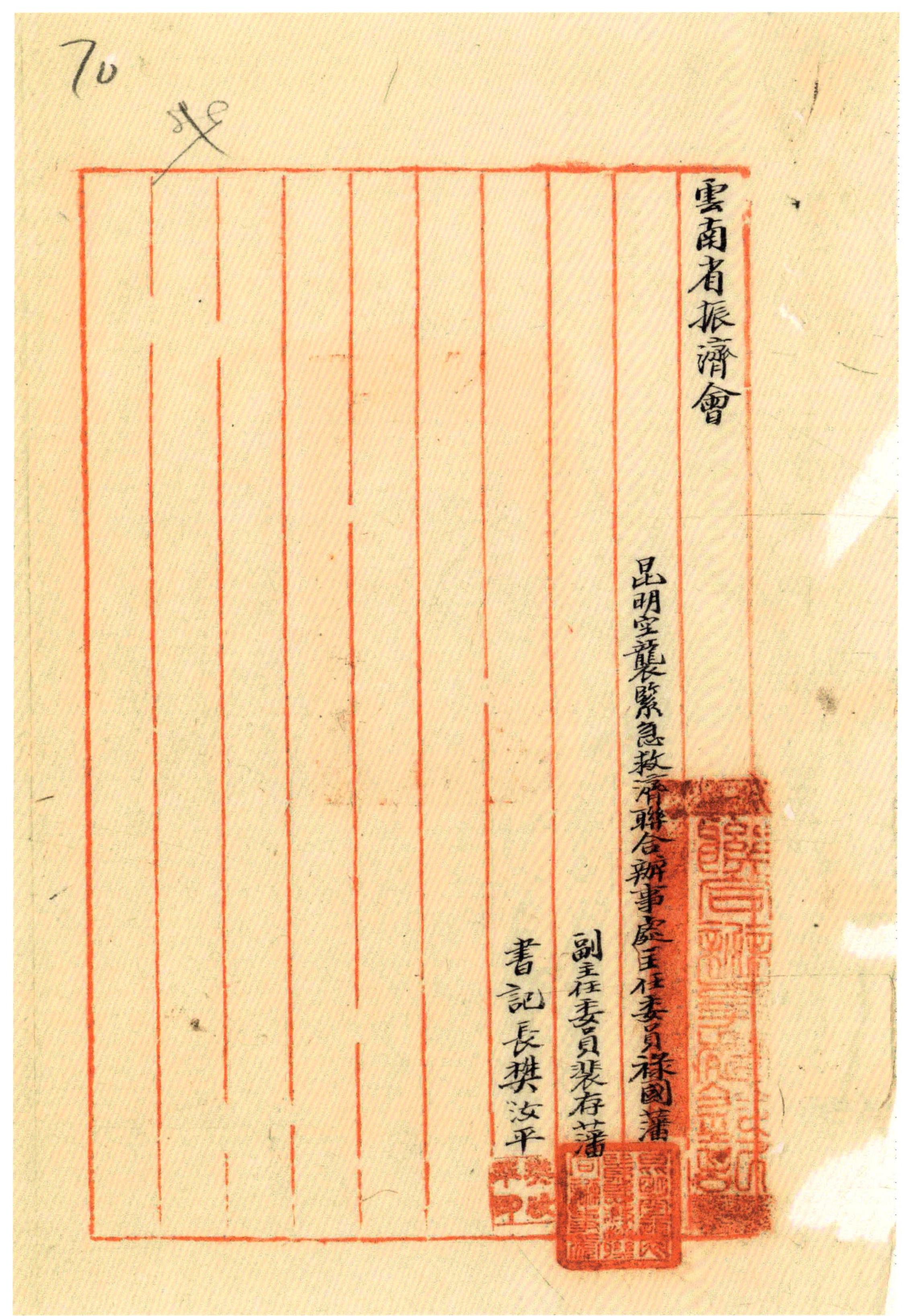

雲南省振濟會

昆明空襲緊急救濟聯合辦事處主任委員祿國藩

副主任委員裴存藩

書記長樊汝平

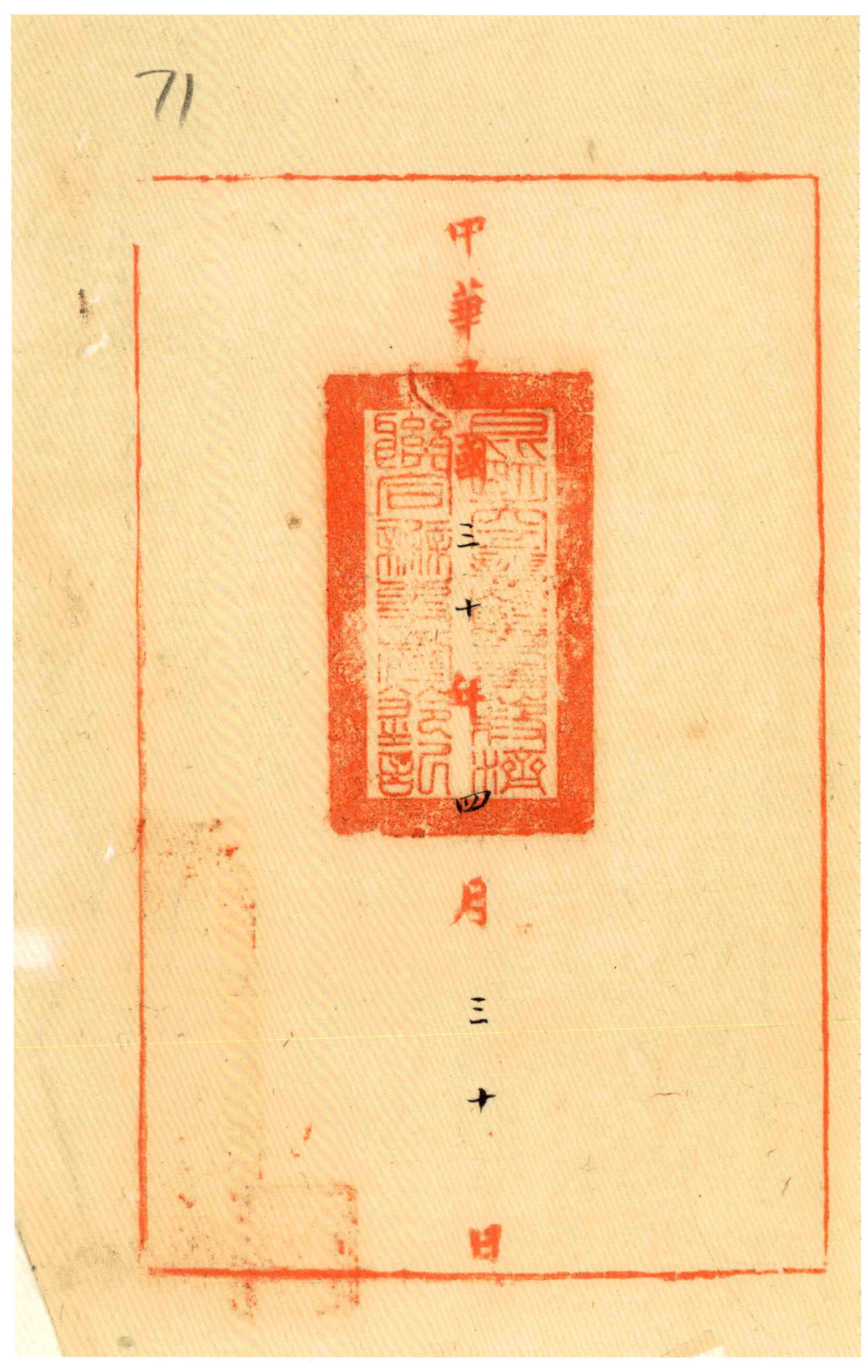

71

中華民國三十四年四月三十日

宋恩溥关于发放昆明「五八」炸灾赈款情形致云南省振济会的签呈（一九四一年五月十二日）

謹簽呈者：昆明「五八」炸災振款，職奉派監放，遵即於本月十二日（星期二）下午四時，仝昆明市第三區公所，會同昆明空襲救濟聯辦事處振人員暨災區各區坊保甲長，公開發放。查是日所發振款全額，係照中央振濟委員會最近公佈自五月一日起實行之修正空襲救濟辦法之規定（死亡每人給振國幣六十元，重傷四十元，輕傷十五元）

82

分别配發。计共發出振款国幣二千一百五十元，详情列表如次：

災情别	人數	实發振款国幣元
死亡	二八	一、六八〇
重傷	八	三二〇
輕傷	一〇	一五〇

此项振款，均係由受災本人或其親屬到場具領，並經區（或坊保甲）長簽章证明，始予發放，藉免浮冒。直至下午八時，始辦理完畢，

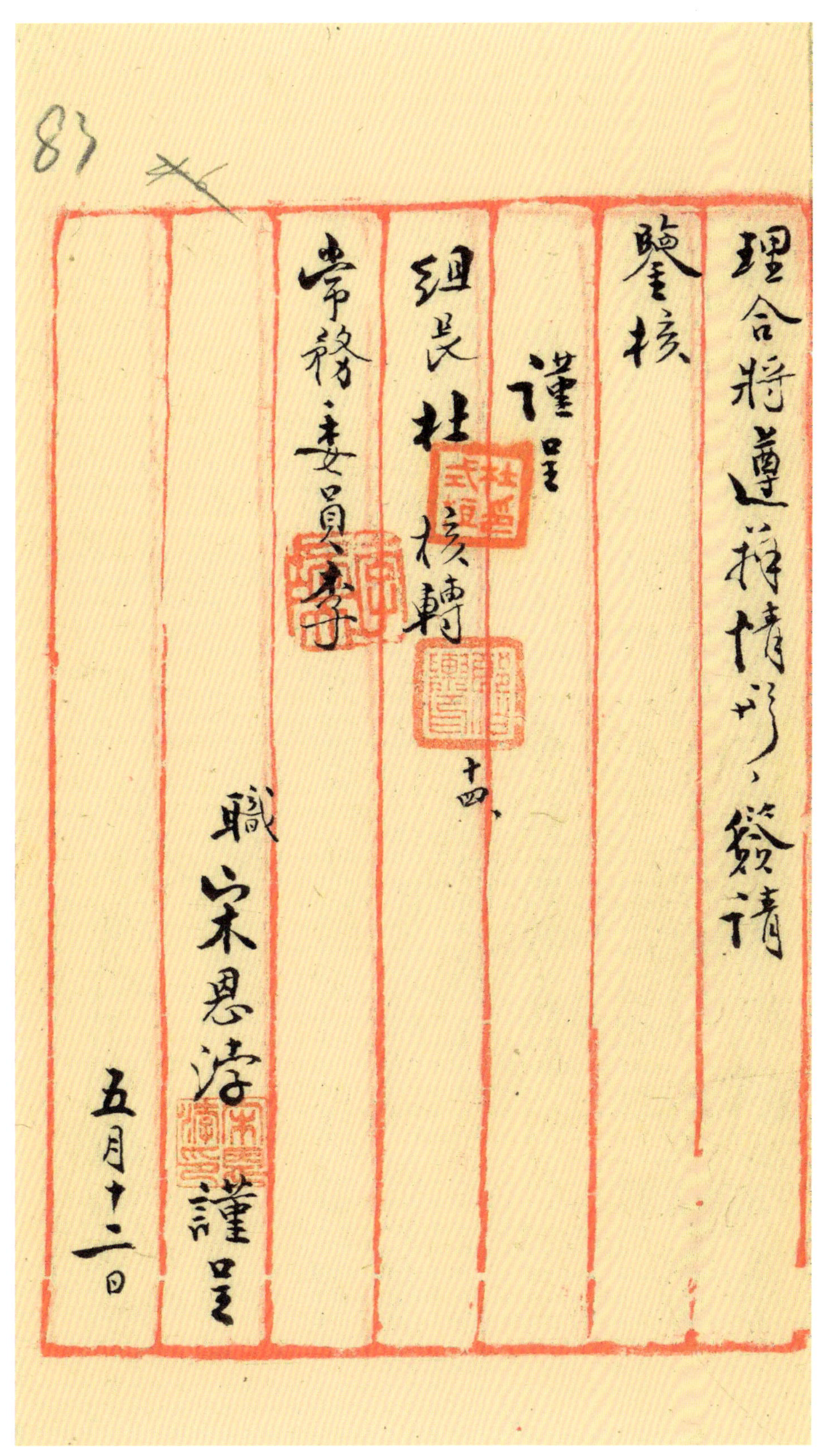
83

理合將遵辦情形，簽請

鑒核

謹呈

組長杜　核轉

十四、

常務委員李

職宋恩溥謹呈

五月十二日

滇黔绥靖公署关于再次拨发保山等县赈灾款致云南省民政厅的训令（一九四一年五月十九日）

滇黔绥靖公署训令 倭办字第494号

令民政厅长李培天

查自四月以来保山、蒙自、箇旧、建水、文山、西畴、开远等七县迭被敌机肆意轰炸，人民死伤损失惨重，拯抚深为驰系。当时即令该厅会同省振委会派员携款驰往各县办理急振在案。惟念灾重款微，沾溉难遍，乃再电委座为民请命。前奉委座复电准再发国币壹拾万元分配该县作为临时振用，示抚恤。现此款已由军政部拨汇到署，自

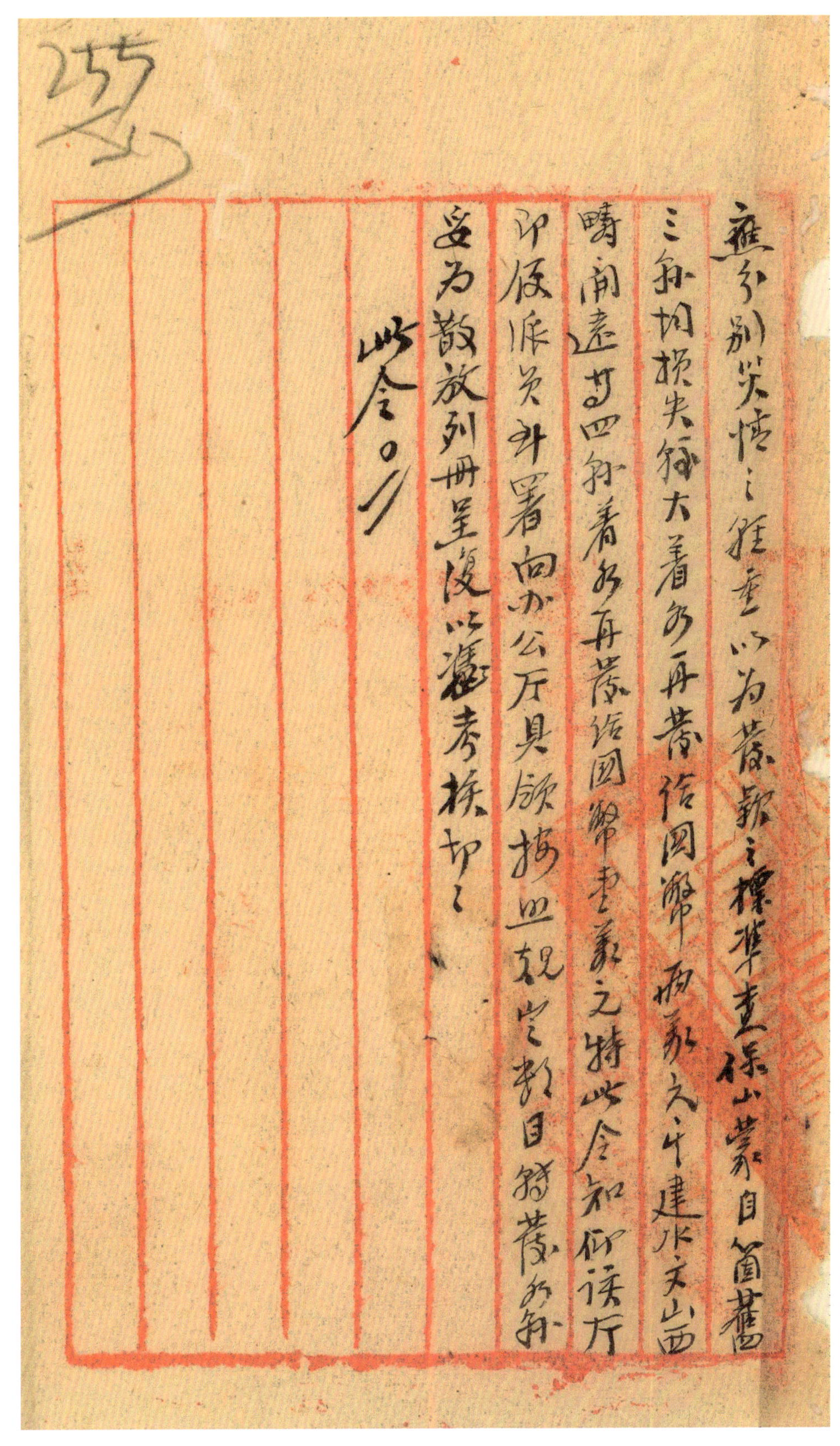

255

應分別災情之輕重以爲發款之標準。查保山、蒙自、箇舊三縣均損失極大，着分再發給國幣兩萬元，建水、文山、西疇、開遠等四縣着分再發給國幣壹萬元。特此令知，仰該廳即便派員赴署向辦公廳具領，按照規定數目轉發各縣，妥爲散放，列册呈復，以憑考核，切切。

此令。

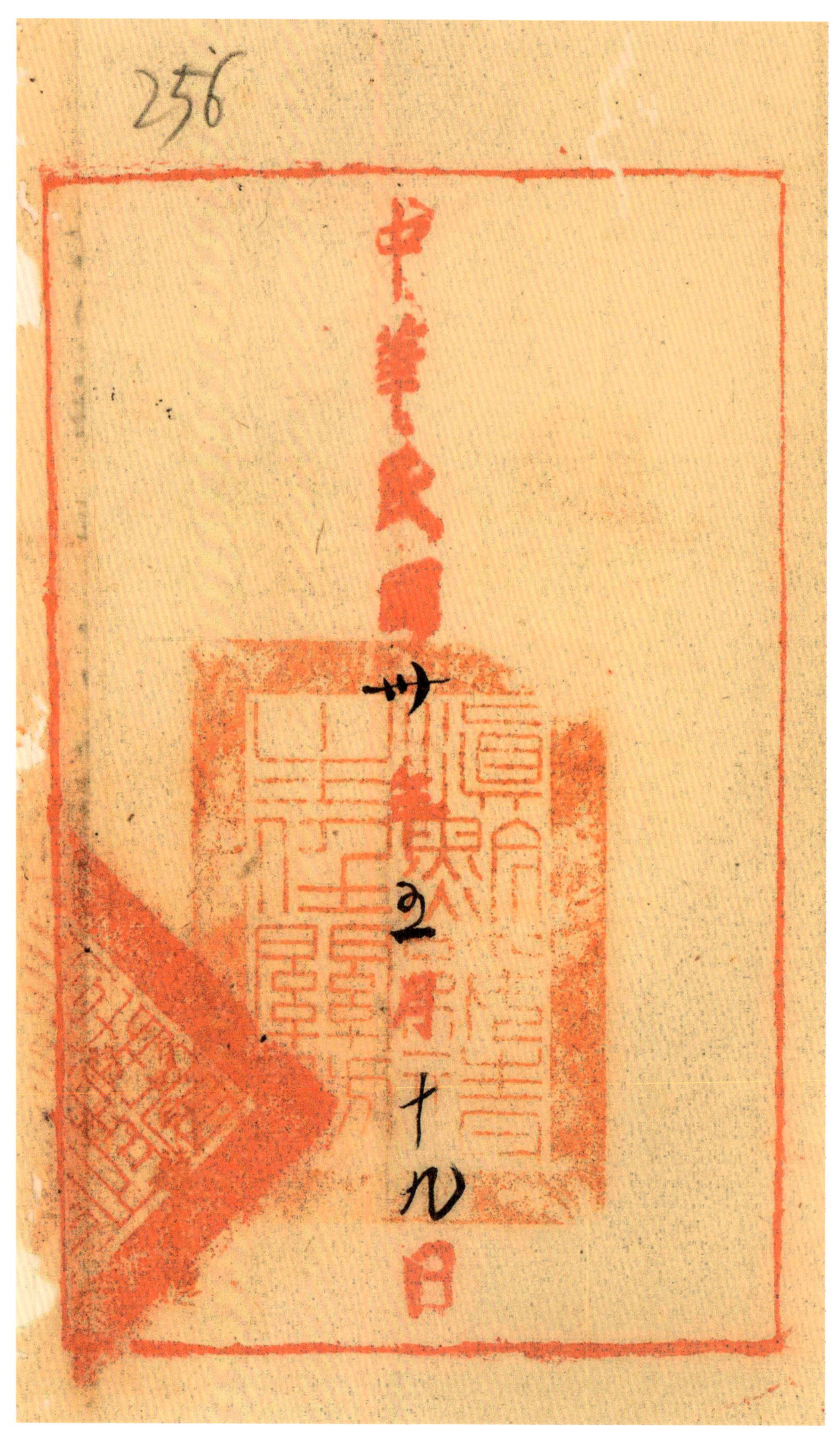

256

中華民國卅年二月十九日

滇黔绥靖公署、云南省民政厅关于拨发保山、蒙自等七县被炸赈款的一组文件

滇黔绥靖公署致云南省民政厅的指令（一九四一年六月九日）

184
楊
總字第 55
中華民國三十年六月拾日
收到

185

滇黔綏靖公署指令

字第 1 號

令民政廳廳長李培天

呈一件為奉令派員具領保山蒙自等七縣被炸振款國幣壹拾萬元填具領單壹祈核簽由

呈及領款壹紙均悉。准予照簽。該項振款國幣壹拾萬元，已於本月六日交由振濟會總務組長杜式樞如數具領在案。除電復並分令外，仰即遵照規定之數目分別轉發各縣妥為散發列

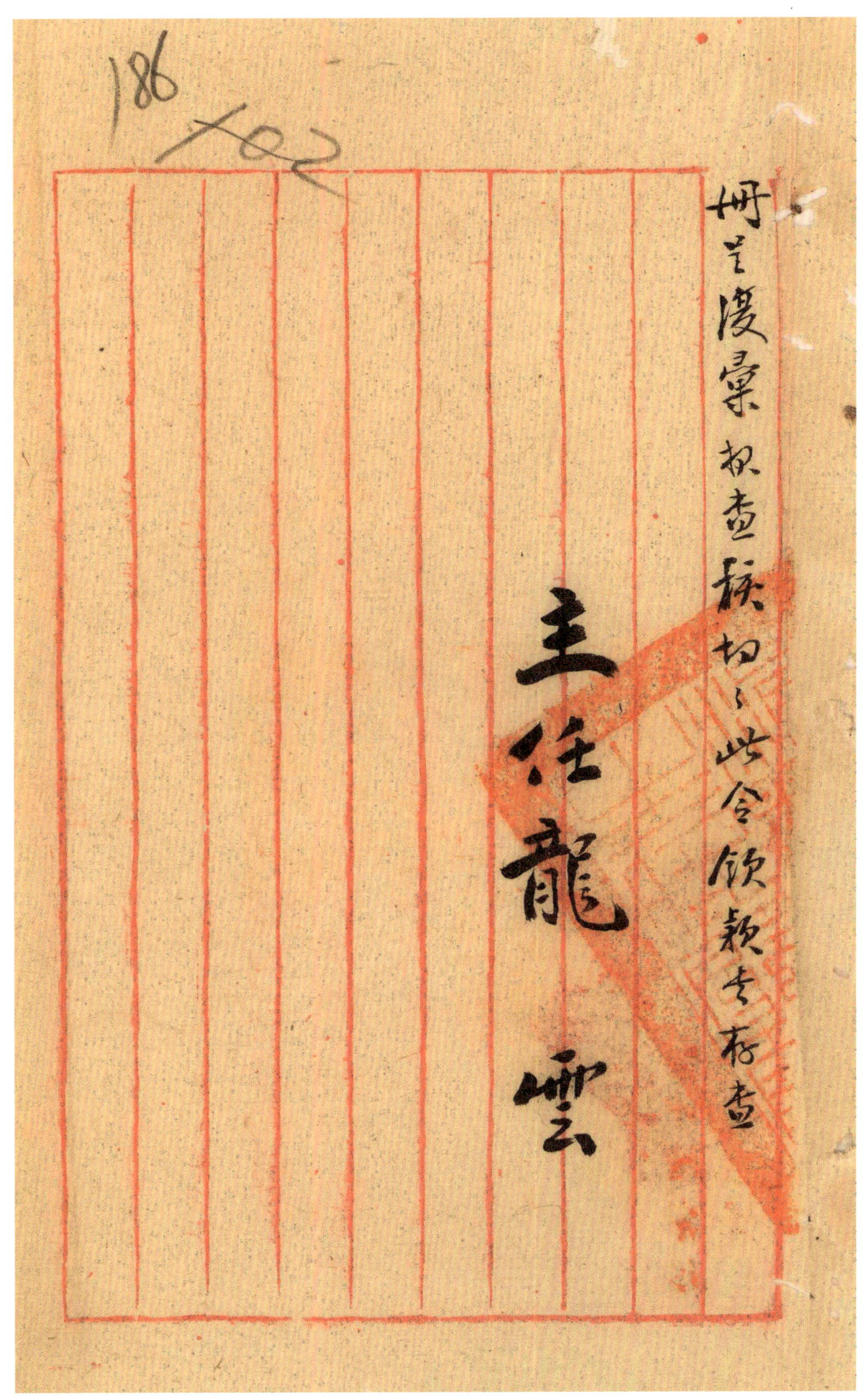

186
402

冊呈復彙報查核切切此令 飭頒表存查

主任龍雲

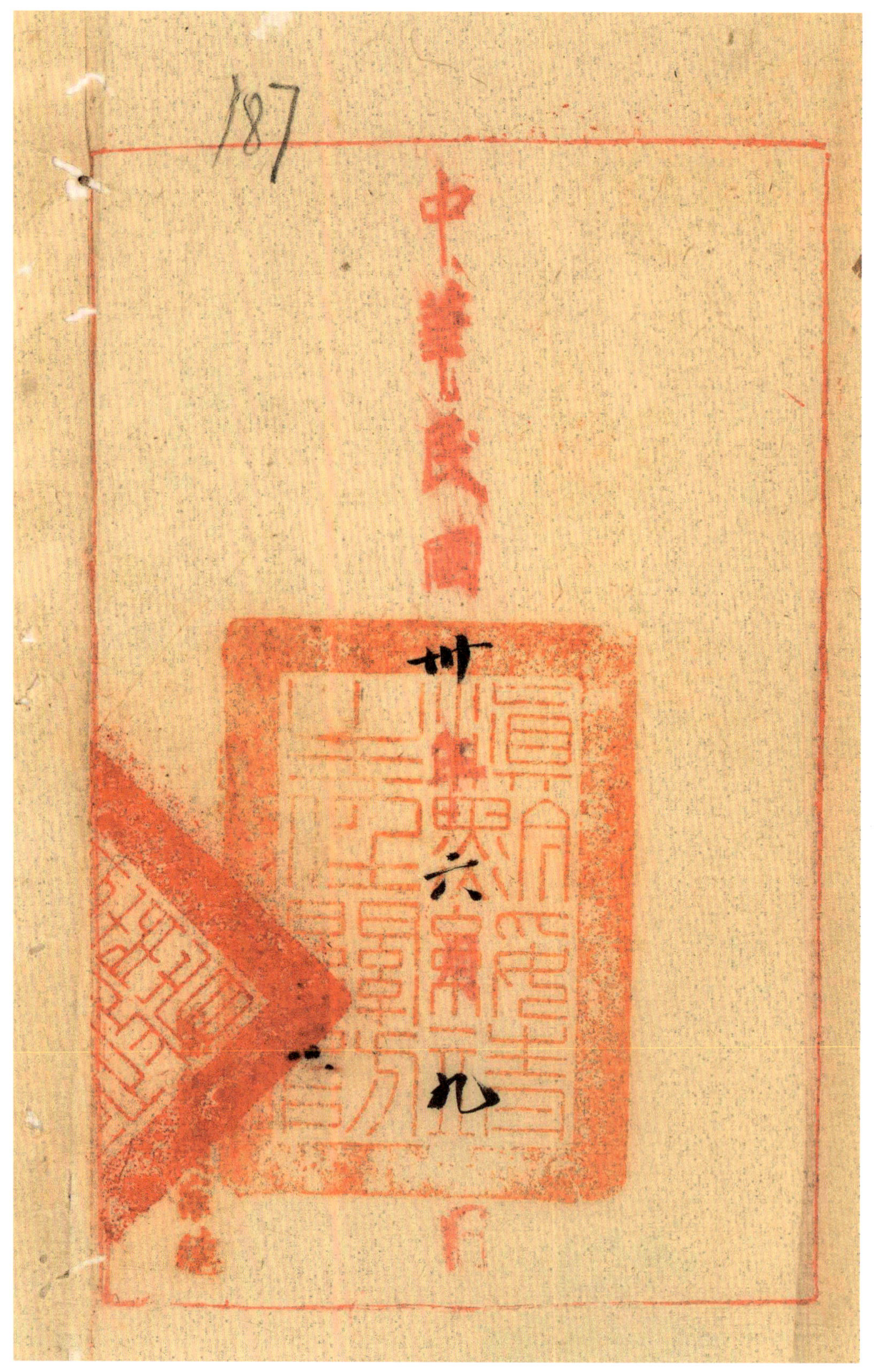
187
中华民国卅一年六月廿九日

云南省民政厅致云南省振济会公函（一九四一年六月二十六日）

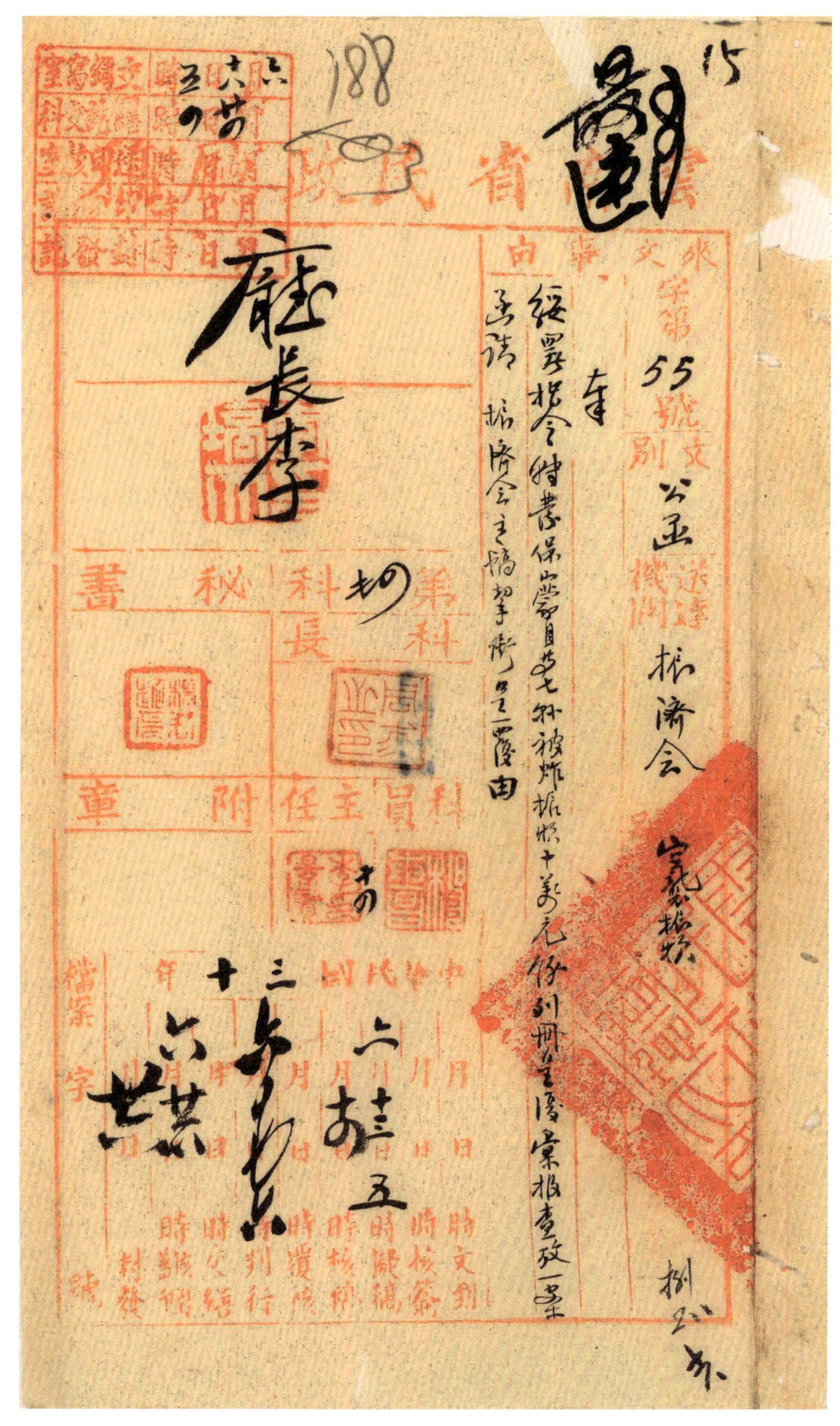

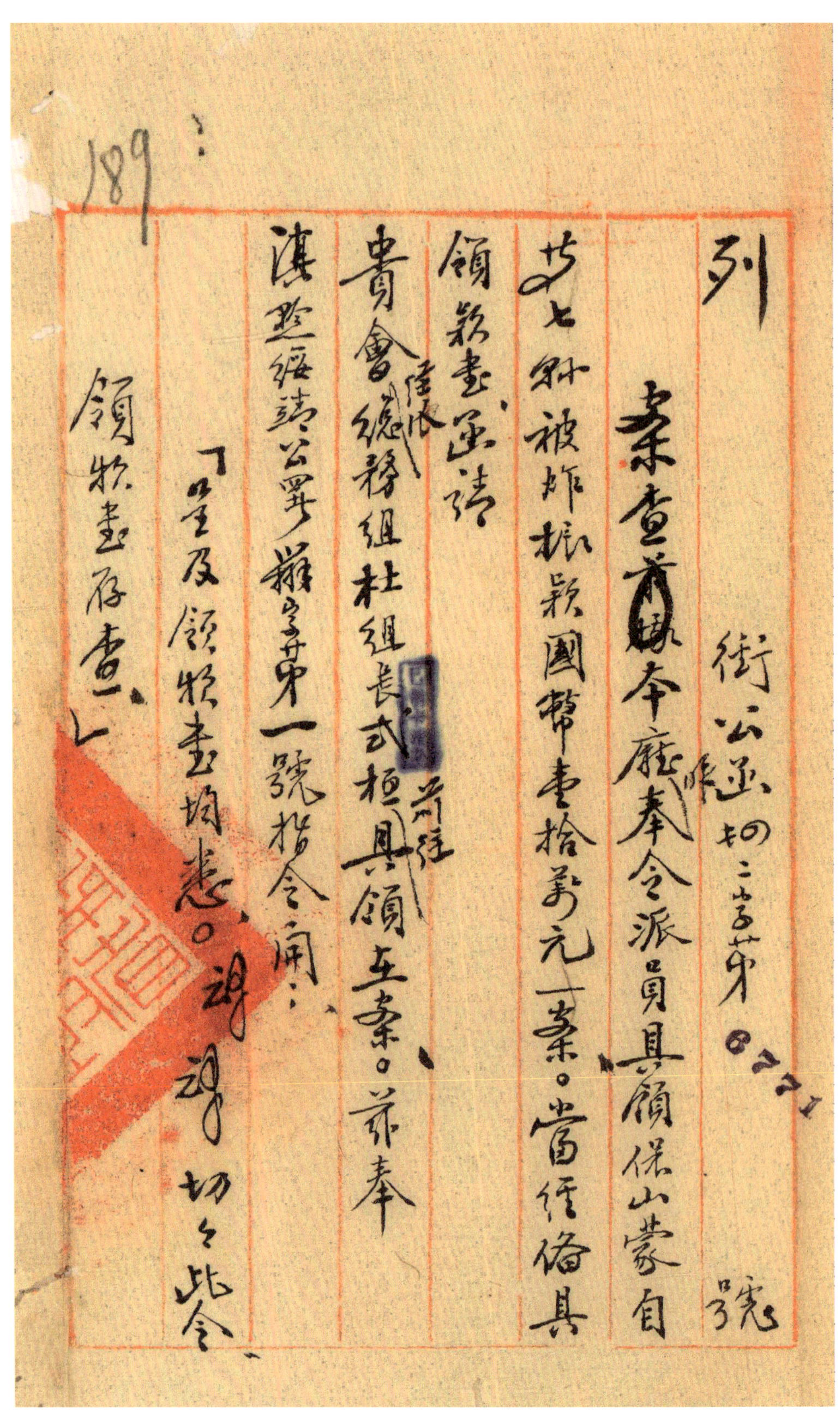
189

衔 公函 切二字第 6771 號

列

案查前據本廳奉令派員具領保山蒙自共七縣被炸振款國幣壹拾萬元一案。當經備具領款憑函請

貴會總務組杜組長式桓具領在案。茲奉

滇黔綏靖公署辦字第一號指令開：

「呈及領據均悉。此令」

等因。切切此令

領據存查。

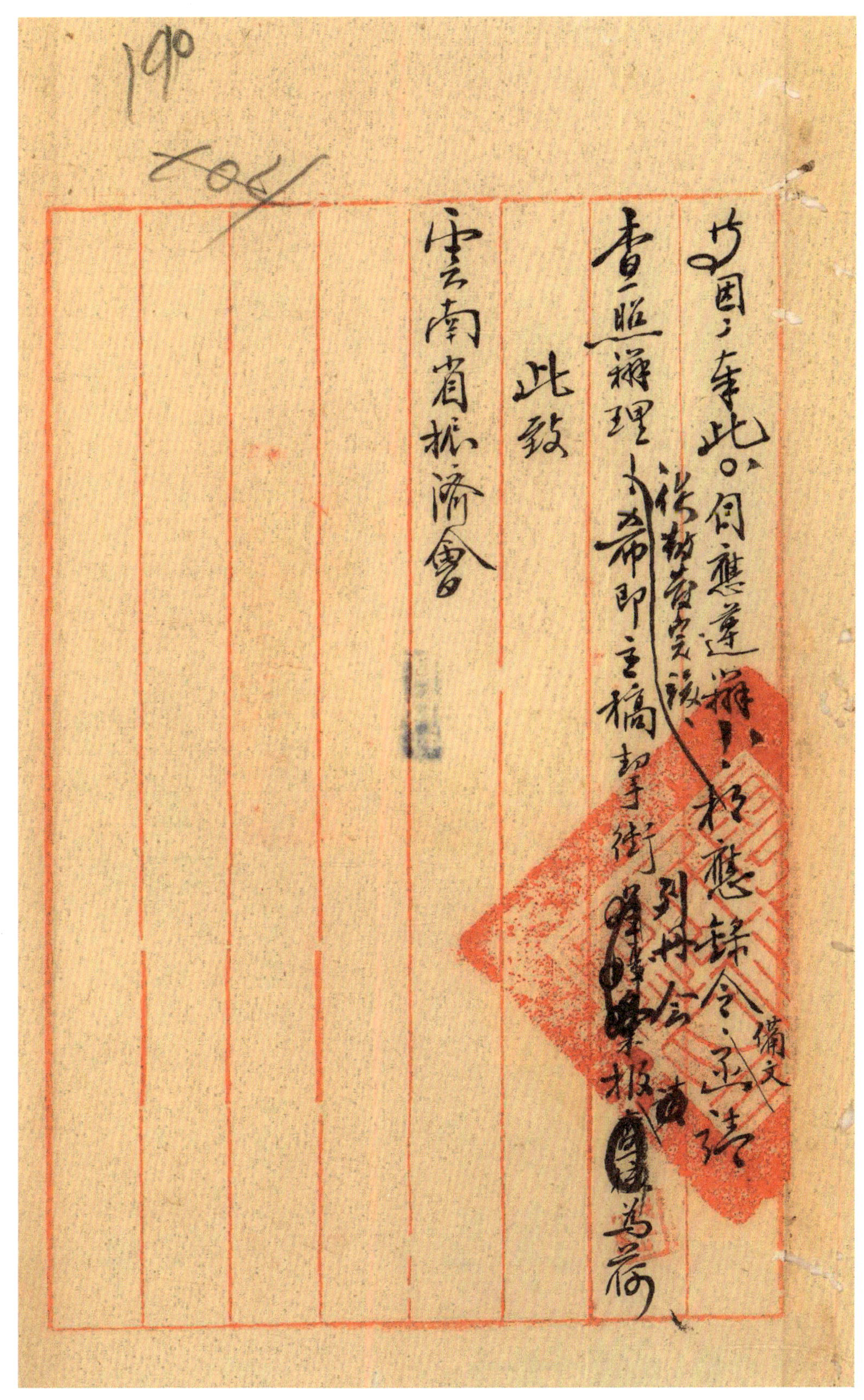

等因。奉此，自應遵辦，相應錄令函請

查照辦理爲荷。

此致

雲南省救濟會

191

中華民國卅年六月一日

監印 劉永盛
校對 楊懷培

云南省民政厅关于划拨地方赈款急赈灾民致西畴县政府的指令（一九四一年六月十九日）

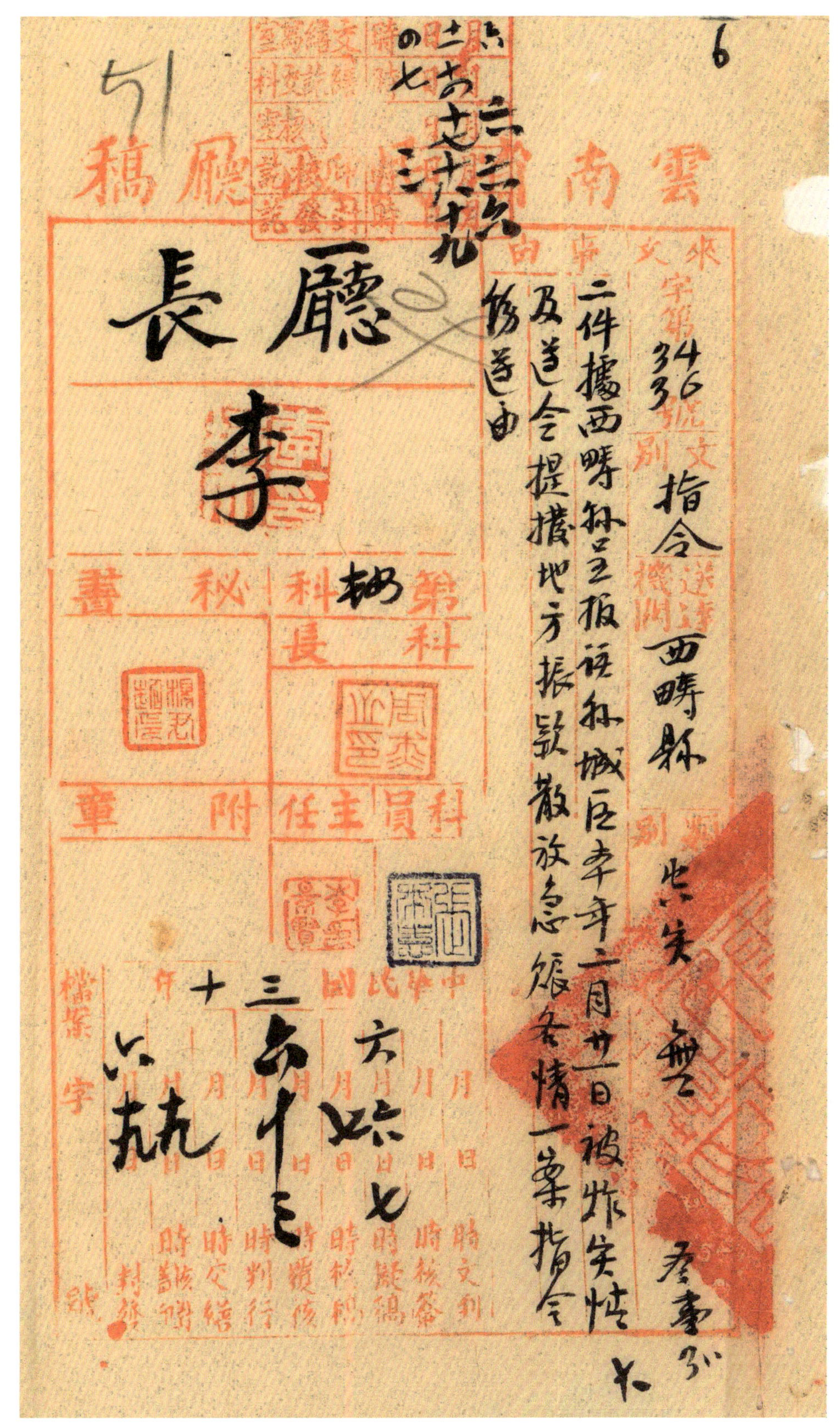
雲南省民政廳稿

來文字第346號
文別　指令
送達機關　西畴縣
附件　無

事由：據西畴縣呈報該縣城區本年二月廿一日被炸失怙及道途令提撥地方振款散放急振各情一案指令

廳長　李
秘書
科長
科員　主任

中華民國三十年六月十九日

52

列

銜指令肆二字第 6491 號

令西疇縣縣長李攀桂

三十年四五月不列日呈二件，據呈稱該縣城區

本年一月廿日被炸實情及遵令提

撥地方振款散放被難實民各情，

祈核示一案由，

兩呈及附件均悉。查該縣城區於本年

一月廿一日午後二時，被敵機窜入東轉炸，

損失慘重，閱之殊堪軫念。既經該縣
長將被災詳情分別調查列册呈報，
並遵令由地方振款項下，提撥新幣
壹仟元，又捐廉新幣捌佰元，散放
急賑，核查辦理尚無不合，應准
備案。惟案既分呈，仰候各主管機
關核示可也。除將來册抽存外，仰
即遵照。此令！

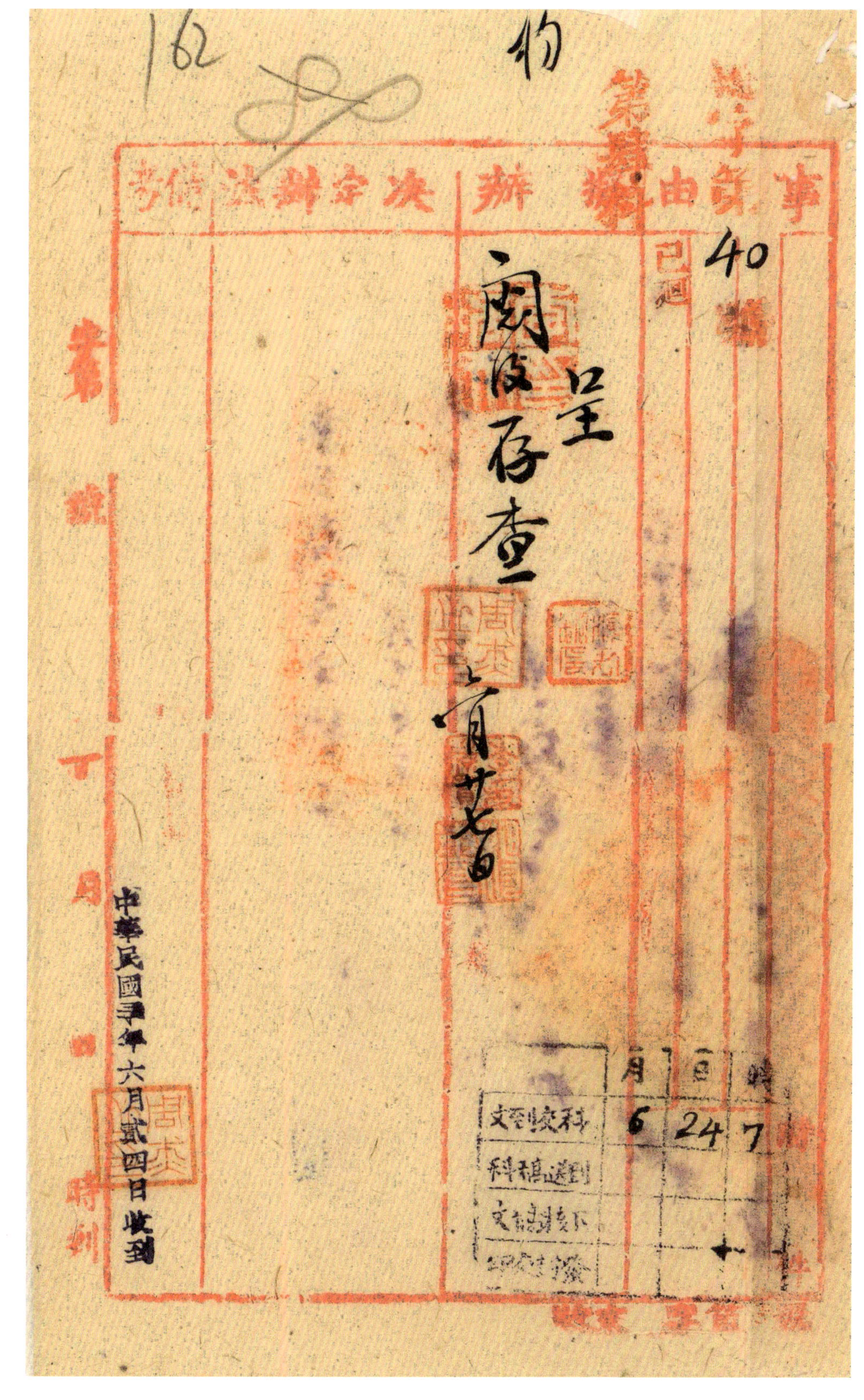

云南省政府关于从优抚恤云南省警察局殒命警员致云南省民政厅的训令（一九四一年六月二十三日）

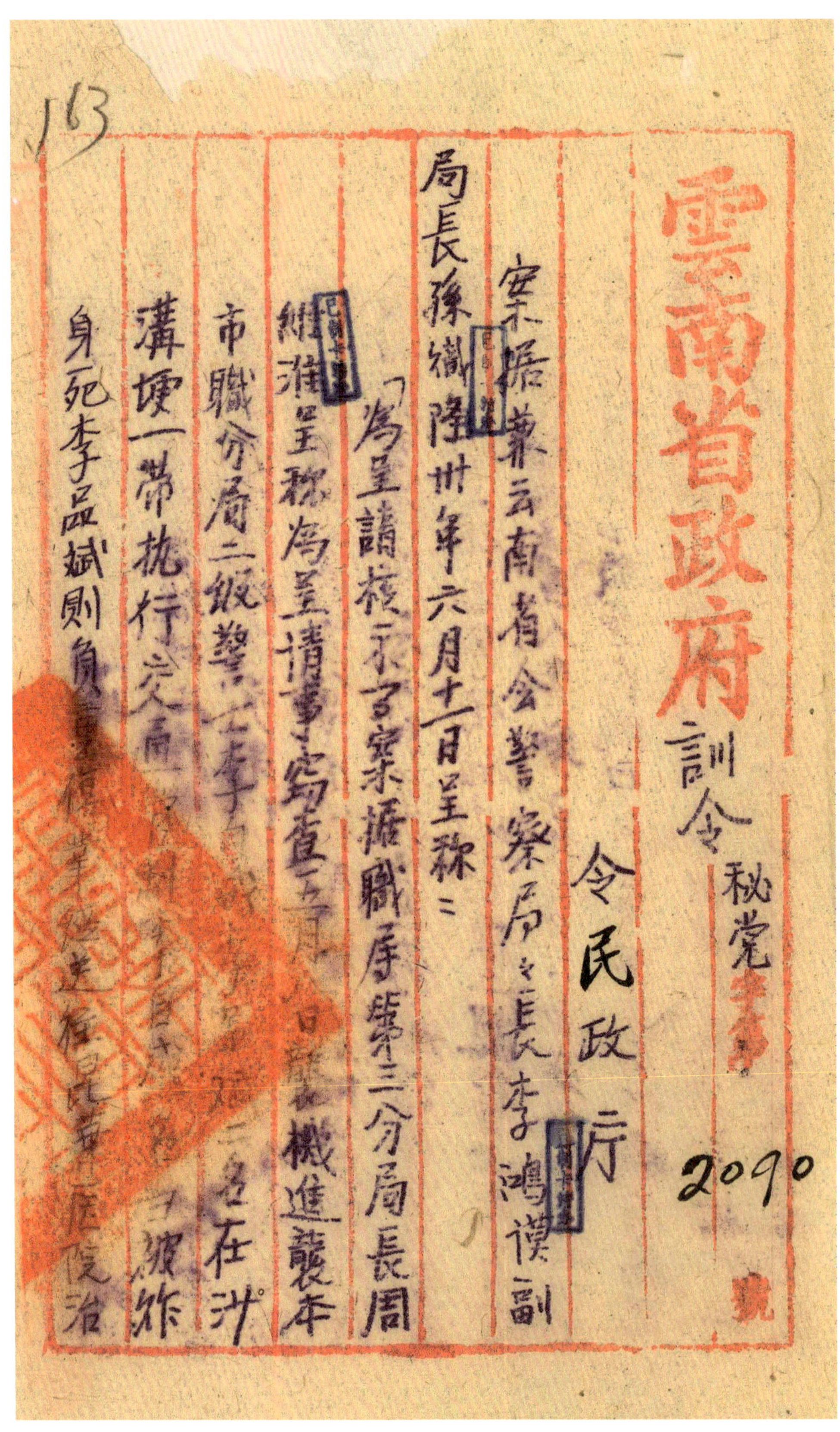
163
雲南省政府訓令 秘党字第 2090 號
令民政厅
案据兼云南省会警察局局长李鸿谟、副局长孙继隆卅年六月十一日呈称：
「为呈请核示事。案据职局第三分局局长周继淮呈称：为呈请事。窃查本月□日敌机进袭本市，职分局二级警士李□□□在
沟埂一带执行空袭□□□□被炸
身死，李品斌则负□□□□□送往□□医院医治

164

90

療又於五月十二日敵機[illegible]北門外
担任消防之責被破片炸傷[illegible]送[illegible]紅十字会
医院治療除由局員先行[illegible]衣將殉職
警士李自成裝殮完畢送往警察墓地安葬外理
合報請鑒核轉恳分別發給医药殮埋等费暨從
優給卹以示体恤等情據此查該二級警士李自成
年廿岁祿勸縣人警察学校第二十五期畢業於廿九
年五月一日派局服务在職已逾一年平素供職尚屬認
真此次敵機轟炸本市該警因執行職务竟被炸殞
命死事慘烈且家境清貧無力自行殮埋應請依照

165

内政部公佈之修正警察人员遭受空袭损害暂行救济办法第六条之规定发给该故警殓埋费国币二百元，又该故警李子白成被炸殉职，并请依据同法第八条之规定援照云南省警务人员卹金暂行章程第六条（甲）项5款及同条（乙）项暨第九条（二）项之规定给予该故警李子白成原薪（该警系二级月支新币九十元）五个月款数加一倍之一次卹金新币九百[illegible]抚恤。又二级警士李子品[illegible]保[illegible]南三[illegible]故[illegible]修正警察人员遭受空袭损害暂行[illegible]（乙）项之规定发给该故警[illegible]

166

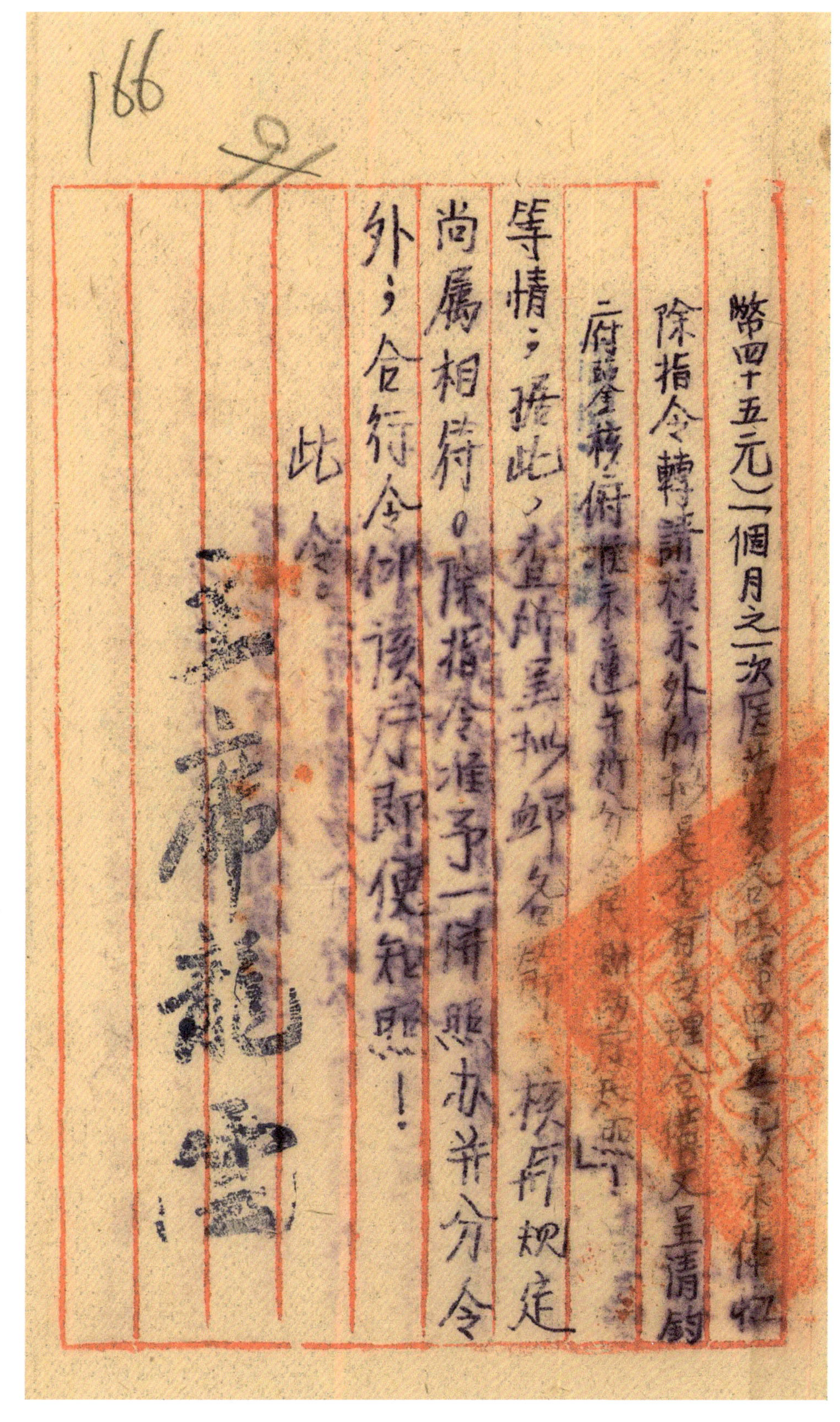

幣四十五元）一個月之一次[illegible]以示體恤，除指令轉請核示外，所擬是否有當，理合備文呈請鈞府鑒核，俯准示遵[illegible]。」

等情。據此，查所呈撫卹各節，核與規定尚屬相符。除指令准予一併照辦并分令外，合行令仰該府即便知照！

此令。

主席 龍雲

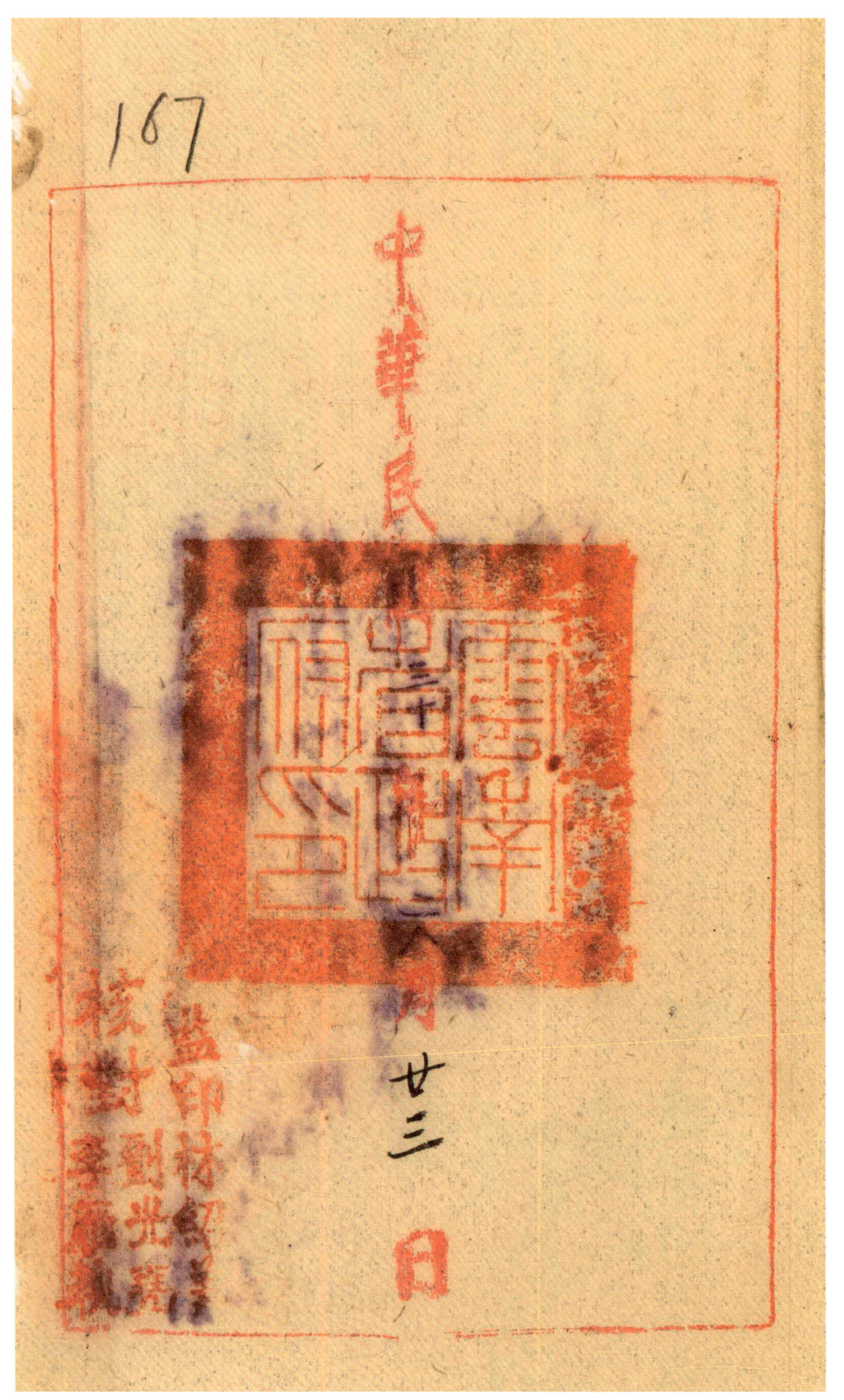

167

中華民
月廿三日

監印
校對

云南省振济会关于汇拨广南县赈济款致云南省民政厅的函（一九四一年八月六日）

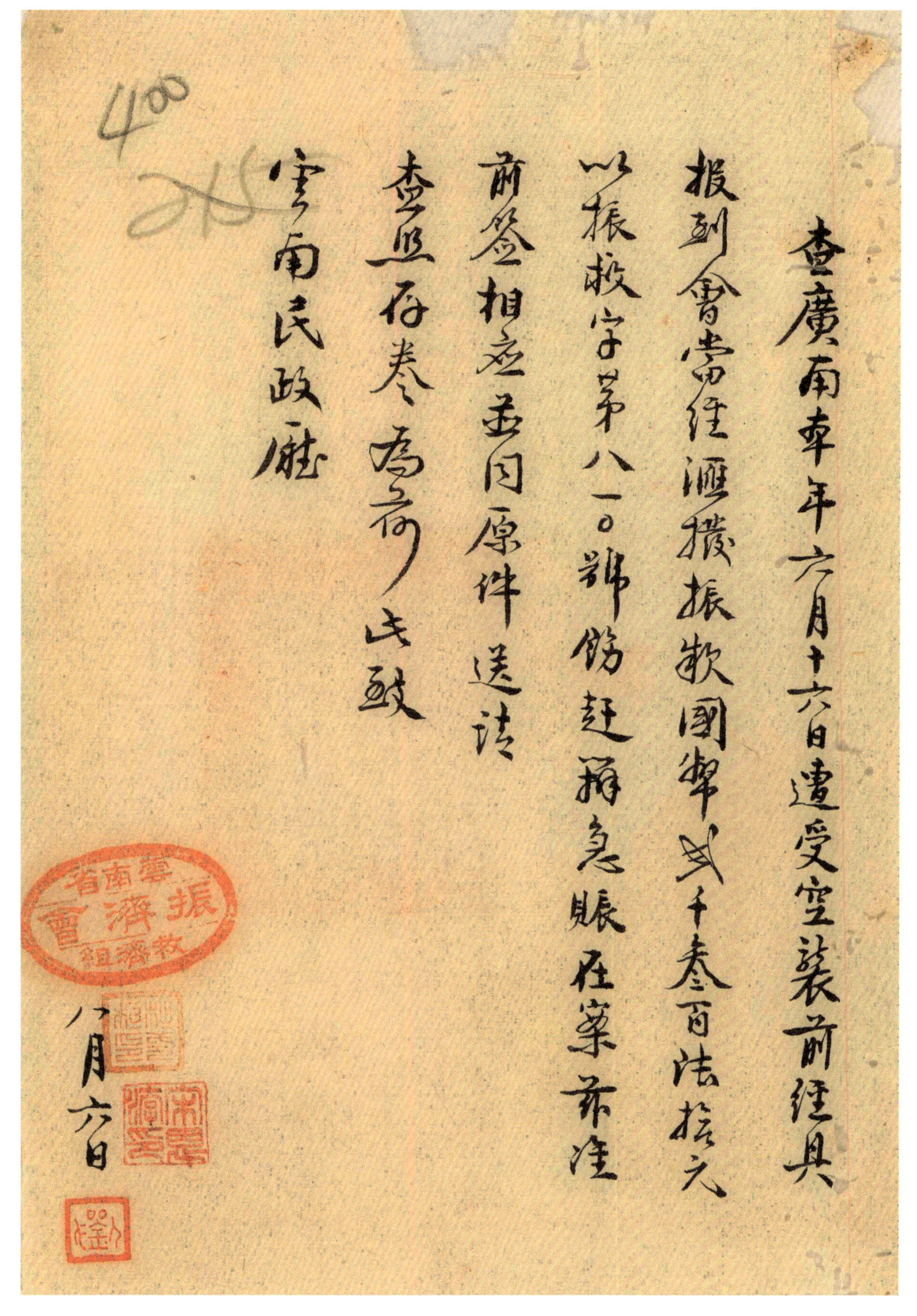

查廣南本年六月十六日遭受空襲，前經具
報到會，當經匯撥振款國幣貳千叁百伍拾元，
以振救字第八一〇號飭趕辦急賑在案。茲准
前函，相應檢同原件送請
查照存卷為荷。此致
雲南民政廳

八月六日

昆明空袭紧急救济联合办事处禄国藩关于拨发空袭救济款致云南省民政厅厅长的笺函（一九四一年十月三十日）

雲南省防空疏散委員會用箋

號　第　頁

子厚廳長仁兄鑒：

大函敬悉，空襲救济處請發救济款一事，囑應由處逕呈 中賑會核定，再憑辦理之處，自應遵辦，惟查救济處經費，現已虧累數千，實屬無法再行支持，呈請 中央，誠恐公文往返，緩不济急，且救济處過去救济款項，均悉報由 省賑济會核銷，（祗有「九、卅」一次，經報 省賑會令示發還，飭逕報 中賑會，故遵令改報 中央）為啣接先後賬目起

民國　年　月　日

雲南省防空疏散委員會用箋

第　頁

見，似仍應造報省賑濟會，以符手續，除已喙處趕報外，尚望吾兄俯念空襲救濟事関重要，於該項賑目報到時，提前賜予發還，以濟燃眉。至於中賑會方面，如需由處去呈，自當遵辦。茲謹將昆明難民總站，（以）下缺

鈞來中賑會令二件抄上，尚希查閱惠允，並冀

民國　年　月　日

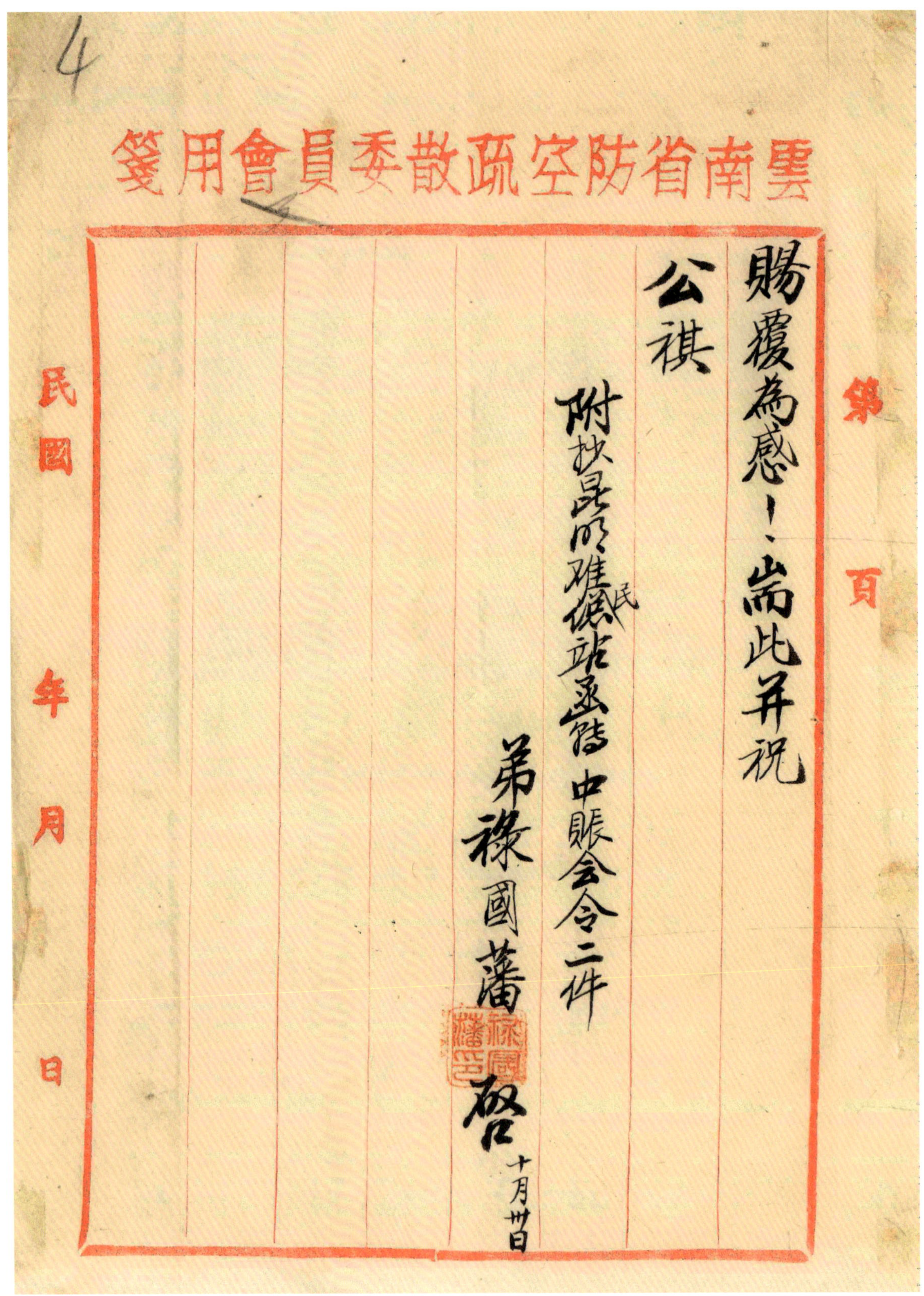
4

雲南省防空疏散委員會用箋

第　頁

賜覆為感！、耑此并祝

公祺

附抄昆明難民(民)依站函附中賬会令二件

弟祿國藩啓

十月廿日

民國　年　月　日

张相时为捐款救济空袭伤亡同胞事致云南省振济会的函（一九四一年十二月十九日）

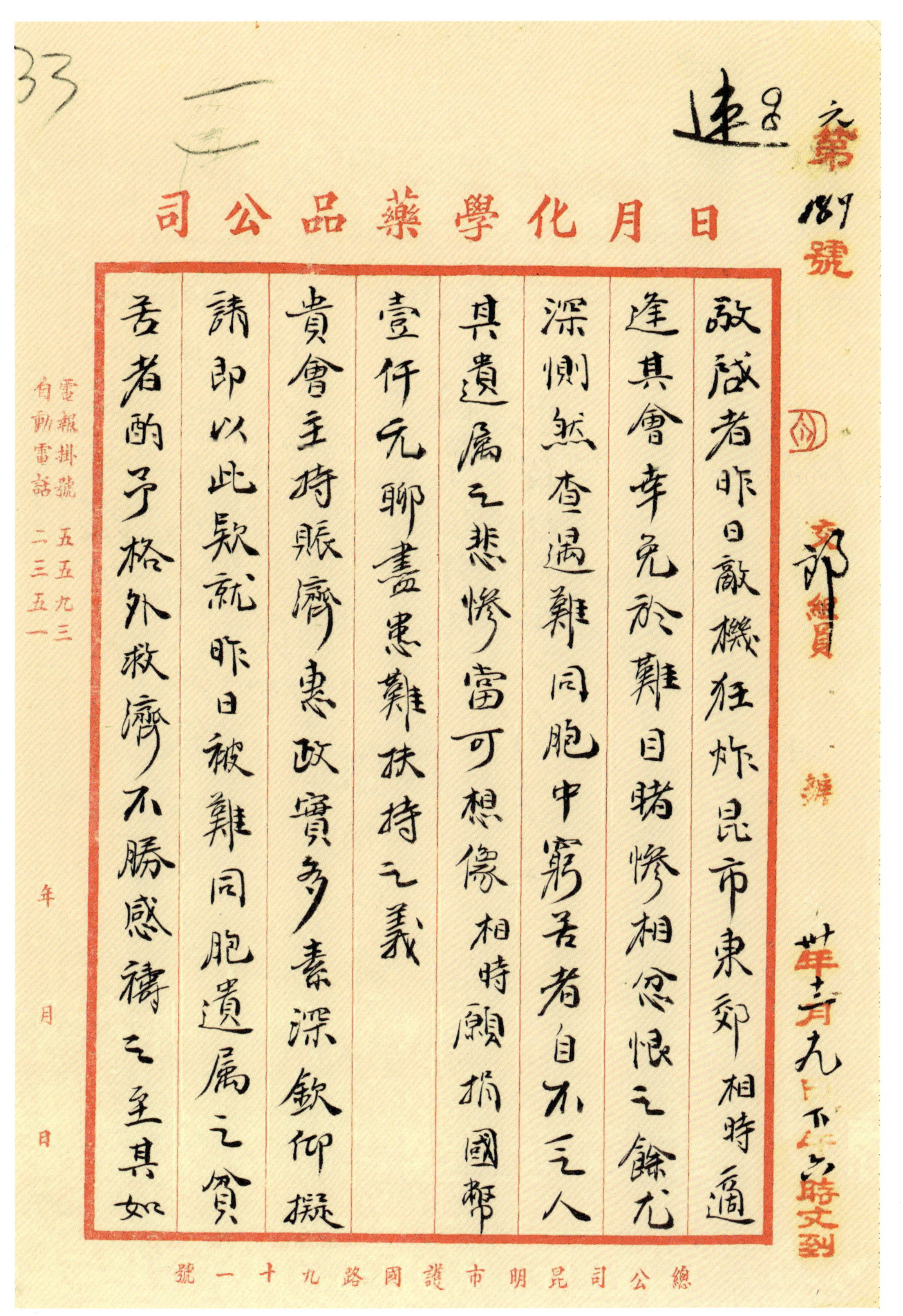

第187號

速

日月化學品公司

敬啟者昨日敵機狂炸昆市東郊相時適逢其會幸免於難目睹慘相忿恨之餘尤深惻然查遇難同胞中窮苦者自不乏人其遺屬之悲慘當可想像相時願捐國幣壹仟元聊盡患難扶持之義

貴會主持賑濟惠政實多素深欽仰擬請即以此款就昨日被難同胞遺屬之貧苦者酌予格外救濟不勝感禱之至其如

電報掛號 五五九三
自動電話 二三五一

年 月 日

總公司昆明市護國路九十一號

交 組員 辦

卅年十二月十九日下午六時文到

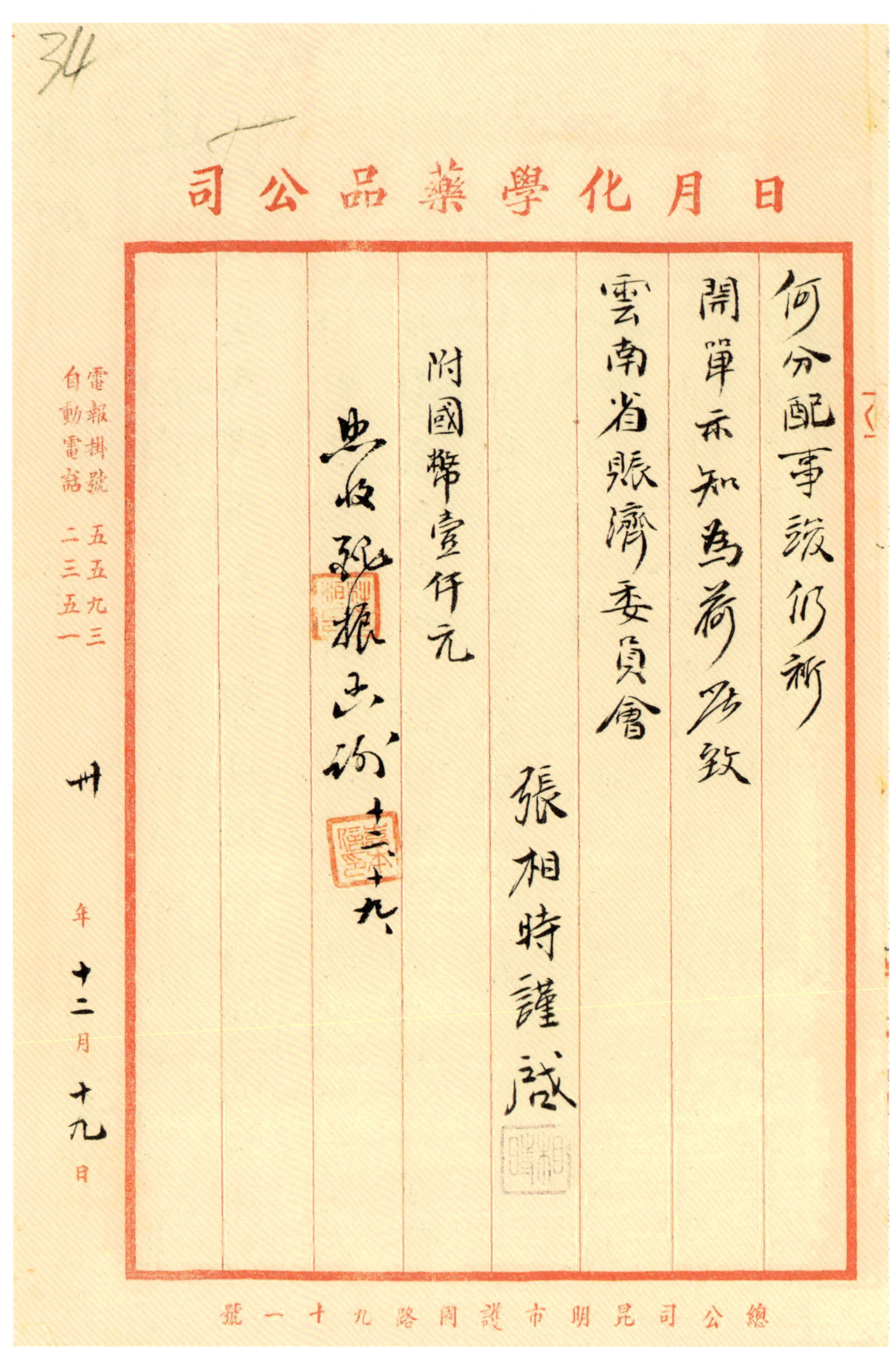

34

日月化學藥品公司

何分配事該仍祈

開單示知為荷爲致

雲南省賑濟委員會

張相特謹啟

附國幣壹仟元

照收款根正式

電報掛號 五五九三
自動電話 二三五一

卅年十二月十九日

總公司昆明市護國路九十一號

258

昆明市五區九坊未領賑款傷亡姓名表

姓名	坊保住址	被炸日期	傷亡狀況	備考
楊蕭氏	九坊五保歐家村[illegible]號	九月卅日	死亡	夫楊汝[illegible]被炸死亡女[illegible]
冉文海	九坊五保學堂巷街[illegible]號	九、卅	輕傷	本人 收容所
冉黃氏	仝前	九、卅	輕傷	本人 收容所
馮照先	仝 小[illegible]巷街98號	九、卅	輕傷	本人 收容所
董王氏	仝 小[illegible]街100號	九、卅	重傷	本人 收容所
楊懷仁	仝 [illegible]號	九、卅	輕傷	本人 收容所
葉羅士	仝 [illegible]號	九、卅	輕傷	本人 收容所
李高氏	仝前	九、卅	輕傷	

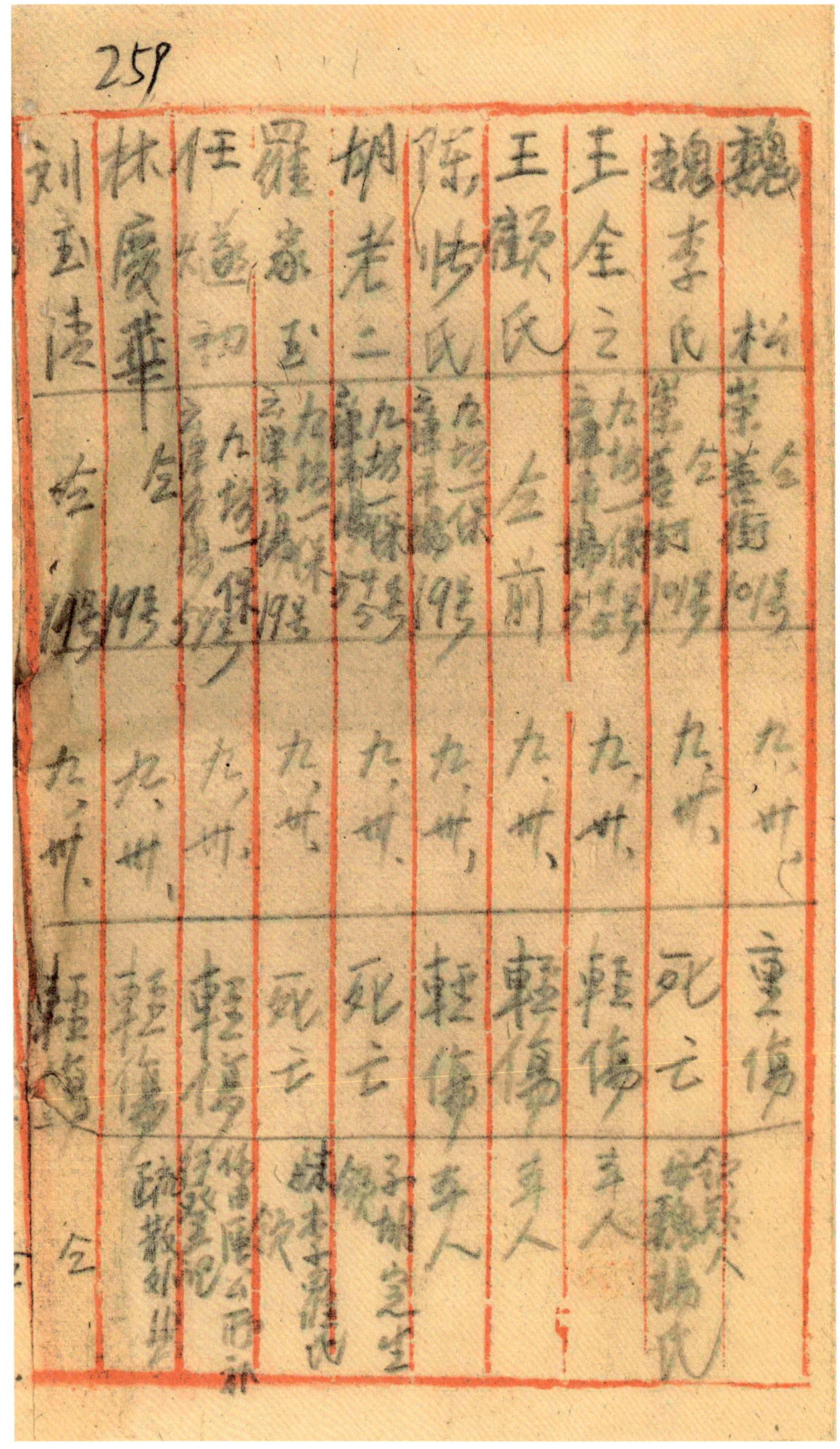

259

魏松荣	仝 崇善街10号	九、卅	重伤	领款人
魏李氏	仝 崇善街10号	九、卅	死亡	伊亲魏杨氏
王金之	九坊一保 云津市场54号	九、卅	轻伤	本人
王顾氏	仝前	九、卅	轻伤	本人
陈协氏	九坊一保 云津市场19号	九、卅	轻伤	本人
胡老二	九坊一保 云津市场54号	九、卅	死亡	子胡定生领
罗家玉	九坊一保 云津市场19号	九、卅	死亡	[illegible]
任遂初	九坊一保 云津市场57号	九、卅	轻伤	[illegible]
林广华	仝19号	九、卅	轻伤	[illegible]
刘玉清	仝19号	九、卅	轻伤	仝

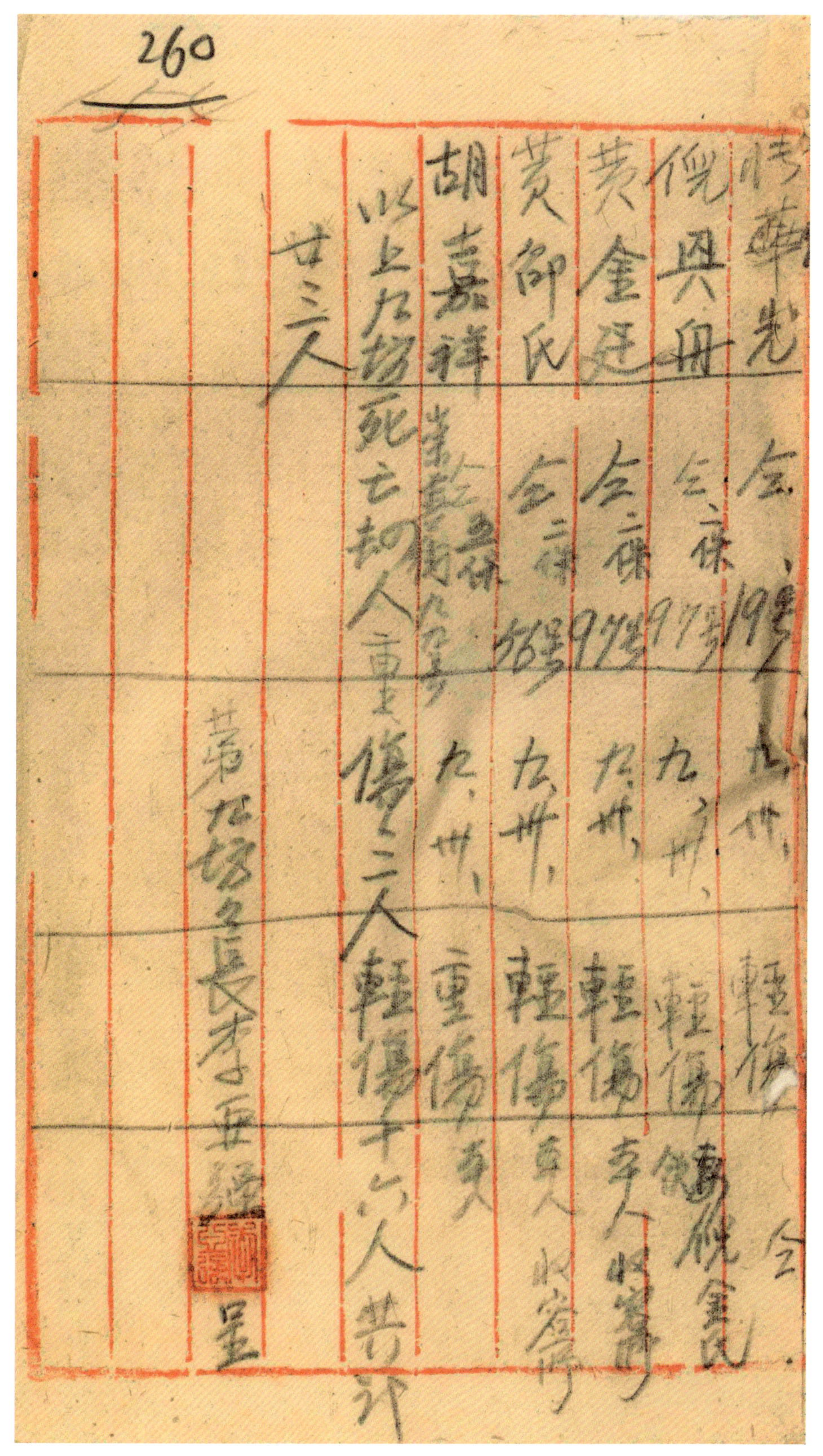

260

陈华光 仝 193 九卅 轻伤 仝
倪兴舟 仝 977 九卅 轻伤 禹倪金氏
黄金廷 仝 978 九卅 轻伤 本人收容所
黄邵氏 仝 683 九卅 轻伤 本人收容所
胡嘉祥 米盐行 980 九卅 重伤 本人
以上九名死亡知人重伤二人轻伤十六人共计
廿三人

第九场场长李垂绶 呈

杨世俊关于呈报登记张相时、李坦生两人捐款收支情形的签呈（一九四二年一月一日）

兹将十二月十八日炸灾，有张相时、李坦生两先生捐款

总额及出入登记于后：

金额：：共叁仟元（国币）

支入项：

入宋主任国币贰仟元正

入施康君国币壹仟元正

支出项

出张相时先生捐册壹仟元整

出李坦生先生捐册壹仟伍佰陆拾元正、

以上出入两抵，尚存国币肆佰肆拾元，併附配发款额证

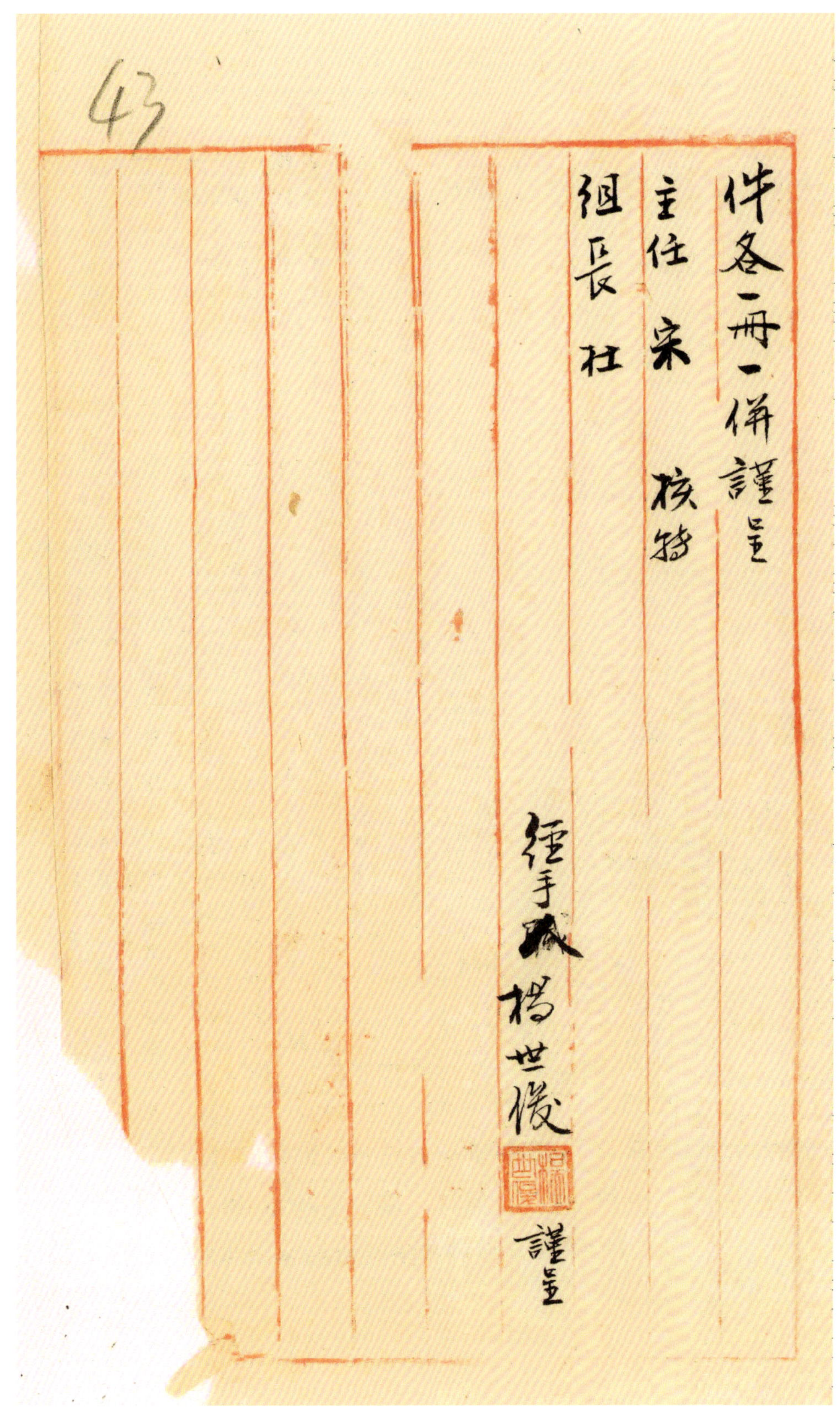
43

件各一册一併謹呈

主任宋　核特

組長杜

經手人楊世俊（印）謹呈

云南省各市县区历年遭受空袭灾损暨赈恤一览表（一九四二年一月七日）

雲南省各市縣區歷年遭受空襲災損暨振卹一覽表

空襲日期	被炸縣區：市縣別	落彈：地	落彈：數	災情調查：死亡人數	重傷人數	輕傷人數	毀屋間數（炸毀燒燬）	損失估計	振卹情形：辦理經過簡述	實際領款人數：死亡	重傷	輕傷	實發振款數（國幣元）：急振	特振
民國廿九年五月九日	昆明縣	香和、條甸、村營	數十枚	七人	輕重傷合計六十二人		八十餘；九		傷者送入医院，死者發給殮埋，並按被災輕重，分為四等發給急賑款，自十元至四十元	合計六十七戶，一等五戶、二等三十七戶、三等十一戶、四等十四戶			壹千陸百柒拾元正	
九月卅日	昆明市	東南區	百餘枚	一百二十五人	一百七十人	八十人	四百五十一間		仝上辦理外，其無家可歸者，收容入所，急賑則分五等，自十元至五十元	一等卅六戶、二等卅三戶、三等一百六十九戶、四等五十四戶、五等四十四戶，共二百九十四戶，發款捌千伍百柒拾元正				
十月七日	仝右	西南區	數十枚	四十一人	十五人	廿八人	一百五十六間		除仝上次辦理外，賑卹款改照中央規定辦理	三十一人	十二人	三十一人	八百元	
十月十三日	仝右	西北區	百餘枚	六十七人	十三人	一百二十七人	三百一十九戶		仝右	五十四人	一十三人		弍千壹百捌拾元	
十月十七日	昆明市縣	市東南區及縣屬馬街子	仝右	四人	二人	四人	五十二戶；馬街子焚毀數十間		仝右				俟十一月三日發	
十月廿二日	昆明縣	東北區	東西落敵機一架		三人				傷者已由處送入医院治療				仝	
十月廿六日	昆明市	市東北區小菜園	數十枚	十六人	七人		三十四戶		傷者送入医院治療，死者發棺掩埋，難民送所收容，並與中央規定振發賑卹。				仝	
民國卅年一月三日	昆明市	市南區善治院一帶及金馬寺	仝	四十一人	三十六人	六十五人	六十一戶		仝右	二十九人	一十五人	五十九人	一千七百五十元	
一月五日	仝	市中心區	百餘枚	一十二人	二十四人	一十五人	四十餘戶		仝右	九人	一十九人	九人	七百四十元	
一月廿二日	仝	鳳翥村	數十枚	二十七人	一十四人	三十人	五十餘戶；林火三十餘間		仝右	十四人	十人	十一人	七百三十元	
一月廿九日	仝	市東南區	百餘枚	五十四人	四十五人	三十七人	六百餘間		仝右	三十八人	三十一人	三十七人	二千一百三十元	

78

日期	地點	區域	彈數				房屋	備考					損失
二月廿三日	仝	市中心區及東莊	仝	一百零三人	四十五人	四十六人	百餘間		仝右	八十五人	三十六人	二十五人	三千五百廿元
四月八日	仝	一二三區	仝	二十六人	十七人	二十一人	千餘間	武成正義護同路楚數百間	仝右	二十六人	十七人	廿一人	一千三百三十元
四月廿八日	仝	五區南岳廟	數十枚	十四人	十五人	十一人	百餘間		仝右	七人	六人	三人	三百六十元
四月廿九日	仝	市中心區及九區草壩	百餘枚	七十八人	五十三人	四十六人	毀四百二十所震百七十八所		仝右	二十七人	七十七人	四人	一千一百九十元
五月八日	仝	沙溝埂	數十枚	六十八人	一十四人	五十五人	毀十五間		仝右	三十八人	廿人	十五人	三千三百另五元
五月十二日	仝	[illegible]子營	數枚	十一人					仝右	七人			四百二十元
五月十三日	仝	市東南區	數十枚	三人	九人	八人	百餘間		仝右	無人	九人	四人	四百二十元
八月十日	昆明縣	馬街子	百餘枚	六人	廿一人	四人	二百餘間		仝右				
八月十二日	仝	黃土坡茨壩	七十餘枚	十二人	十二人	一人	數百餘		仝右	十二人	五人	一人	九百三十五元
八月十三日	昆明市縣	市一二四區縣小虹山	百餘枚	廿八人	廿七人	四人	七百五十二間		仝右	十七人	七人	三人	一千三百四十五元
八月十四日	仝	市三四六區縣金汁河	仝	十七人	十四人	廿二人	二百二十八間		仝右	十七人	十四人	廿二人	一千九百一十元
八月十七日	昆明市	一二區	仝	十五人	十八人	十六人	一千一百四十八間		仝右	十五人	十人	十六人	一千二百六十元
十二月十八日	仝右	市東區文三橋	數十枚	一百一十七人	八十五人	七十三人	數間		仝右	一百一十七人	八十五人	七十三人	一萬一千七百二十七元

云南省振济会关于划拨李坦生捐赈空袭灾民款致昆华医院的便函（一九四二年一月十三日）

便函一件

为函送李坦生捐振「一二·一八」炸灾振款余数捌佰捌拾元，请印查收见覆由。

迳启者：去年十二月十八日本市南门外玉三桥一带炸灾，有腾衝李坦生先生慨捐振款国币贰仟元，送交本会随同配发振济灾民。兹此项捐款，已经本会随同特振配发竣了。惟尚余捌佰捌拾元。藉悉此次炸灾，贵院收容灾民较多，特将是项余款，拨送贵院，希印查收，并掣据见覆为荷！

此致

云南省立昆华医院

附国币捌佰捌拾元

（盖本会条戳）启　一月十三日

印缮　一、十三

昆明空袭紧急救济联合办事处关于上报一九四一年十二月十八日炸灾赈恤收支账务清册致云南省振济会的呈（一九四二年一月二十一日）

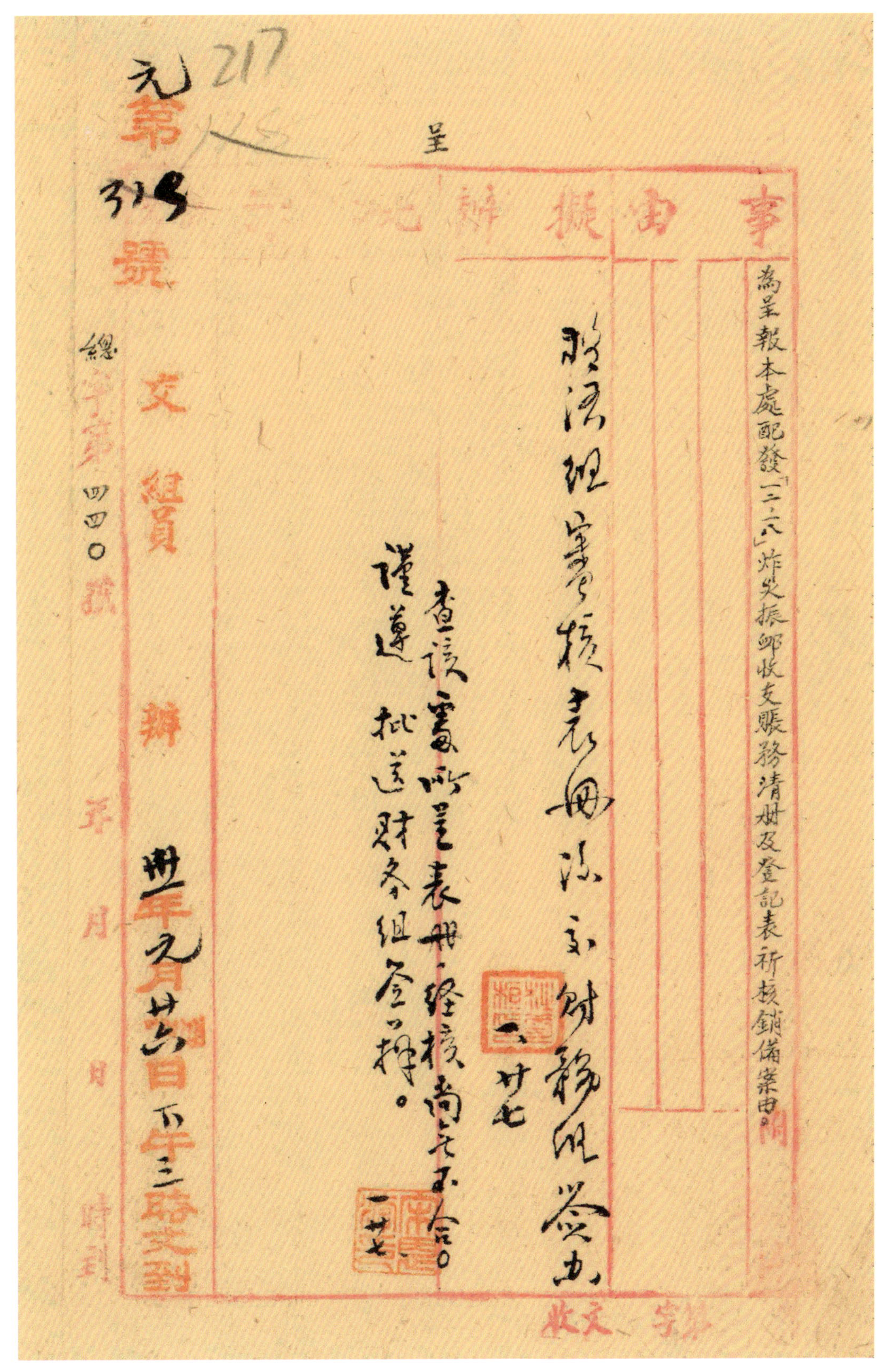

呈

事由：為呈報本處配發「一二·一八」炸災振卹收支賬務清冊及登記表祈核銷備案由

擬辦：發經組審核表冊後交財務組簽出

查該處所呈表冊經核尚屬未合。

謹遵批送財務組簽核。

第 號

總字第四四〇號

文 經 辦

卅一年元月廿六日下午三時收到

收文 字

218

竊查關於三十年十二月十八日市區東門外交三橋炸災急振，業蒙

鈞會撥發準備金國幣貳萬元辦理在案。當經屬處訂期於三十年十二月二十二、三、六等

日，假第六區公所及分往甘美惠滇昆華陸軍雲大等醫院分別照案發放，並先期呈請

鈞會派員監放及函昆明難民總站派員協同發賑。綜計共發出傷亡振卹金國幣

壹萬零伍佰叁拾元。兩抵實結存國幣玖仟肆佰柒拾元，除存款已如數彙銀行保

管備用外，合謹造具配發「一二·一八」炸災振卹款收支清冊一份，并檢同振卹登記表一

份，傷亡人民清冊三份，備文呈請

鈞會鑒核俯賜核銷備案，實為公便。

謹呈

雲南省振濟會

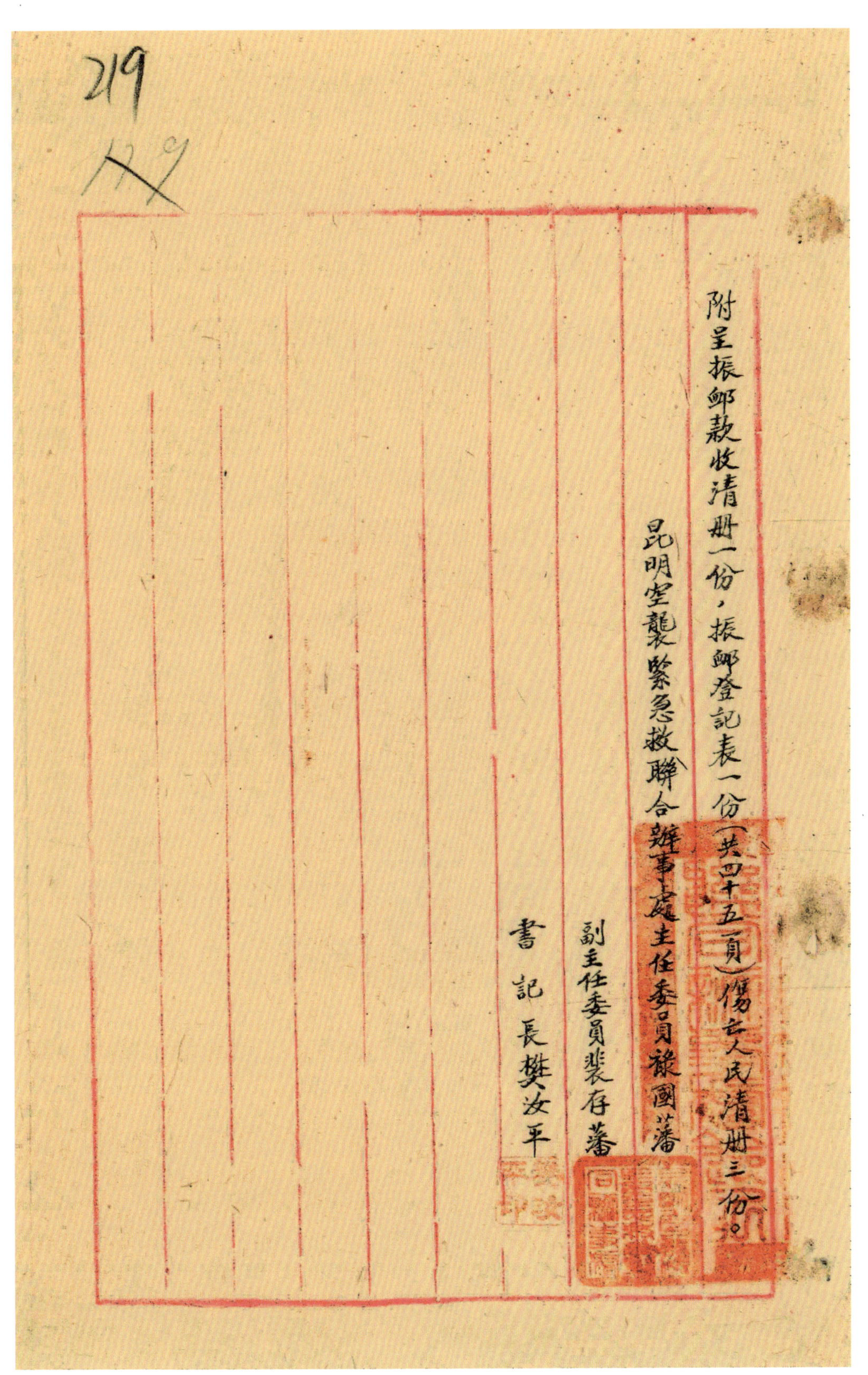

219

附呈振卹款收清册一份，振卹登記表一份（共四十五頁）傷亡人民清册三份。

昆明空襲緊急救聯合辦事處主任委員龔國藩

副主任委員裴存藩

書記長樊汝平

220

中華民國三十一年一月二十一日

接送签动员委员会紧急救济联合办事处要呈
执十二、十六炸灾振邮清册一案，遂经详细查对
振邮登记表及两项清册所列人数款数均为符
合。惟死亡类列十四号宋生泉一名与五十七号姓
氏住址受灾地址及情形等均相雷同，仅证明首长令嘉
人名一系宋鸿一则系高怀让，领款人指印亦大同小异，
是否重领，无从臆测，可否予以核转，抑应如何
核理之处，敬乞
钧核。职 [illegible] 谨签 二六

查宋生泉一名因缮写时笔误重复，遵分别查对核查正讫，谨特呈明。二六

通知联办处经手人
来会申明缘由再行办。
职 [illegible] 二六

[illegible]
[illegible]转报 二六

221

昆明空袭紧急救济联合办事处关于请予核发陆军重伤医院伤民住院伙食津贴致云南省振济会的呈（一九四二年三月十九日）

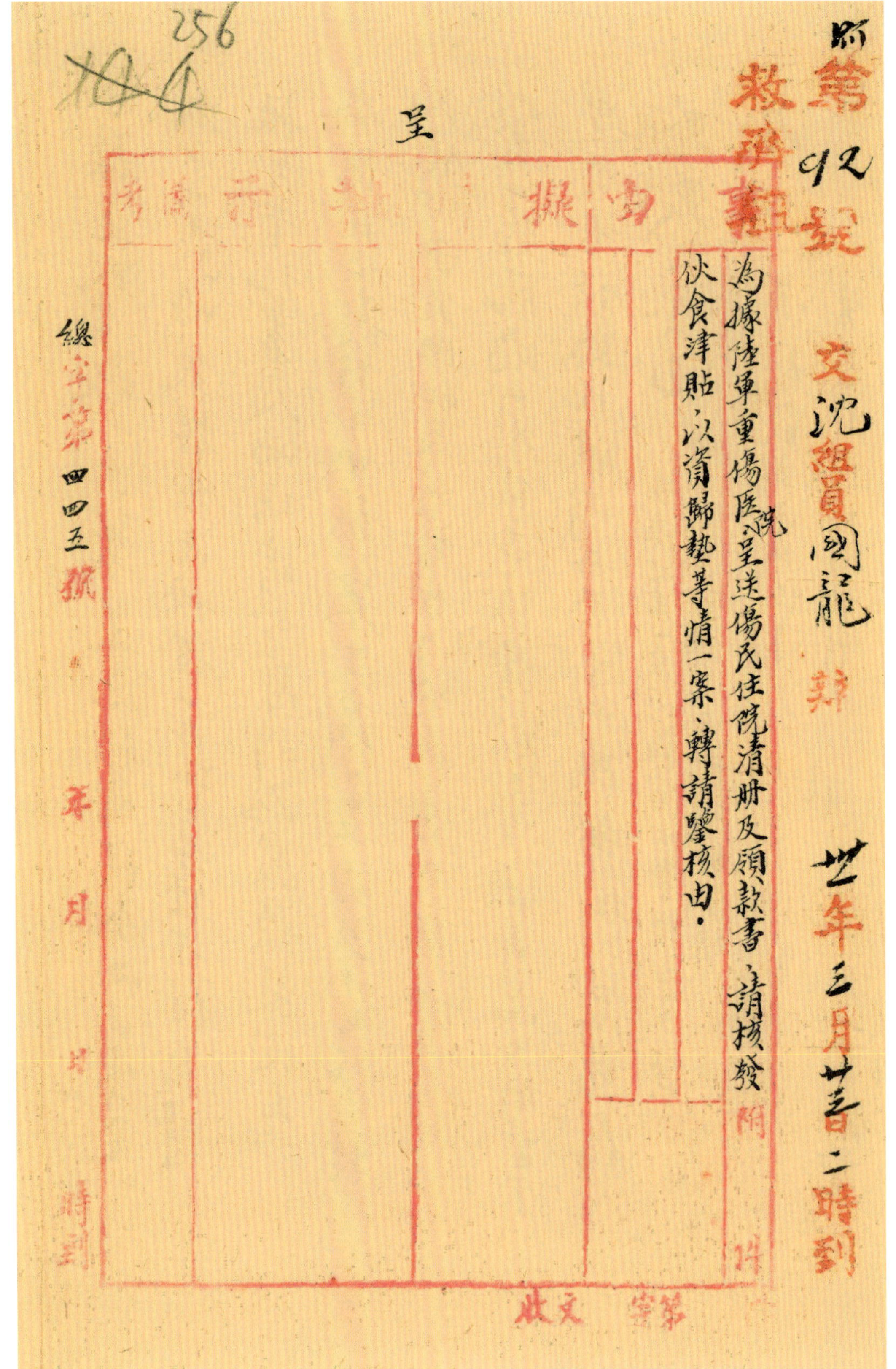

呈

文沈组员国龙 事由：為據陸軍重傷醫院呈送傷民住院清册及領款書，請核發伙食津貼，以資歸墊等情一案，轉請鑒核由。

卅一年三月廿二日二時到

257

案准陸軍医院函：「為收療『十二·十八』被炸傷民蕭李氏等二十四人，計住院共二百三十五天，合應領伙食津貼國幣肆佰柒拾元，并附具傷民住院清冊三份及領款書一份，請查照核發，以資歸墊。」等由。到處。經詳核查所報各數，與屬處逐日派員調查實數，尚屬相符。除將送到清冊抽存一份備查外，理合檢具二份連同領款書一併隨文呈轉，請祈鈞會俯賜衡核發給，並乞示遵，實為公便。

謹呈

雲南省振濟會

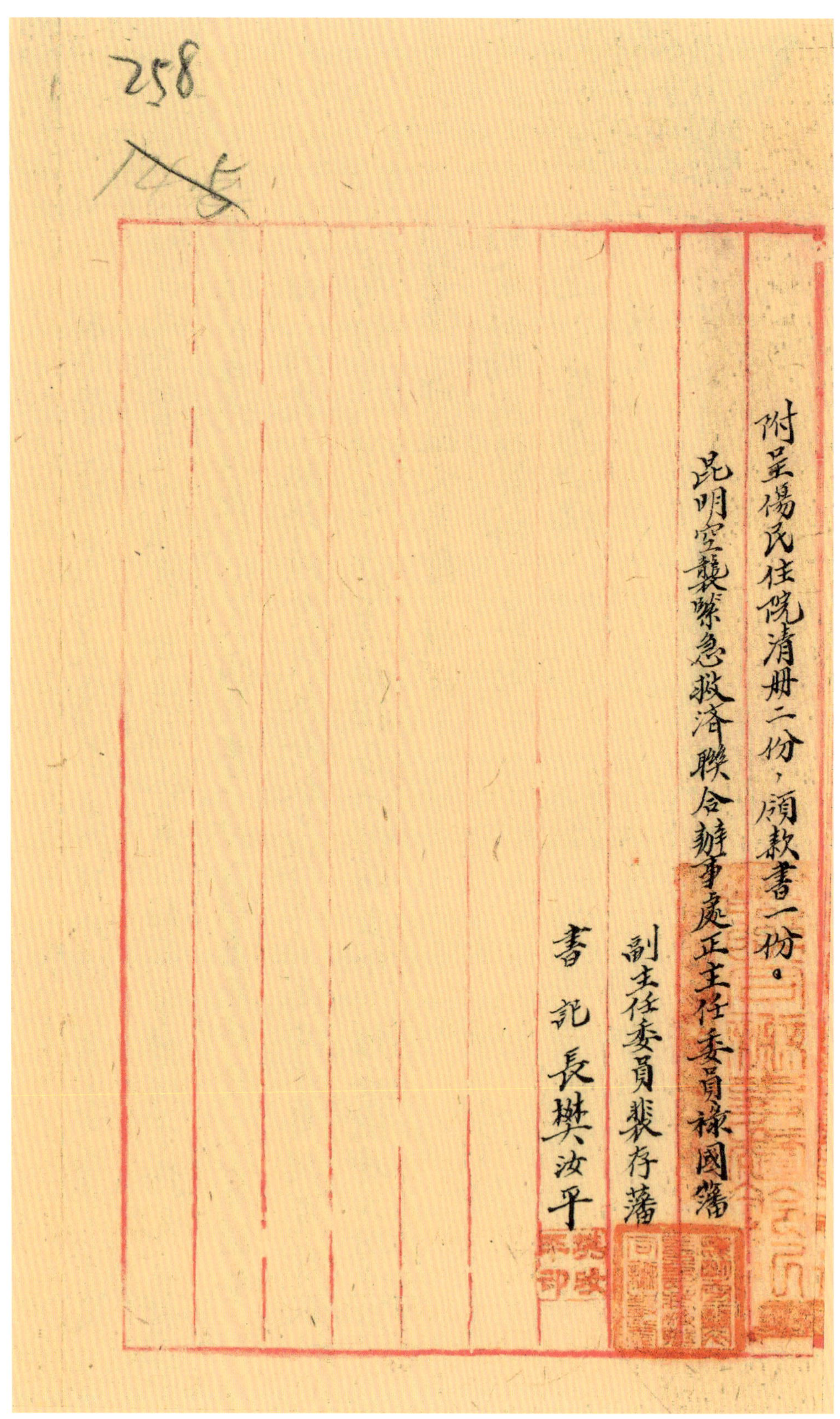
258

附呈伤民住院清册二份，领款书一份。

昆明空袭紧急救济联合办事处正主任委员禄国藩

副主任委员裴存藩

书记长樊汝平

259

中華民國三十一年三月十九日

附（一）空袭被炸伤民住院伙食津贴领款书

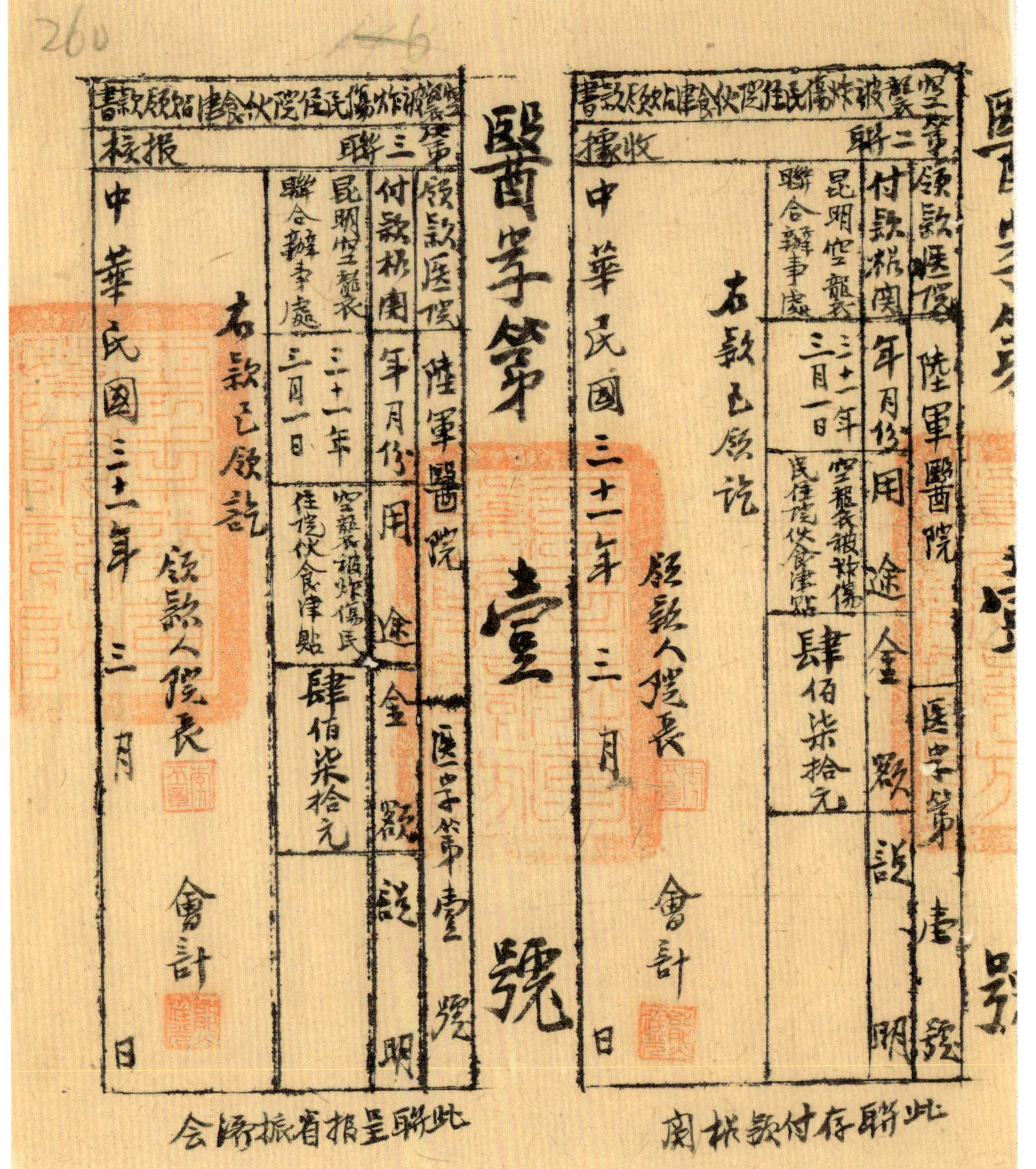

空襲被炸傷民住院伙食津貼領款書

第二聯　收據

醫字第壹號

領款醫院	付款機關	年月份	用途	金額	說明
陸軍醫院	昆明空襲聯合辦事處	三十一年三月一日	空襲被炸傷民住院伙食津貼	肆佰柒拾元	醫字第壹號

右款已領訖

領款人院長

會計

中華民國三十一年三月　日

此聯存付款機關

空襲被炸傷民住院伙食津貼領款書

第三聯　報核

醫字第壹號

領款醫院	付款機關	年月份	用途	金額	說明
陸軍醫院	昆明空襲聯合辦事處	三十一年三月一日	空襲被炸傷民住院伙食津貼	肆佰柒拾元	醫字第壹號

右款已領訖

領款人院長

會計

中華民國三十一年三月　日

此聯呈報省振濟会

261

張蠡											四元	
莫少											十四元	
傅甬生	男	一二	玉溪	綏靖路	重	仝右	仝右	十一月十六日	廿九天		五十八元	
陳太元	男	二二	昆明	正義路	重	仝右	仝右	十二月十九日	二天		四元	
張保安	男	三八	昆明	太和街	重	仝右	仝右	十二月二十日	三天		六元	
馬云安	男	二七	東川	賣米巷	重	仝右	仝右	仝右	三天		六元	
蘇照昌	男	二一	昆明	南嶽庙	重	仝右	仝右	十二月廿二日	五天		十元	
楊洪발												
劉德瑞	男	二二	浙江	白鶴橋	重	仝右	仝右	仝右	仝右		五十八元	
志李氏	女	六二	昆明	大東门	重	仝右	仝右	一月六日	二十天		四十元	
王玉	男	四五	昆明	水晶宫	重	仝右	仝右	十二月十八日				該民入院後即亡
楊先春	男	二一	蒙自	環城東路	重	仝右	仝右	十一月十六日	廿九天		五十八元	
曾尚武	男	十九	玉溪	啟文街	重	仝右	仝右	十二月廿一日	四天		八元	
孫栗氏	女	三五	昆明	拓東路	重	仝右	仝右	十二月二十日	三天		六元	
李李氏	女	五五	昆明	交三橋	重	仝右	仝右	一月十六日	廿九天		五十八元	
柴助品	男	廿七	昆明	威遠街	重	仝右	仝右	十二月十八日	一天		二元	
吳永明	男	三十	昆明	環城東路	重	仝右	仝右	仝右	一天		二元	

以上傷民二十四名共住院二百三十五日合計伙食津貼國幣肆百柒拾元正

民國三十一年三月　日陸軍医院々長

医務主任
会計主任

謹具

昆明空袭紧急救济联合办事处关于请予核发红十字会收治受灾伤民住院伙食费致云南省振济会的呈（一九四二年四月二十八日收）

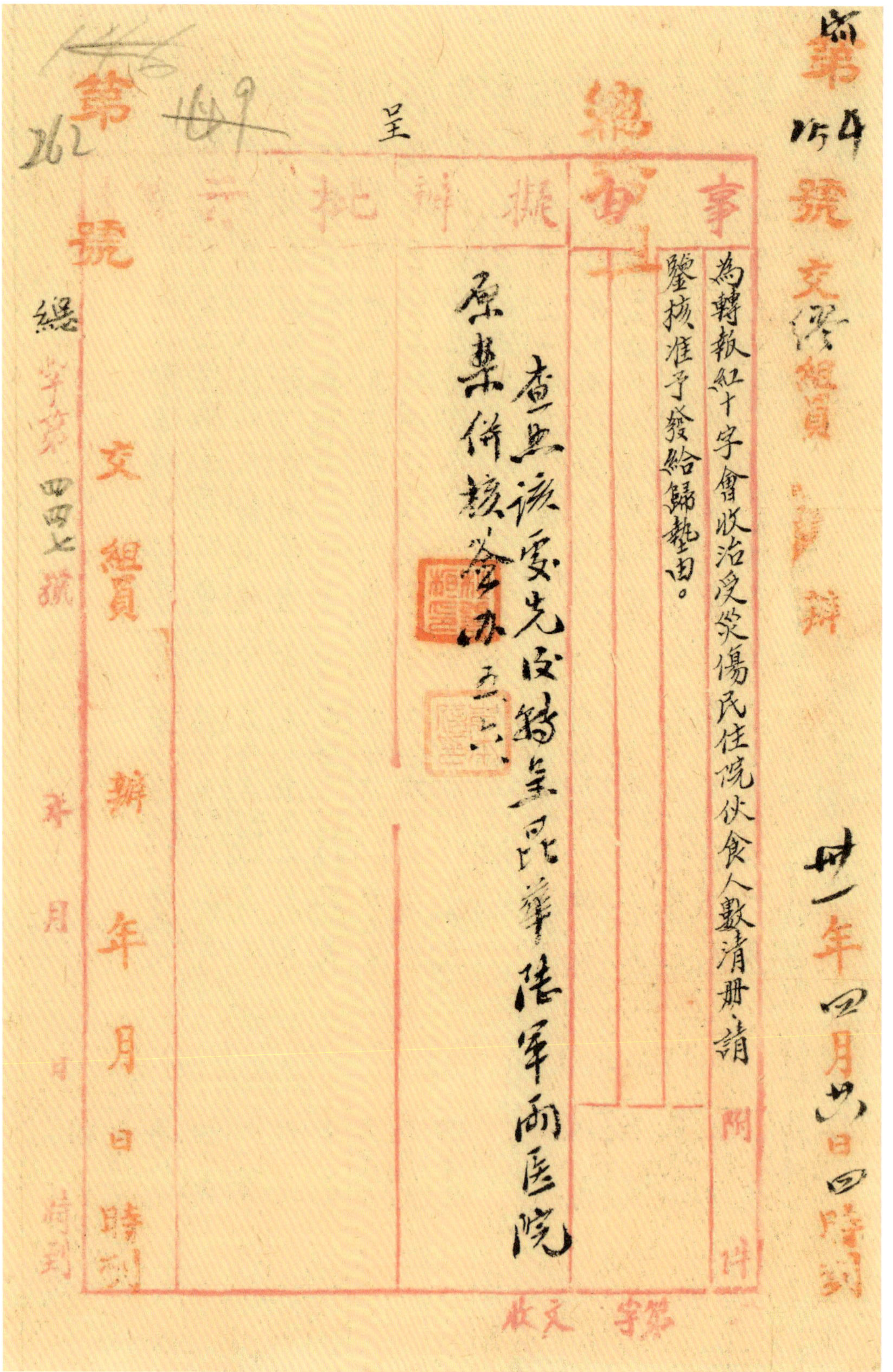

第154號 文牍組員 辦
卅一年四月廿日四時到
總务
事由：為轉報紅十字會收治受災傷民住院伙食人數清册請鑒核准予發給歸墊由。
附件
擬辦批示
查無該受災傷民轉呈昆華陸軍兩醫院原案，併核簽辦。
呈
第262號
總字第四四七號
文 組員 辦 年 月 日 時到
收文 字第

263

案查屬處所屬各重傷医院收治歷次被炸傷民應需住院伙食津貼人數清册，業經將陸軍医院、第一衛生所、昆華医院等所送清册轉呈核發歸墊在案。茲准紅十字會函送自廿九年「九、卅」起至卅年「四、廿九」止，收治被炸傷民住院人數清册三份，共墊付伙食費國幣六千三百二十元，請轉呈核發歸墊等由；准此。查該院所報清册，係根據屬處調查表，逐一詳加審核，其不符者，業已詳加剔除。茲所報者，係根據審定者造報，覆查尚屬相符，除將清册抽存一份備查外，理合檢取二份，連同領款單一併隨文呈送，仰祈

鈞會俯賜鑒核發還歸墊。再查屬處各重傷医院應領傷民伙食津貼，除惠滇医院已來函聲明，作為該院捐贈，現僅餘昆華医院、紅十字

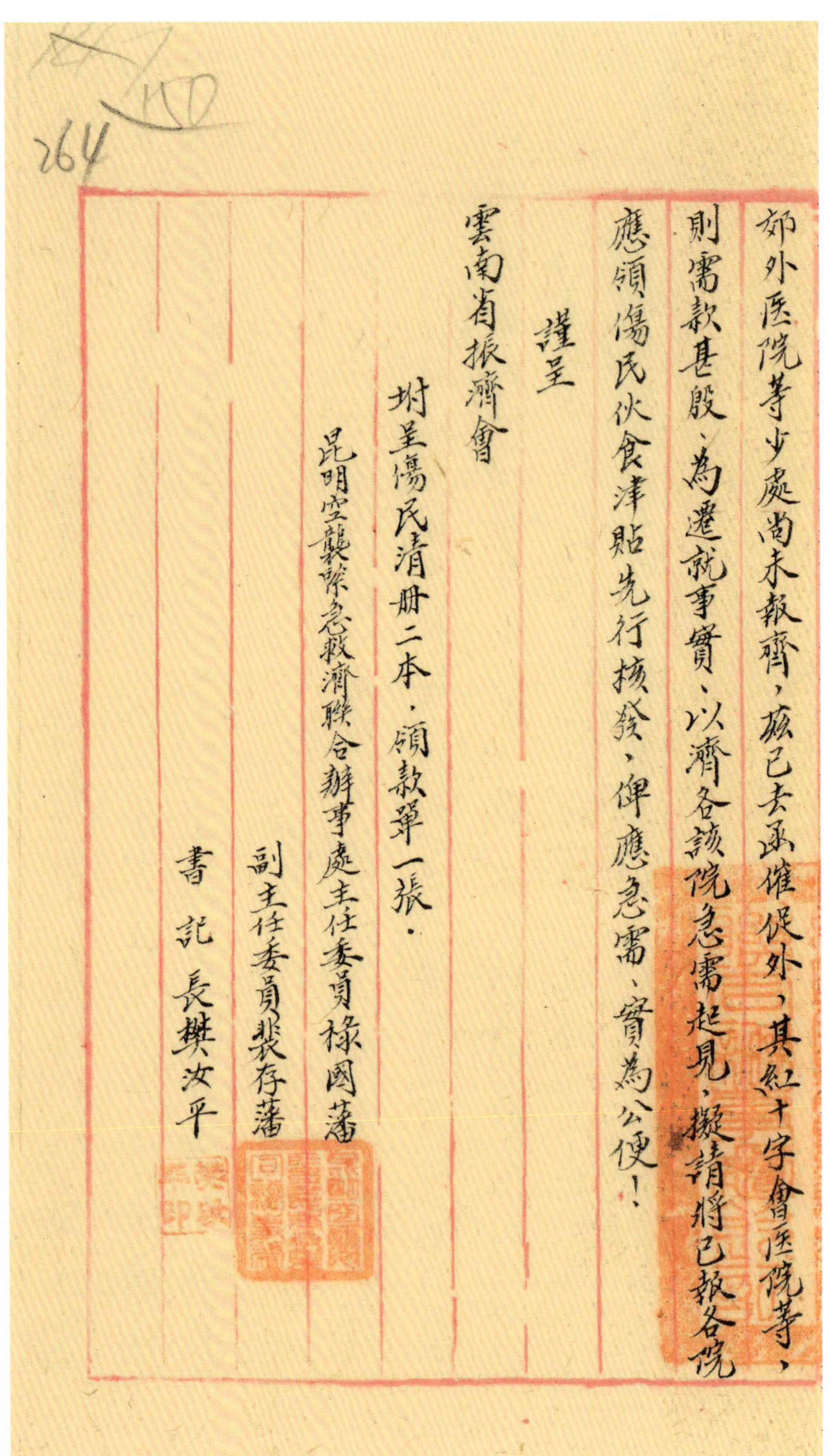

郊外医院等步處尚未報齊，茲已去函催促外，其紅十字會医院等，則需款甚殷，為遷就事實，以濟各該院急需起見，擬請將已報各院應領傷民伙食津貼先行核發，俾應急需，實為公便！

謹呈

雲南省振濟會

附呈傷民清册二本，領款單一張。

昆明空襲緊急救濟聯合辦事處主任委員祿國藩

副主任委員裴存藩

書記長樊汝平

265

中華民國三十一年四月　日

附（一）空袭被炸伤民住院伙食津贴领款单

266

空襲被炸傷民住院伙食津貼領款書

第三聯　報核

領款住院：昆明市紅十字分會醫院醫傷字第拾壹號

付款機關：昆明空襲緊急救濟聯合辦事處

年月：自二十九年九月三十日起至三十年五月八日止

用途：被炸傷民住院伙食津貼費

金額：國幣陸千叁百壹拾元零

說明：

右款已領訖

領款人　院長

會計

中華民國三十一年四月二日

此聯呈報省振濟會

附（二）昆明空袭紧急联合办事处红十字会重伤医院收治被炸伤民住院人数清册

昆明空襲緊急救濟聯合辦事處紅十字會重傷醫院收治被炸傷民住院人數清冊

姓名	性別	年齡	籍貫	住址	傷勢	被炸日期	出入院日期 入	出	共住院日數	照規定准發津貼日數	不領伙食津貼數	備考
刘文醜	男	四五	會澤			九月卅日	九月卅日	十月四日	五日	五日	十元	
简朱氏	女	三七	玉溪			〃	〃	十月一日	二日	二日	四元	
简家祥	男	八	〃			〃	〃	〃	二日	二日	四元	
李如璧	〃	一六	昆明			〃	〃	〃	二日	二日	四元	
袁陳氏	女	三四	浙江			〃	〃	九月卅日	一日	一日	二元	
刘慶榮	男	五〇	昆明			〃	〃	十月四日	五日	五日	十元	
申品端	〃					〃	〃	九月卅日	一日	一日	二元	
李陳氏	女	三〇	昆明			〃	〃	〃	一日	一日	二元	
楊佩清	男	二三				〃	〃	〃	一日	一日	二元	
陳洪金	〃	二三				〃	〃	十月六日	七日	七日	十四元	
刘小慶	〃	一六	華寧			〃	〃	十月五日	六日	六日	十二元	
苏凤雲	女	二二	昆明			〃	〃	九月卅日	一日	一日	二元	
楊光岳	男					〃	〃	〃	一日	一日	二元	
趙石生	〃	二三				〃	〃	十月一日	二日	二日	四元	
楊芳榮	〃	二〇				〃	〃	十月一日	二日	二日	四元	
王德祥	〃	二七				〃	〃	九月卅日	一日	一日	二元	
趙子恒	〃	三〇				〃	〃	九月卅日	一日	一日	二元	
蕭素卿	女	一八				〃	〃	九月卅日	一日	一日	二元	
金少蘭	男	四五				〃	〃	十月四日	五日	五日	十元	
謝玉書	〃					〃	〃	十月一日	二日	二日	四元	

以上傷民二十名共住院四十九日合計伙食津貼國幣玖拾捌元

民國三十一年三月十二日

惠滇醫院院長　會計主任　謹呈

268

昆明空襲緊急救濟聯合辦事處紅十字會重傷醫院收治被炸傷民住院人數清冊

姓名	性別	年齡	籍貫	住址	傷勢	被炸日數	出入院日期（入）	出入院日期（出）	共住院日數	照規定准發給伙食津貼日數	津貼數	備註
鍾海云	男	二一	玉溪		重	十月十三日	十月十三日	十二月卅一日	八十日	卅日	六十元	
秦祥林	男	三〇	蒙自		輕	仝	右仝	十月十日	一日	一日	二元	
孫佐	男	六〇	建水		重	仝	右仝	十一月十三日	三十一日	卅日	六十元	
刘開貴	男				重	仝	右仝	十二月卅日	八十日	卅日	六十元	
傅文光	男				重	仝	右仝	十一月十日	二十九日	廿九日	五十八元	
王潤芝	男		東川		重	仝	右仝	十一月四日	二十三日	廿三日	四十六元	
陳洪茂	男	二〇	綠渡		輕	仝	右仝	十月十五日	三日	三日	六元	
楊正生	男		蒙化		輕	仝	右仝	十月十五日	三日	三日	六元	
楊純義	男	三〇	浙江		輕	仝	右仝	十月十五日	三日	三日	六元	
張有良	男				重	仝	右仝	十二月三日	五十二日	卅日	六十元	
陳罗氏	女	四〇	東川		輕	仝	右仝	十月十五日	三日	三日	六元	
萬激	男	二三	湖南			仝	右仝	十月十五日	三日	三日	六元	
曾施氏	女		河西			仝	右仝	十一月十六日	廿三日	卅日	六十元	
張洪英	女	五〇	畢節			仝	右仝	十一月廿日	廿九日	卅日	六十元	
王宝泉	男	一六				仝	右仝	十一月卅日	四十九日	卅日	六十元	
萬東忠	男	六六	黑林鋪			仝	右仝	十月十六日	二日	二日	四元	
龐徐富	男	二八	四川			仝	右仝	十月十六日	二日	二日	四元	
李徐有	男	三〇	沙甸			仝	右仝	十一月廿三日	四十日	卅日	六十元	
王袁氏	女	三〇	曲靖		輕	仝	右仝	十月十六日	二日	二日	四元	
陳湯氏	女		武甯			仝	右仝	十二月十六日	五十一日	二日	四元	

以上傷民二十名共住院三百一十六日合計伙食津貼國幣陸百叁拾弍元

民國三十一年二月十二日

惠滇醫院院長盧嗚章

醫師

會計主任

謹具

269

昆明空襲緊急救濟聯合办事處經十字会重傷医院收治被炸傷民住院人數清冊

姓名	性別	年齡	籍貫	住址	傷勢	被炸日期	入院日期	出院日期	共住院日數	照規定應發津貼日數	應發伙食津貼數	備註
陳小孩	男	四	威寧		重	十月十三日	十月十三日	十一月二日	二十一日	一日	二元	
陳耀祖	男	四五	昆明		仝	仝	仝	十月十四日	二日	二日	四元	
王正洪	男	六二	昆明		仝	仝	仝	十一月廿三日	四十二日	三日	六十元	
李起洪	男	三〇	昭通		仝	仝	仝	十一月廿日	三十九日	二日	四元	
小童子	男		昭通		仝	仝	仝	十一月廿日	三十九日	一日	二元	
葉永清	男		新興		仝	仝	仝	十一月廿八日	四十七日	二日	四元	
袁宗氏	女	六六	曲靖		仝	仝	仝	十一月五日	二十四日	四日	八元	
陳洪謨	男				仝	仝	仝	十一月卅日	四十九日	三日	六元	
謝國法	男				仝	仝	仝	十一月廿日	三十九日	二日	四元	
陳德仁	男	四九	曲靖		仝	仝	仝	十一月廿五日	四十四日	二日	四元	
宋芳	男	四八	昆明		仝	仝	仝	十一月十九日	三十八日	卅日	六十元	
王有和	男	四六	昆明		仝	仝	仝	十二月一日	五十日	四日	八元	
李張氏	女	五三	昆明		仝	仝	仝	十月十五日	三日	三日	六元	
林桂仙	女	十九	昆明		仝	仝	仝	十月十五日	三日	一日	二元	
陳羅氏	女	四〇	昆明		仝	仝	仝	十一月卅日	四十九日	卅日	六十元	
楊真	男	六八	昆明		仝	仝	仝	十二月十六日	五十四日	卅日	六十元	
馬杜氏	女	四五	昆明		仝	仝	仝	十二月八日	五十七日	四日	八元	
傅德才	男	四五	昆明		仝	仝	仝	十二月二日	五十一日	二日	四元	
周鵬	男	十九		造幣廠	仝	仝	仝	十一月廿日	三十九日	卅日	六十元	
張朋氏	女	六五	昆明	小雅巷	仝	仝	仝	十二月八日	五十七日	三日	六元	

以上傷民二十名共住院一百六十八日合計伙食津貼國幣叁百柒拾式元

萬医院院長盧鳴章 醫師

会計主任

謹具

民國三十一年三月十二日

164

昆明空襲緊急救濟聯合辦事處紅十字會重傷醫院收治被炸傷民住院人數清冊

姓名	性別	年齡	籍貫	住址	傷勢	被炸日期	入院日期	出院日期	共住院日數	照規定准發伙食津貼日數	應領伙食津貼數	備註
楊姓使女	女	十六			重	十月十三日	十月十三日	十一月三十日	四十九日	三十日	六十元	
徐劉氏	〃	二二	昆明		〃	〃	〃	〃	〃	三日	六元	
謝培齡	男	二〇	宜良	造幣廠	〃	〃	〃	十一月二十日	三十九日	三十日	六十元	
曾玉興	〃	六三	四川	文林街	〃	〃	〃	十二月十日	五十九日	〃	六十元	
王振昌	〃	二五		小吉坡	〃	〃	〃	十一月二日	二十一日	四日	八元	
楊壽亭	〃				〃	〃	〃	十月十五日	三日	三日	六元	
王張氏	女				〃	〃	〃	〃	〃	〃	六元	
張小二					〃	〃	〃	〃	〃	〃	六元	
胡姓女	女				〃	十月十七日	十月十七日	十月三十日	十四日	十四日	二十八元	
徐有經	男	四五		馬街子	〃	〃	〃	十一月五日	十九日	十九日	三十八元	
郭培元	〃	四八			〃	〃	〃	十一月二日	十六日	十六日	三十六元	
高沛嚴	〃	〃	昆明		〃	〃	〃	十二月六日	五十日	三十日	六十元	
楊利森	〃				〃	〃	〃	十一月十五日	三十日	三十日	六十元	
梅寬	〃	十九	昆明	高射砲五連	〃	十月二十六日	十月二十六日	未出	六十七日	三十日	六十元	
李文龍	〃	十二		波羅村	〃	〃	〃	十二月十二日	四十八日	三十日	六十元	
鄭黃氏	女	三五	成都		〃	十月二十八日	十月二十八日	十二月六日	四十二日	〃	〃	
鄭小孩	男	二			〃	〃	〃	〃	〃	〃	〃	
董李氏	女	二〇	昆明		〃	〃	〃	十二月十五日	四十九日	〃	〃	
李淑富	男	三六	鶴慶		〃	〃	〃	十二月十七日	五十一日	〃	〃	
陶敏	〃	三六	昆明		〃	〃	〃	十二月十五日	四十九日	〃	〃	

以上傷民二十名共住院四百二十七日合計伙食津貼國幣捌百伍拾肆元

民國三十一年三月十二日 兼院長盧鳴章

醫務主任

會計

謹具

271

昆明空襲緊急救濟聯合辦事處紅十字會重傷醫院收治被炸傷民住院人數清冊

姓名	性別	年齡	籍貫	住址	傷勢	被炸日期	出入院日期 入	出	共住院日數	照規定准發應領伙食津貼日數	津貼數	備註
陳永福	男	二五	澂江		重	十月二十八日	十月二十八日	十二月八日	四十二日	三十日	六十元	
祁氏	女	六〇	廣東		〃	〃	〃	十二月十一日	四十五日	〃	六十元	
鮑樹清	男	六〇	東川		〃	〃	〃	十一月二日	六日	六日	十二元	
梅洪	〃	四八	昆明		〃	〃	〃	十二月十九日	五十二日	三十日	六十元	
老啞	〃				〃	〃	〃	十二月十日	四十四日	三十日	六十元	
袁小發			曲靖		輕	十月十三日	十月十三日	十月十四日	二日	一日	二元	
黃成	男	二三	長沙		〃	〃	〃	十二月十日	五十九日	三十日	六元	

以上傷民七名共住院一百二十六日合計伙食津貼國幣貳百陸拾元

謹具

醫務主任
會計

民國三十一年三月十二日兼院長盧鳴章

165 166

昆明空袭紧急救济联合办事处红十字会重伤医院收治被炸伤民住院人数清册

姓名	性别	年龄	籍贯	住址	伤势	被炸日期	出入院日期 入	出入院日期 出	共住院日数	照规定准发津贴数	应领伙食津贴数	备注
董耒福	男	三二	昆明	文林街	重	一月廿九日	一月廿九日	三月五日	三十六日	三十日	六十元	
沙和	男	四二	昭通	铁局巷	〃	〃	〃	三月五日	三十六日	〃	〃	
马钱氏	女	五二	玉溪	螺峰街	〃	〃	〃	三月四日	三十五日	〃	〃	
任嗣钧	男	三〇	通海	华山东路	〃	〃	〃	三月十日	四十日	〃	〃	
任张氏	女	五〇	通海	华山东路	〃	〃	〃	三月十日	四十日	〃	〃	
小三国	女	五	昆明	青云街	〃	〃	〃	三月二日	三十二日	〃	〃	
傅剑水	男	三七	蒙自	武成路	〃	〃	〃	三月七日	三十七日	〃	〃	
沈荣	男	二六	陆良	小东正街	〃	〃	〃	三月九日	三十九日	〃	〃	
沈苏氏	女	五五	呈贡	小东正街	〃	〃	〃	三月十日	四十日	〃	〃	
顾端清	男	五二	宜良	平政街	〃	〃	〃	三月十二日	四十二日	〃	〃	
余家庆	男	三四	昆明	长田街	〃	〃	〃	三月五日	三十五日	〃	〃	
余马氏	女	四七	宣威	顺城街	〃	〃	〃	三月七日	三十七日	〃	〃	
沈何氏	女	五〇	昭通	宝善街	〃	〃	〃	三月九日	三十九日	〃	〃	
林王氏	女	四二	富民	龙翔街	〃	〃	〃	三月十九日	四十九日	〃	〃	
张罗氏	女	四八	马龙	园通街	〃	〃	〃	三月十一日	四十一日	〃	〃	
杨吉星	男	五一	剑川	武成路	〃	〃	〃	三月十四日	四十四日	〃	〃	
赵小孩	女	六	宜良	园通街	〃	〃	〃	三月十日	四十日	〃	〃	
周小孩	男	九	昆明	福照街	〃	〃	〃	三月十一日	四十一日	〃	〃	
郑小孩	女	二	昆明	威远街	〃	〃	〃	三月七日	三十三日	〃	〃	
王云禄	男	二一	会理	北门正街	〃	〃	〃	三月廿日	四十六日	〃	〃	

以上伤民二十名共住院六百日合计伙食津贴国币壹仟贰佰元

惠滇医院院长卢鸣章

医务会计主任

谨具

民国三十一年三月十二日

273

昆明空襲緊急救濟聯合办事處紅十字会重傷医院收治被炸傷民住院人數清冊

姓名	性别	年齡	籍貫	住址	傷勢	被炸日期	入院	出院	共住院日數	照規定應發津貼數	應領伙食津貼數	備註
段存第	女	三	会泽	东川会館	重	一月廿九日	一月三十日	三月四日	三十四日	三十	六十元	
趙年菊	〃	六	〃	〃	〃	〃	〃	〃	〃	〃	〃	
唐段氏	〃	十	昆明	小东正街	〃	〃	〃	三月九日	三十九日	〃	〃	
楊正清	男	五六	曲靖	〃	〃	〃	〃	〃	〃	〃	〃	
林世美	女	五〇	嵩明	〃	〃	〃	〃	三月七日	三十七日	〃	〃	
屈德三	男	六一	宣威	西院街	〃	〃	〃	三月十日	三十七日	〃	〃	
陳清山	〃	六二	開遠	華山东路	〃	〃	〃	〃	〃	〃	〃	
攸炳元	〃	二二	大関	憲兵司令部	〃	〃	〃	〃	〃	〃	〃	
龍龔氏	女	十六	建水	望成脚	〃	〃	〃	〃	〃	〃	〃	
伍錢氏	〃	五〇	昆明	平政街	〃	〃	〃	三月十日	三十七日	〃	〃	
姚白氏	〃	二五	玉溪	〃	〃	〃	〃	〃	〃	〃	〃	
葉楊氏	〃	二八	呈貢	〃	〃	〃	〃	三月七日	三十七日	〃	〃	
姚治平	男	六〇	富民	〃	〃	〃	〃	三月九日	三十九日	〃	〃	
曹惟青	〃	三八	东川	小井巷	〃	四月八日	四月八日	五月十日	三十四日	〃	〃	
列才	〃	二七	廣东	勸業場	〃	〃	〃	五月十三日	三十六日	〃	〃	
林自成	〃	三八	昆明	武成路	〃	〃	〃	〃	五十一日	〃	〃	
曾昌義	〃	十七	〃	華山南路	〃	〃	〃	五月十一日	三十四日	〃	〃	
曹李氏	女	六〇	〃	龍翔街	〃	〃	〃	五月十日	三十三日	〃	〃	
李煥有	男	四五	〃	一坵田	〃	〃	〃	五月十一日	三十四日	〃	〃	
姜玉生	〃	二四	〃	景虹街	〃	〃	〃	五月十七日	四十日	〃	〃	

以上傷民二十名共住院六百日合計伙食津貼國幣壹仟貳百元

民國三十一年三月十二日

惠滇醫院院長盧鳴章 醫務主任 會計主任 謹呈

165-168

274

昆明空襲緊急救濟聯合辦事處紅十字會重傷醫院收治被炸傷民住院人數清冊

姓名	性別	年齡	籍貫	住址	傷勢	被炸日期	出入院日期 入	出入院日期 出	共住院日數	照規定准發應領伙食津貼日數	津貼數	備註
王王氏	女	五〇	昆明	洗馬河	重	「四、八」	四月八日	五月十三日	三十六日	三十日	六十元	
王劉氏	〃	四五	〃	黃公西街	〃	〃	〃	五月十四日	三十七日	〃	〃	
田德	男	十七	〃	〃	〃	〃	〃	五月十三日	三十六日	〃	〃	
李玉氏	女	二十	玉溪	拓東路	〃	〃	〃	五月十九日	四十二日	〃	〃	
岳義	男	五四	昆明	楚姚鎮巷	〃	〃	〃	五月十七日	四十日	〃	〃	
陳瑞庭	〃	三五	四川	翠湖公園	〃	〃	〃	五月十一日	三十四日	〃	〃	
張氏	女	五八	昭通	勸業塲	〃	〃	〃	五月十七日	四十日	〃	〃	
樊仕林	男	二六				〃	〃	四月二十二日	十五日	十五日	三十元	
陳炳蘭	女	十六	昆明	黃公東街	〃	〃	〃	五月十六日	三十九日	三十日	六十元	
唐彥清	男	二五	〃	洗官坡	〃	〃	〃	五月十五日	三十八日	〃	〃	
申有熙	〃	二一	玉溪	滙康對面	〃	〃	〃	五月十七日	四十日	〃	〃	
楊顯俊	〃	二九	昆明	丸草庄	〃	〃	〃	五月十三日	三十六日	〃	〃	
劉和三	〃	四十	四川	太和街	〃	〃	〃	〃	〃	〃	〃	
楊白氏	女	五八	會澤		〃	〃	〃	四月十九日	十二日	十二日	二十四元	
楊家義	男	三八	曲靖	感化院	〃	四月二十九日	四月二十九日	五月三日	五日	五日	十元	
周自祥	〃	二五	宣威	〃	〃	〃	〃	〃	〃	〃	十元	
李保林	〃	三八	昆明	楚姚鎮巷	〃	〃	〃	五月二十九日	三十日	三十日	六十元	
張玉清	〃	二五	貴州	大興街	〃	〃	〃	五月二日	四日	四日	八元	
王朝玉	〃	四八	昆明	鉄局巷	〃	〃	〃	五月三日	五日	五日	十元	
曾新五	〃	二〇	硯山	感化院	〃	〃	〃	五月二十九日	三十日	三十日	六十元	

以上傷民二十名共住院四百六十六日合計伙食津貼國幣玖百叁拾貳元

民國三十一年 三 月十二日 兼院長盧鳴章

醫務

會計

謹具

275

昆明空襲緊急救濟聯合办事處紅十字会重傷医院收治被炸傷民住院人數清冊

姓名	性别	年龄	籍貫	住址	傷勢	被炸日期	出入院日期 入	出入院日期 出	共住院日數	照規定准發津貼日數	應領津貼數	備註
伍三	男	六一	昆明	糖村	重	四月廿九日	四月廿九日	五月二日	四日	四日	八元	
潘陽澤	〃	二二	嵩明	南壩村	〃	〃日	〃	〃日	〃日	〃日	〃	
王廾玉	〃	十九	昭通	二分局	〃	〃日	〃	五月四日	六日	六日	十二元	
徐雨連	〃	三三	宜良	〃	〃	〃日	〃	〃日	〃日	〃日	〃	
楊先	〃	二六	昆明	六家營	〃	〃日	〃	五月二日	四日	四日	八元	
楊仕龍	〃	十六	文山	感化院	〃	〃日	〃	〃日	〃日	〃日	〃	
李金氏	女	六〇	昆明	絲水河	〃	〃日	〃	五月三日	五日	五日	十元	
戴元	男	三四	開遠	南城腳	〃	〃日	〃	五月五日	七日	七日	十四元	
李榮	〃	二五	祿丰	菓峃頭	〃	〃日	〃	五月三日	五日	五日	十元	
李桂英	女	三八	昆明	鏵局巷	〃	〃日	〃	五月五日	七日	七日	十四元	
戴成志	男	二〇	会澤	感化院	〃	〃日	〃	〃日	〃日	〃日	〃	
何丕光	〃	二五	昆明	華山西路	〃	〃日	〃	五月七日	九日	九日	十八元	
李開堂	〃	三〇	呈貢	順城街	〃	〃日	〃	五月五日	七日	七日	十四元	
王甫臣	〃	四八	澂江	鏵局巷	〃	〃日	〃	〃日	〃日	〃日	〃	
陳家福	〃	二五	馬龍	感化院	〃	〃日	〃	五月七日	九日	九日	十八元	
康銘宗	〃	二二	陸良	〃	〃	〃日	〃	五月二日	四日	四日	八元	
楊妙成	〃	二〇	順寧	〃	〃	〃日	〃	五月七日	九日	九日	十八元	
葉恆新	〃	三五	晉寧	〃	〃	〃日	〃	〃日	〃日	〃日	〃	
夏永琨	〃	三二	河西	萬河巷	〃	〃日	〃	五月七日	九日	九日	十八元	
高成	〃	三一	〃	感化院	〃	〃日	〃	五月五日	七日	七日	十四元	

以上傷民二十名共住院一百二十九日合計伙食津貼國幣貳百伍拾捌元

惠滇医院院長盧鳴章

医務会計主任

謹具

民國三十一年五月十二日

276

昆明空袭紧急救济联合办事处红十字会重伤医院收治被炸伤民住院人数清册

姓名	性别	年龄	籍贯	住址	伤势	被炸日期	入院日期	出院日期	共住院日数	照规定准发津贴日数	应领津贴数	备注
王曾氏	女	五八	昆明	铁局巷	重	四月廿九日	四月廿九日	五月五日	七日	七日	十四元	
余鸣氏	〃	二二	江苏	得胜桥	〃	五月八日	五月八日	五月十七日	十日	十日	廿元	
刘万氏	〃	二五	昆明	北门街	〃	〃	〃	五月廿一日	十四日	十四日	廿八元	
胡孙氏	〃	五〇	四川	珠玑街	〃	〃	〃	〃	〃	〃	〃	
胡江氏	〃	二二	贵州	渠家河	〃	〃	〃	五月十八日	十一日	十一日	廿二元	
金全能	男	二四	寻甸	一窝羊	〃	〃	〃	五月十四日	七日	七日	十四元	
王周氏	女	三一	四川	北门街	〃	〃	〃	五月十七日	十日	十日	廿元	
王洪珍	〃	十三	昆明	〃	〃	〃	〃	五月十九日	十二日	十二日	廿四元	
杨品斋	男	三一	[illegible]柏	沙沟埂	〃	〃	〃	五月廿一日	十四日	十四日	廿八元	
沈文达	〃	三二	浙江	一丘田	〃	〃	〃	五月十五日	八日	八日	十六元	
康建臣	〃	二五	四川	青云街	〃	〃	〃	五月廿日	十三日	十三日	廿六元	
廖瑞文	〃	二一	广西	青云街	〃	〃	〃	五月十五日	八日	八日	十六元	
杨集盛	〃	一四	昆明	沙沟尾	〃	〃	〃	五月十七日	十日	十日	廿元	
邹和章	〃	三五			〃	〃	〃	五月十四日	七日	七日	十四元	
周昊	〃	三〇	四川	三义铺	〃	〃	〃	五月廿日	十三日	十三日	廿六元	
何连芳	〃	四〇	呈贡		〃	〃	〃	未出院	廿二日	廿二日	四十四元	
倪开春	〃	二二	昆明	福海村	〃	〃	〃	五月廿六日	十九日	十九日	卅八元	
赵大衡	〃	〃	寻甸	萧子营	〃	〃	〃	五月廿七日	廿日	廿日	四十元	
戴善氏	女	四〇	昆明	一丘田	〃	〃	〃	五月十四日	七日	七日	十四元	
戴正连	男	四四	玉溪	〃	〃	〃	〃	五月十九日	十二日	十二日	廿四元	
刘玉清		一六		〃	〃	〃	〃	五月廿一日	十四日	十四日	廿八元	

以上伤民二十一名共住院二百五十二日合计钦发津贴国币伍百零肆元

民国三十一年三月十二日

总医院院长卢鸣章
总务会计主任

谨呈

云南全省卫生实验处为报送所拟各县卫生院办理空袭伤民救护医疗办法致云南省民政厅的呈
（一九四二年五月二十一日）

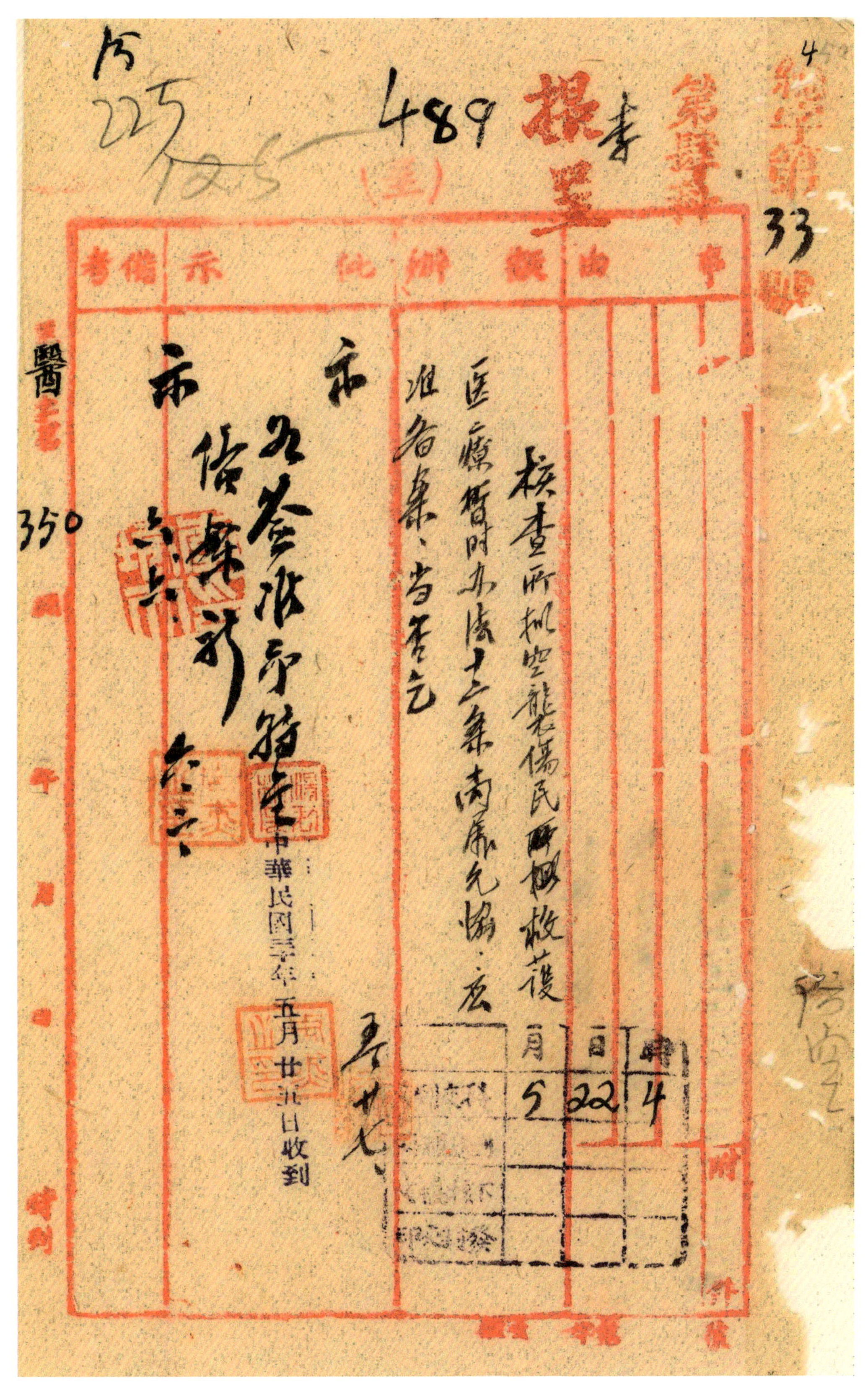

呈

事由	拟办	批示	备考
	核查所拟空袭伤民救护医疗暂行办法十二条尚属允协，应准备案，当否乞示	示	

中华民国三十一年五月廿五日收到

226

竊查此次保山被炸，災情較重，職處為救濟災黎計，曾由處組織臨時救護隊，選派醫護人員，携帶藥械，飭由秘書后長德，率領於本月八日首途，專車前往救護，又職處對空襲救護，素極重視，早經令飭各縣衛生院切實辦理，但以各地情形特殊，辦理容有未盡完善，茲為未雨綢繆，及應付當前環境需要起見，業經由處擬具各縣衛生院辦理空襲傷民救護醫療暫時辦法，分别函令各縣政府暨衛生院實施，以濟災黎，理合附具此項辦法，備文一併呈請

鈞廳俯賜鑒核，備案示遵！

謹呈

雲南省民政廳廳長李

227

126

附呈各縣衛生院辦理空襲傷民救護醫療辦法一份

雲南全省衛生實驗處處長繆安成

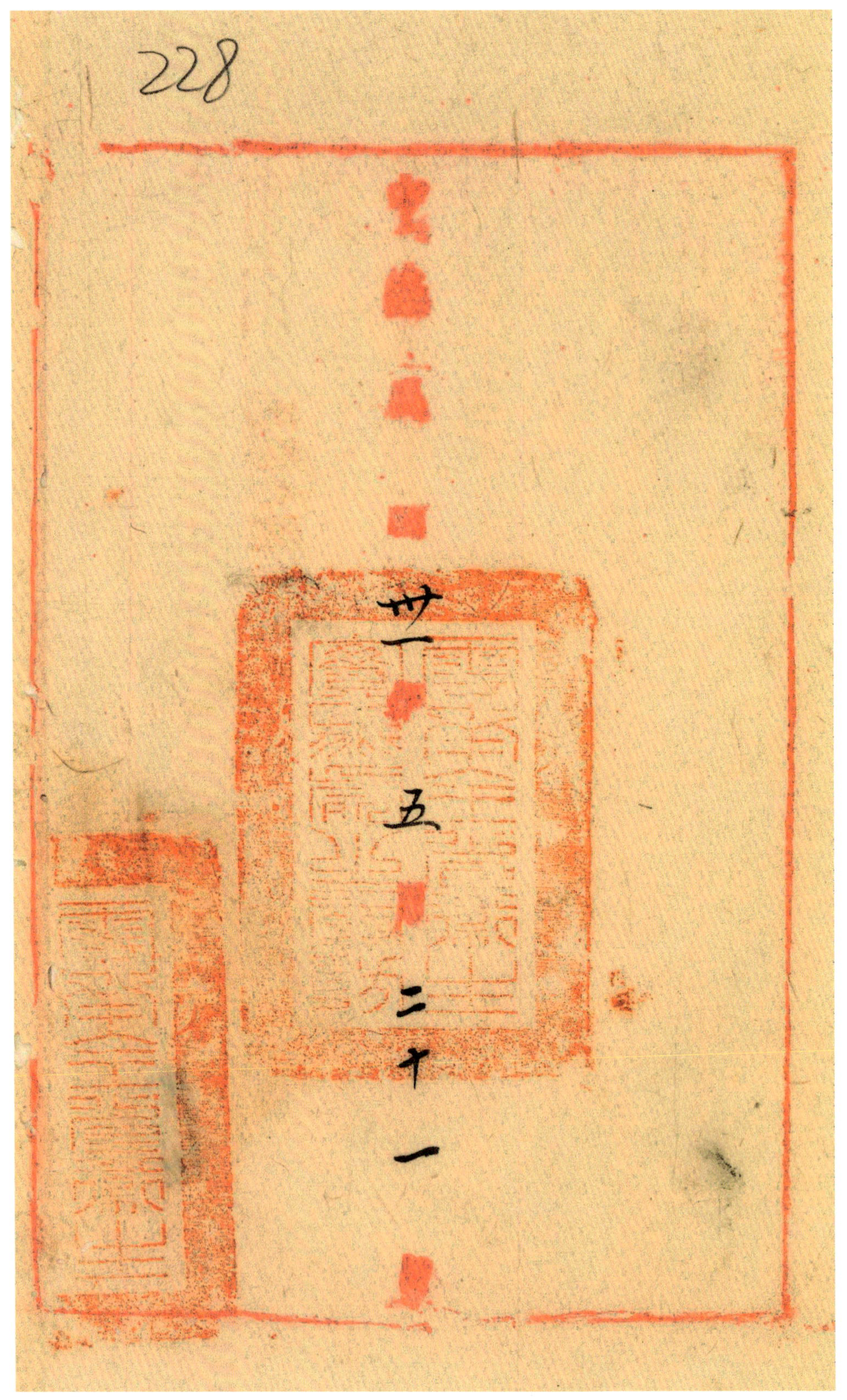

228

中華民國卅一年五月二十一日

雲南各衛生院辦理空襲傷民救護醫療暫時辦法

1、爲加强本省空襲救護醫療事項特擬定本辦法

2、本省各衛生院所均須遵照本辦法辦理之

3、各衛生院所對當地空襲傷民有全責救護醫療之責

4、各衛生院均組空襲救護隊以院長爲隊長其他人員爲隊員

5、由各縣々府撥當地壯丁肆拾至陸拾名組織成担架隊直屬衛生院訓練指揮

6、當地若被空襲限敵機離城後半小時到達受災地點施行救護

7、距城一公里以外設立郊外醫院預爲安設床位及其他必要器物以收容空襲傷民

230

8、救護隊，預置担架十個救護藥囊十個每藥囊內置裹傷包十個碘酒酒精紅汞水各一瓶鑷子二把鉗子一把

9、所需款項除由縣府撥發專款外得接受捐助補助等款項

10、收療空襲傷民其費用可向當地空襲救濟會轉請省振濟委員會津貼外得照九条辦理

11、每空襲一次立即電報或快郵代電報告衛生實驗處一次外（主要報空襲月日機數落彈數受傷數死亡數毀屋間數等）事後詳列造報傷者姓名年齡性別受傷情形醫療結果

12、本辦法有未盡事宜得隨時修改公佈之

云南省政府关于发动民力办理保山县被炸善后事宜致云南省民政厅的训令（一九四二年六月三日）

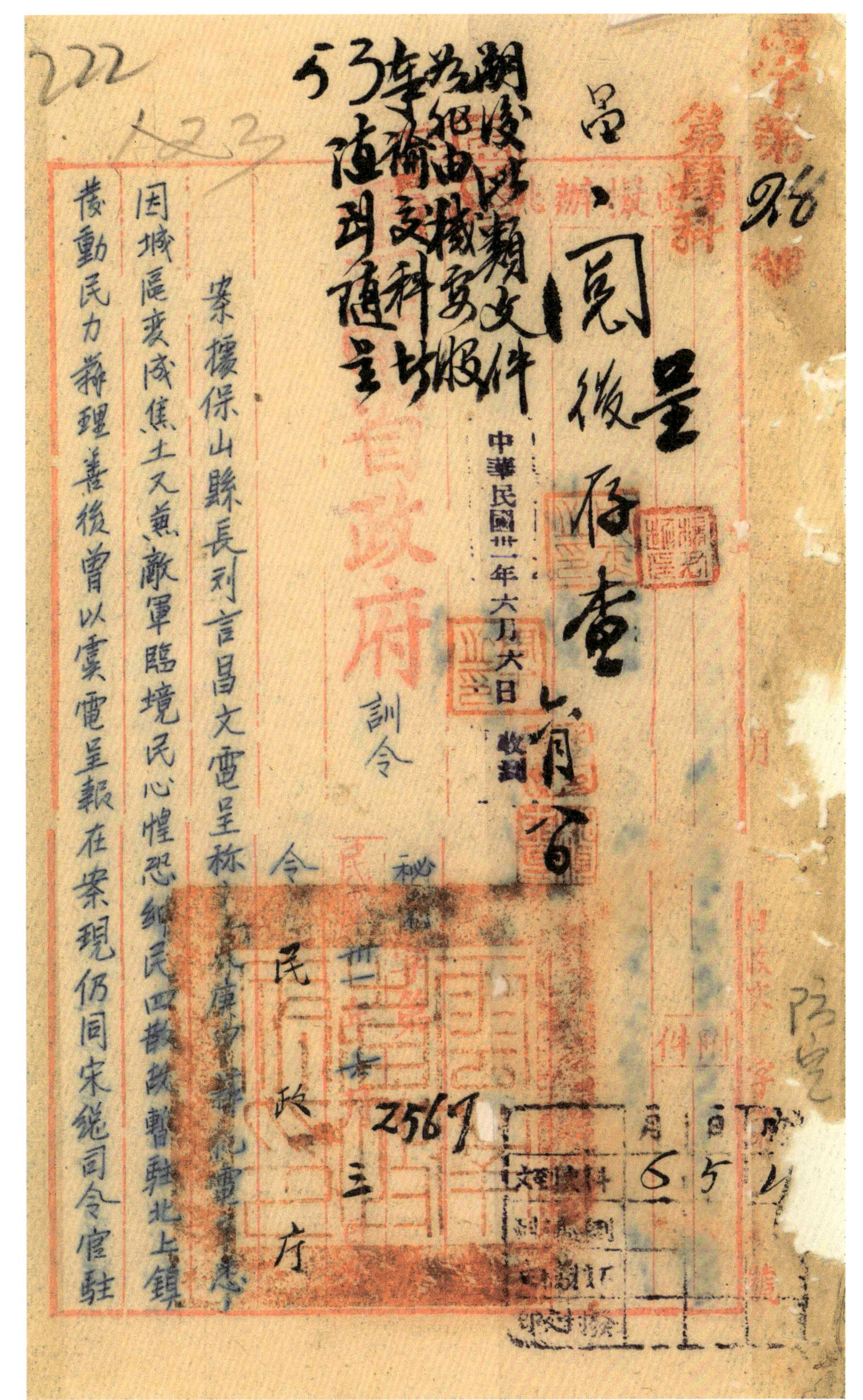

雲南省政府 訓令

令民政廳

案據保山縣長劉言昌文電呈稱：……

因城區變成焦土，又兼敵軍臨境，民心惶恐，紛紛四散，故暫移北……鎮

發動民力辦理善後，曾以虞電呈報在案。現仍同宋總司令官駐

中華民國卅一年六月六日收到

呈閱後存查

223

该镇一则消息灵通，再则接近士绅及各乡镇长，易调壮丁办理善后，维持治安，赶办粮秣，收容伤兵难民，查灾区挖掘掩埋，现正办理，仅有十分之一尚未挖埋。前方战况颇佳，敌人已溃退，惟由保王腾间之惠人桥及县属上江之双凤桥，前由我军自行破坏，亦由宋公调队到蒲漂一带防堵，现正调队分头前往歼灭中。等电前因。理合将最近情形电复鉴核——」等情。据此，除以「文电悉。绵密。此次保山两度被炸，灾情惨重，深为轸念。[illegible]地方绅民慰问抚恤。除出事后即令民厅先发专款[illegible]，亦另由财[illegible]款，加发专款[illegible]，中央[illegible]发之五万元[illegible]除振济务，望勉为其难，放手办理。查[illegible]

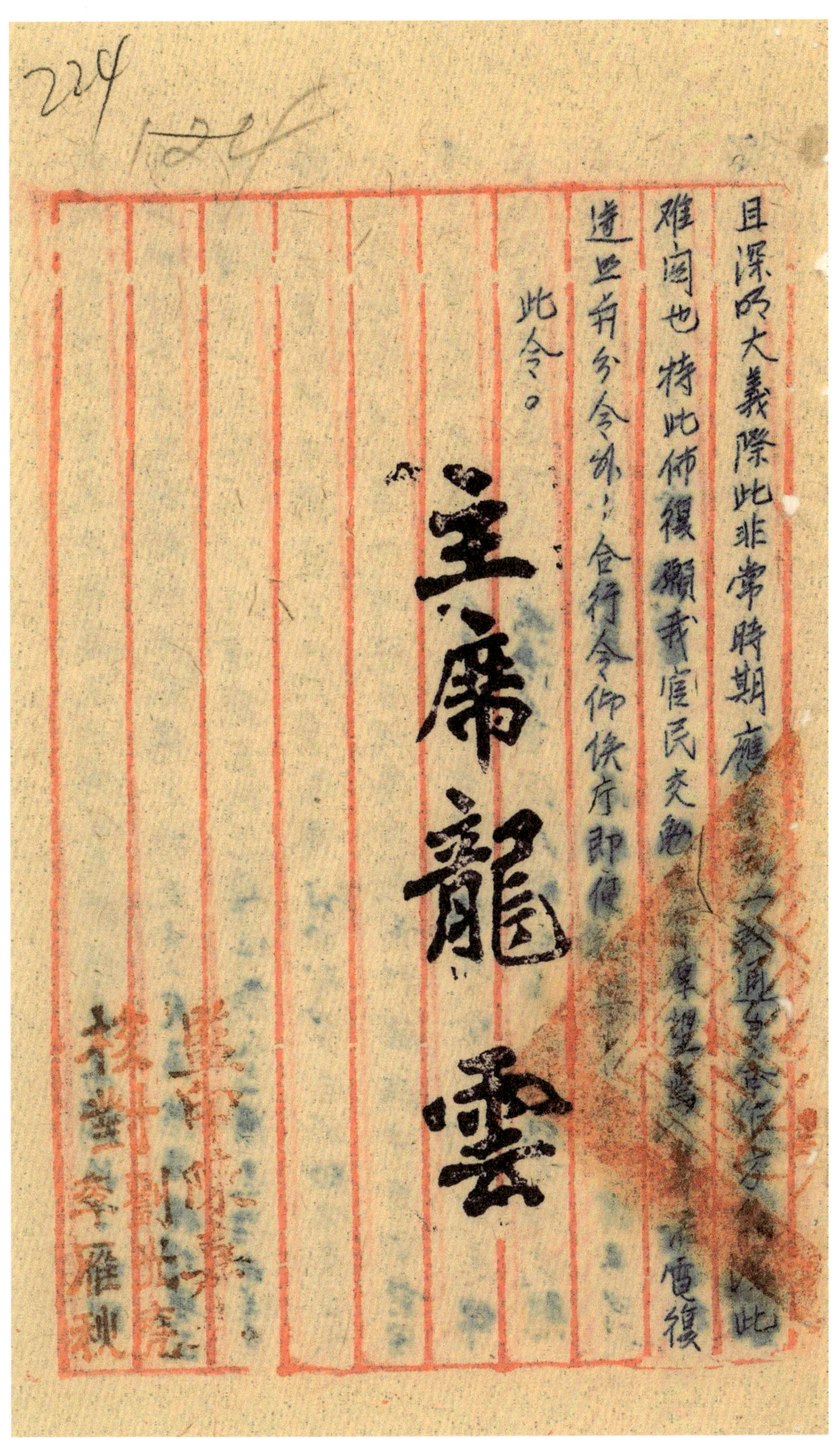

且深明大義際此非常時期應[illegible]此

確固也特此佈復仰我官民交勉[illegible]卓望焉[illegible]電復

遵照并分令外合行令仰該庁即便[illegible]

此令。

主席龍雲

保山县政府为报送该县被炸善后会议记录致云南省民政厅的呈（一九四二年六月二十九日收）

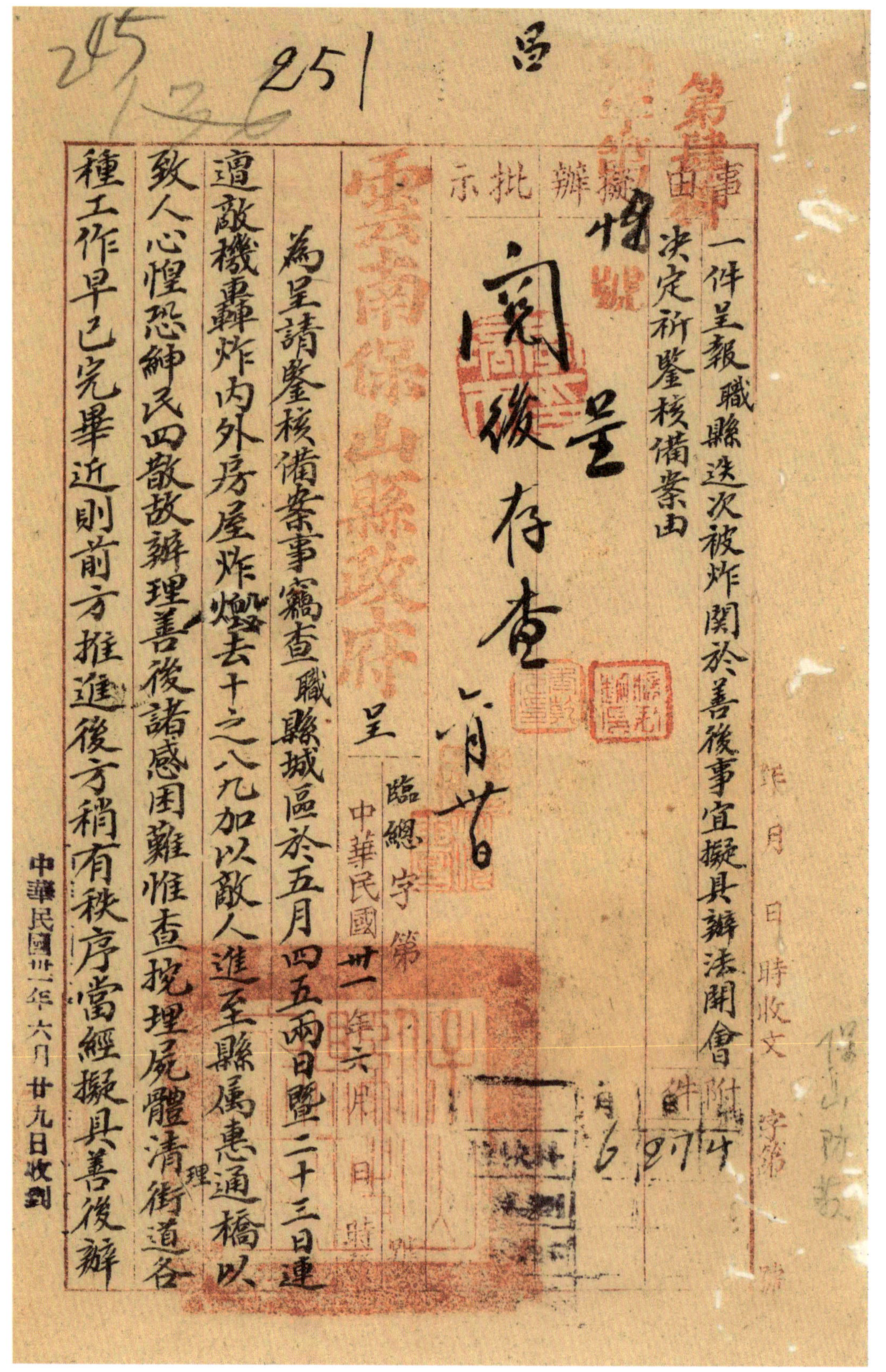
呈

事由：一件呈报职县迭次被炸关于善后事宜拟具办法开会决定祈鉴核备案由

为呈请鉴核备案事。窃查职县城区于五月四五两日暨二十三日连遭敌机轰炸，内外房屋炸燬去十之八九，加以敌人进至县属惠通桥，以致人心惶恐，绅民四散，故办理善后诸感困难。惟查掩埋尸体，清理街道各种工作早已完毕。近则前方推进，后方稍有秩序，当经拟具善后办

中华民国卅一年六月廿九日收到

246

法三項于五月二十一日午後三時召集各機關長官及地方士紳在縣政

府開會討論並請

警備司令龍主席謹將議決各項抄呈除分報外理合照抄會議紀

錄備文呈請

鈞廳鑒核備案謹呈

雲南民政廳廳長李

計抄呈保山縣五月四五日暨二十三日被炸善後會議紀錄一份

保山縣縣長劉言昌

附：保山县五月四、五两日暨二十三日被炸善后会议记录

保山縣五月四五兩日暨二十三日被炸善後會議紀錄

(1)會議日期 五月二十一日午後三時

(2)會議地點 縣政府會議室

(3)出席人員 李副師長盛蓮 二團長楊世鍔

閔主任李永寬代表 徐參謀崇勳

劉縣長言昌 潘守先

趙鎮長文經 王委員學斌

248

朱分局長仲傑　方鎮長定才

五城鎮代表崔　陳中隊長貢琛

邱分隊長　胡分隊長國卿

晋科員文鑑　王科員暄

楊鎮長正興　楊鎮長富有

李鎮長致中　余科員華

楊先生文興　北中鎮鎮長何美章

249

138

(4)主席　龍師長趙參謀長代表

(5)紀錄　熊駿翮

(6)提議事項

(一)查本縣被炸兩次城區房屋燒去十分之八若商民回城營業缺乏住在地點擬發動外鄉紳民捐助蔑蓆於燒燬處略蓋民房以遮風雨究應如何辦理希公决案

250

「議決」關於商民入城所需房屋自應籌畫建蓋以備
居住營業（一）關於建房物料由各鄉鎮征集（二）關
於東西南北正街鋪房如何建蓋由警察局計劃
規定如本人尚有力量自行建蓋時得聽其自便物
料酌由各鄉鎮捐助物品若本人不能建蓋由他人建
蓋者仍由各鄉鎮捐來之物資補助以上詳細辦法由
縣府擬定通令各鄉鎮照出產物料捐助

251

(二)頃奉　主座電令撥振款國幣貳拾伍萬元振濟災民此種款項應如何發給始昭公允希公決案

「議決」查振款二十五萬元杯水車薪不濟於事且指定之數係派員携來監發應候到時再爲遵辦惟災情慘重應拟募捐哀啟請　龍司令官領銜向中央振委會及各機關捐助一面由五城鎮從速調查傷亡人民及房屋損失列册報縣以憑辦理哀啟函

252

請張淨塵先生撰擬

(三)紳民惶恐不敢入城居住曾將前方得利情况佈告縣屬民眾及各界得悉並勸其回城居住營業終無一家移回一號門市究應如何勸導方能生效希公決案

「議決」查紳民不敢入城原因戰况不明互相猜疑應再宣傳俾能生效卜由各鄉鎮保甲長將戰况詳情竭力

253
1400

宣傳勸令各界人民即速回城營業　之、由駐保政訓處及党部下鄉宣傳並由縣府再行佈告遍知

昆明空袭紧急救济联合办事处关于请核发陆军医院被炸伤民住院医药费致云南省振济会的呈

（一九四二年八月八日）

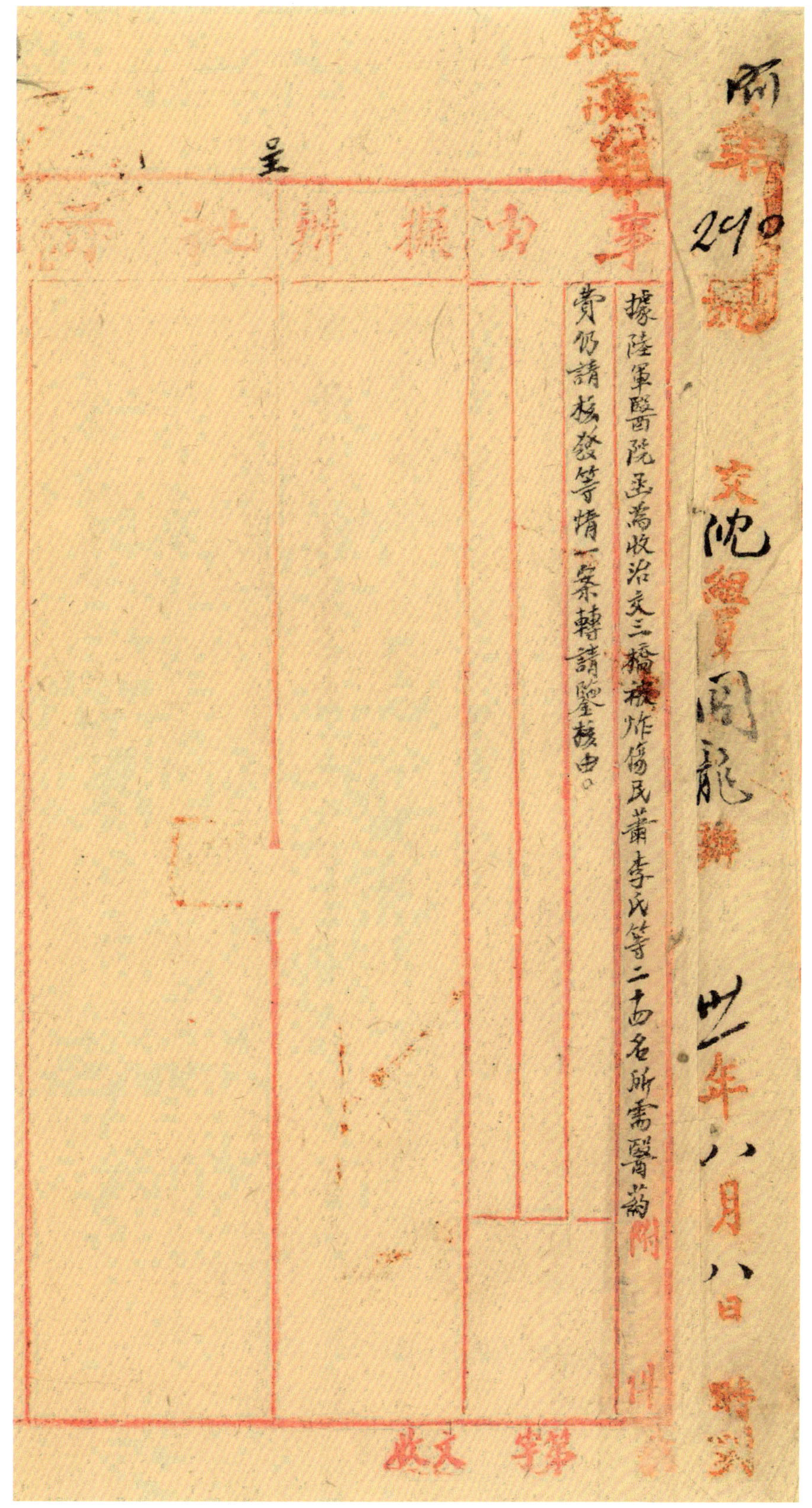

呈

據陸軍醫院函為收治交三橋被炸傷民萧李氏等二十四名所需醫藥費仍請核發等情一案轉請鑒核由。

339

案准雲南陸軍醫院函開：

「逕覆者案准貴處公函總字第七九六號內開逕覆者案准貴院醫字第一七號函爲收治交三播被炸傷民蕭李氏等二十四名到院治療所需之醫藥費開具清單請查照核發等由到處查敵處所屬各醫院收治被炸傷民除住院伙食津貼照規定得由處每人每日發給國幣貳元但至多不得過一月其醫藥費一項向無由處核發之規定貴院所請核發醫藥費之處礙難照辦准函前由相應檢同原送醫藥費清單備文函復希即查照爲荷此致等由附送醫藥費清單一紙准此惟查此項醫藥費敝院隸屬綏靖公署每月藥費實領實銷非他種醫院所比或可設法彌補殊於敝院規章有礙理合函請將該傷民蕭李氏等醫藥費共合國幣壹仟肆佰

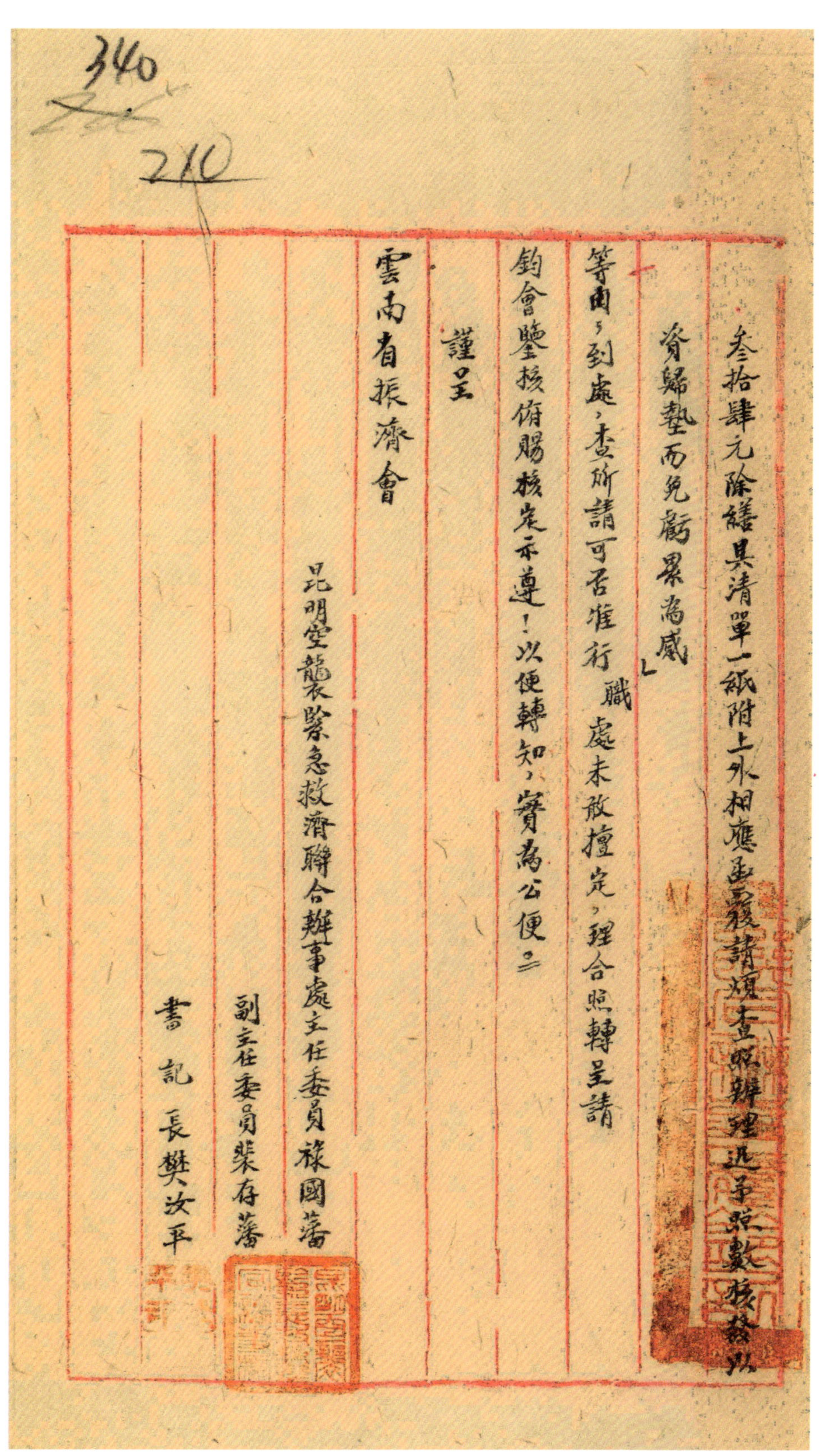
340

210

叁拾肆元，除繕具清單一紙附上外，相應函覆，請煩查照辦理，迅予照數核發，以資歸墊而免虧累為感

等由，到處，查所請可否准行，職處未敢擅定，理合照轉呈請

鈞會鑒核，俯賜核定示遵！以便轉知，實為公便。

謹呈

雲南省振濟會

昆明空襲緊急救濟聯合辦事處主任委員祿國藩

副主任委員裴存藩

書記長樊汝平

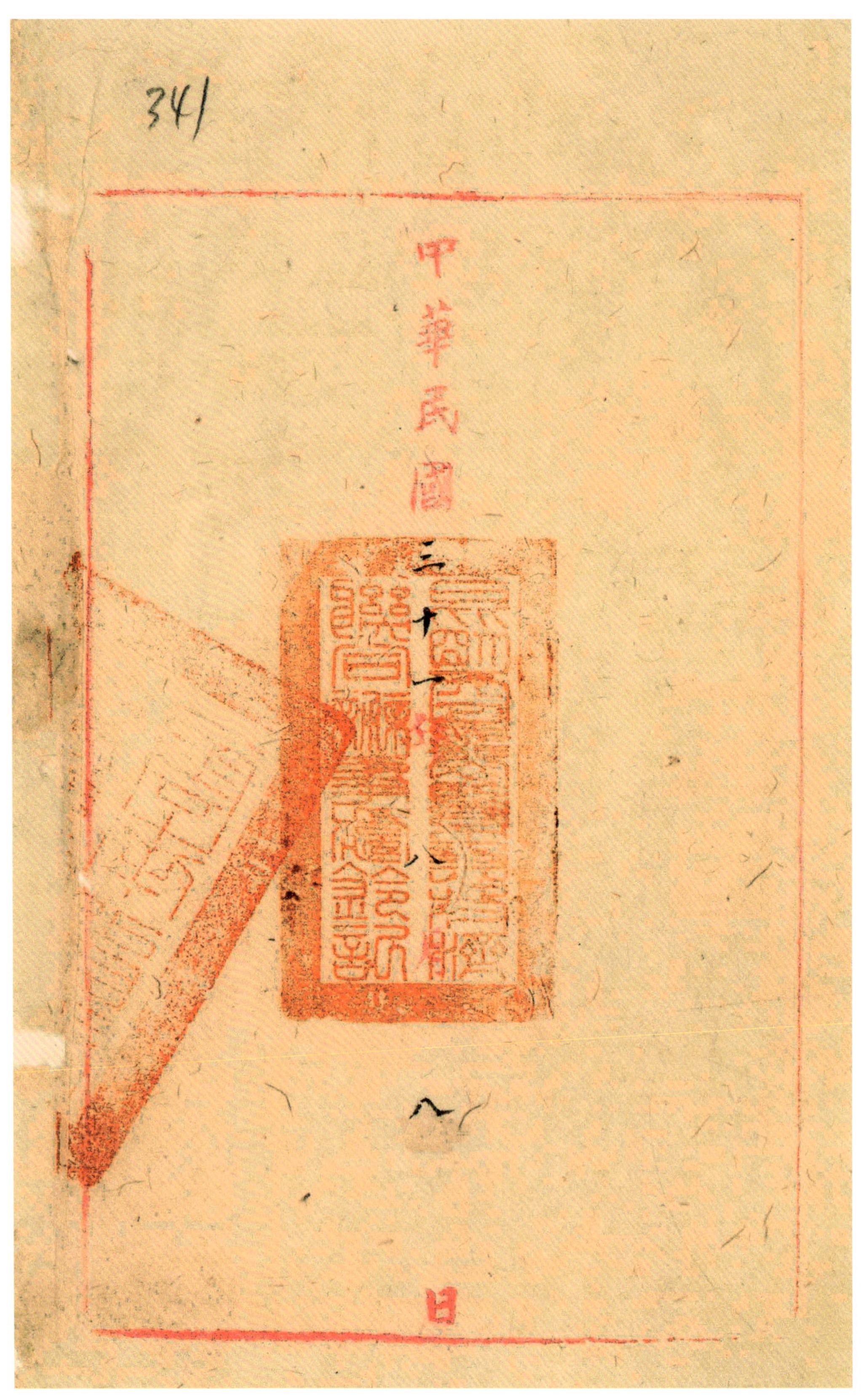

341

中華民國三十一年八月八日

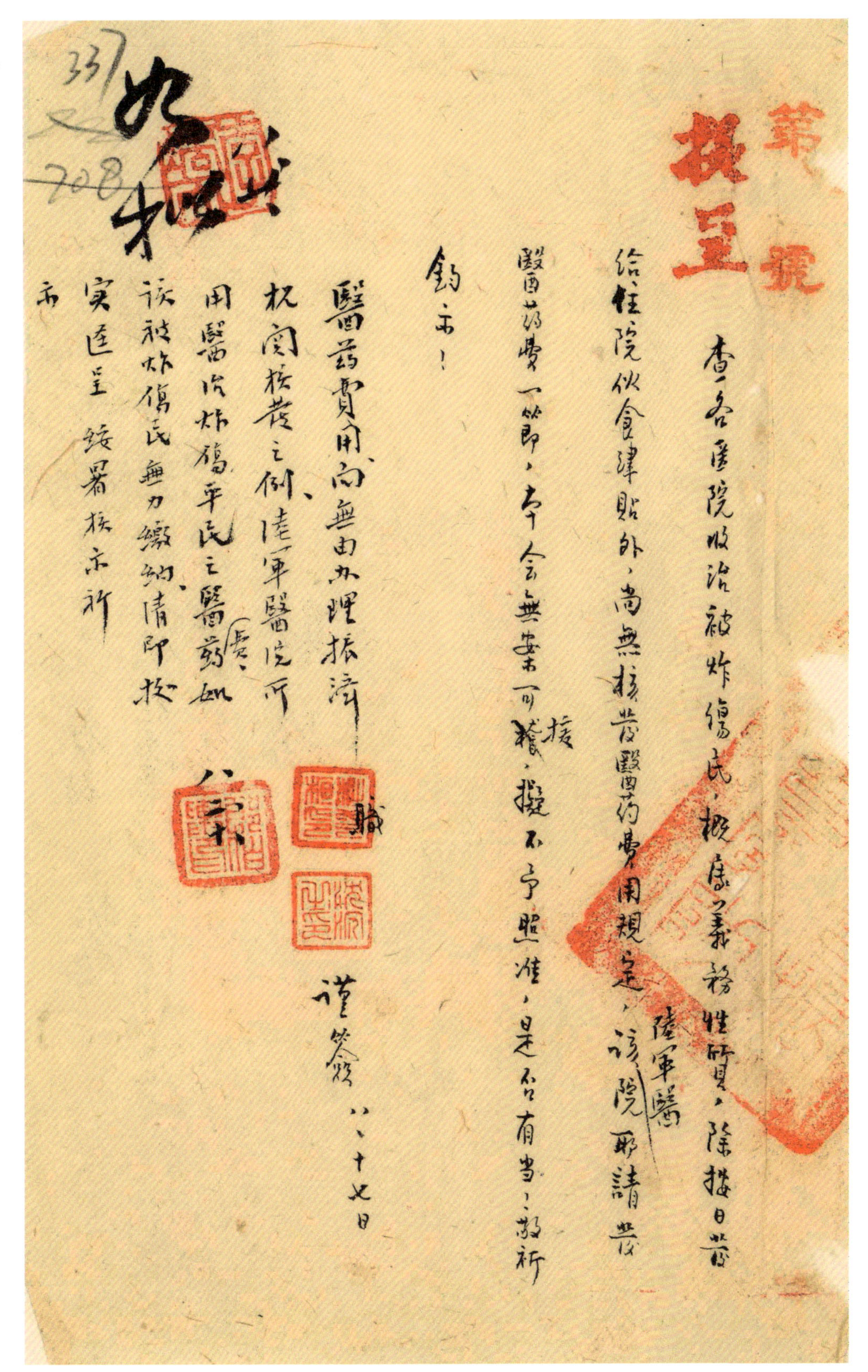

第　號

簽呈

查各醫院收治被炸傷民，概係義務性質，除撥日常給住院伙食津貼外，尚無核發醫藥費用規定，該陸軍醫院所請發醫藥費一節，本會無案可稽，擬不予照准，是否有當，謹祈

鈞示！

職　　謹簽　八、十七日

醫藥費用，向無由办理振濟機關核發之例，陸軍醫院所用醫治炸傷平民之醫藥費，如該被炸傷民無力繳納，請即核實匯呈　鈞署核示祈示

如擬

云南省振济会关于派员具领保山县被炸赈款各情致云南省政府的呈（一九四三年二月二日）

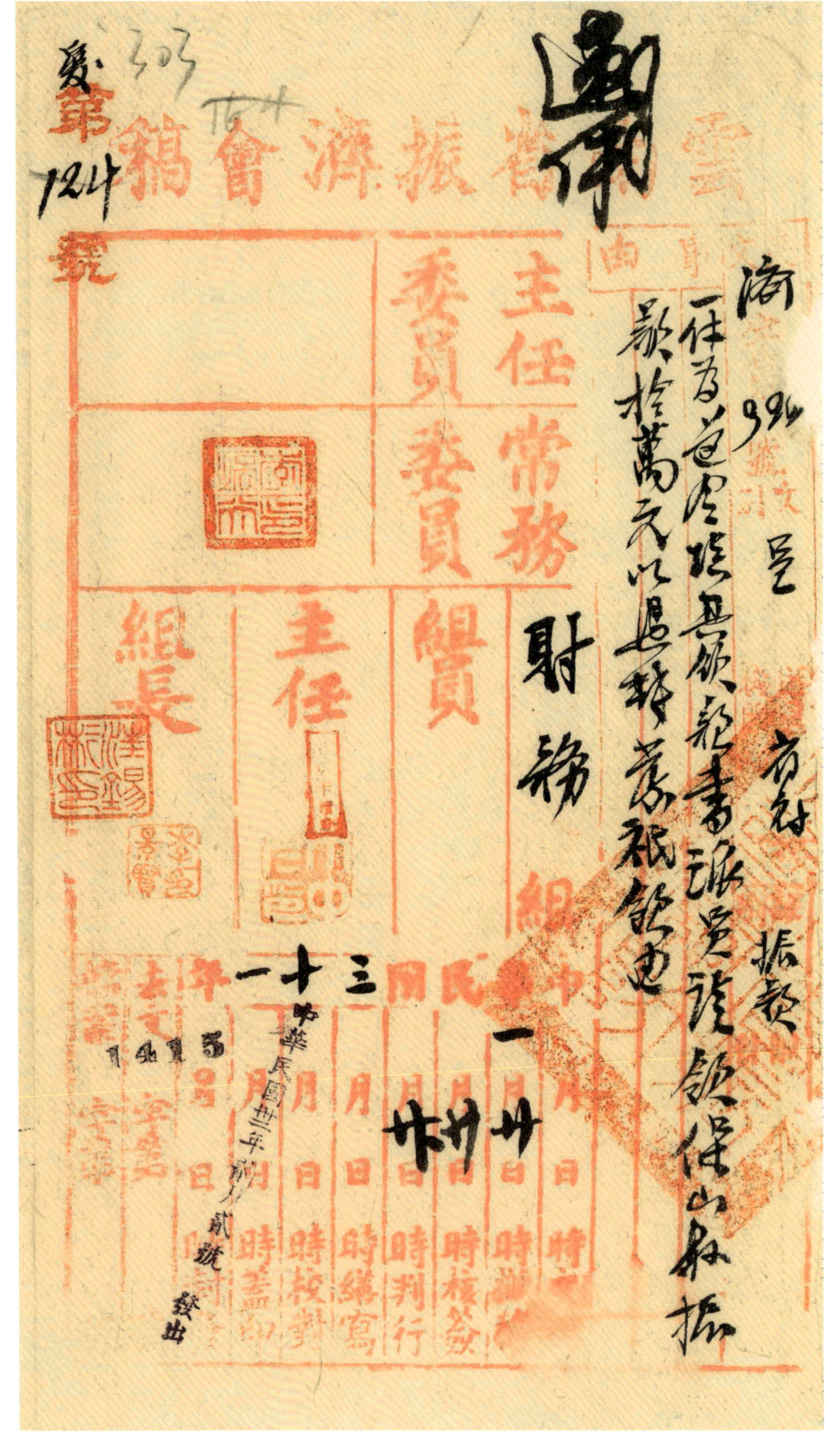
云南省振济會稿

第1244號

事由

濟字996號 呈 省府 振款

一件為簽呈保山县具領振款書請派員具領保山县振款檢萬元以據县轉發振濟由

主任委員

常務委員

財務組

組長　主任　組員

中華民國卅二年貳月貳號發出

列銜呈振財字第　號

案查前呈保山炸災中央振款已收

震悼並設特振濟委員會已派到

之振款拾萬元業蒙一併奉

鈞府秘覺字第五一一號指令開簽呈均

悉云云此令等因奉此查此項令指

撥到之振款貳拾五萬元經奉派募與

移西委員會

205
161

收并於卅一年十二月廿八日以振財字第
三九七號呈報收領查案不再電催外理
合檢具滇振字第二十號領款書備文
派員賫呈 請祈
鈞府俯賜查核核給領以憑轉發難民
領並早振卹用惠窮黎謹呈
雲南省政府主席龍
附呈領款書二紙

國幣拾萬元一紙

306

署銜名

粵東省振濟會關防

校對繆蓋和
監印施肅君

附：领款书

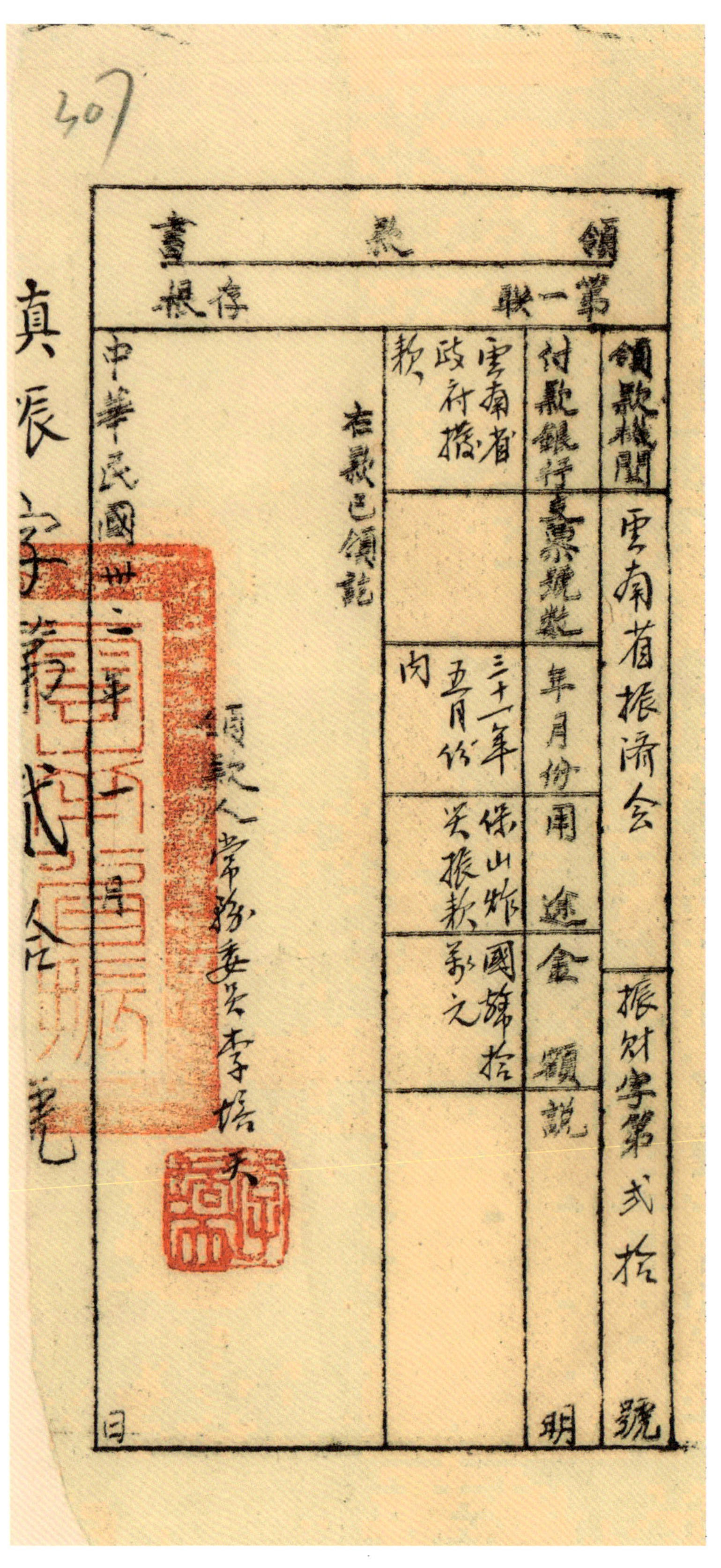
307

領款書

第一聯 存根

領款機關	雲南省振濟會
振财字第贰拾	號

付款銀行支票號數	雲南省政府撥款
年月份	三十一年五月份內
用途	保山炸國難拾災振款之
金額	
說明	

右款已領訖

領款人常務委員李培天

中華民國卅一年十一月日

真振字第式号

云南省振济会关于拨款救济澜沧县被炸伤亡灾民致澜沧县政府的训令（一九四三年三月十六日）

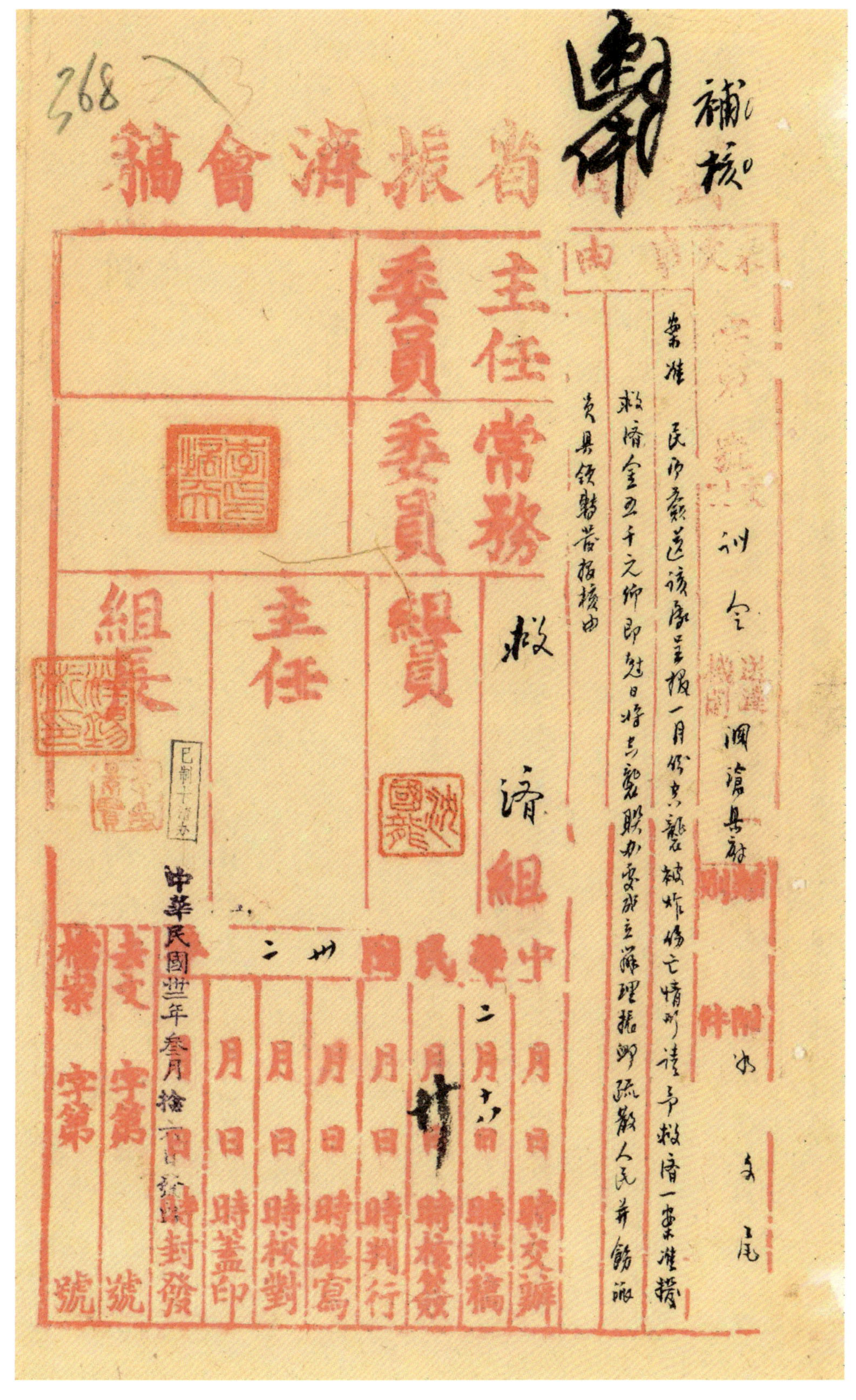

368

省振濟會稿

補核

主任委員

常務委員

組長

主任

組員

救濟組

事由

訓令 瀾滄縣府

附件 如文

案准民政廳送該府呈報一月份東六龍被炸傷亡情形請予救濟一案准撥救濟金五千元仰即剋日將款親赴辦理撫卹疏散人民並飭派員具領轉發報核由

中華民國卅二年二月十六日

中華民國卅二年叁月拾六日封發

訓

衛 訓令 振救字第244號

令瀾滄縣縣長聶晶品

案准

雲南省民政廳咨送該縣長于盛子儉電稱：該縣於一月迭遭敵機轟炸，死傷人民數十人，請予救濟，等由；准此。查該縣遭受轟炸，殊堪軫念，自應予以振卹，以資救濟。惟以該縣地毗滇邊，邊防吃緊，際此軍事緊張時期，敵機竄擾肆虐，自屬難免，且該縣交通極阻，倘若隨炸隨振，未免往返費時，殊屬延誤事機。便利辦理起見，准先由本會撥發該縣七千元救濟，自准[illegible]國幣五千元，連同[illegible]

書暨振卹表冊式樣各一份，仰即依式填具領款書，備文派員來會具領存縣，如遇發生空襲損及人民，即按照中央規定死亡每名陸拾元，重傷每名肆拾元，輕傷每名拾伍元之數，分別酌量配振，隨時辦理具報。又該處空襲緊急救濟聯合辦事處，迭經令飭成立具報，迄未據復，殊屬玩視功令，值此空襲時期，亟應飭剋日遵照組織規定成立，辦理空襲救濟事宜，以嚴行疏散境內民眾，俾免遭受無謂犧牲，事關重要，毋得再事延誤，致干重究，切速！！

此令。

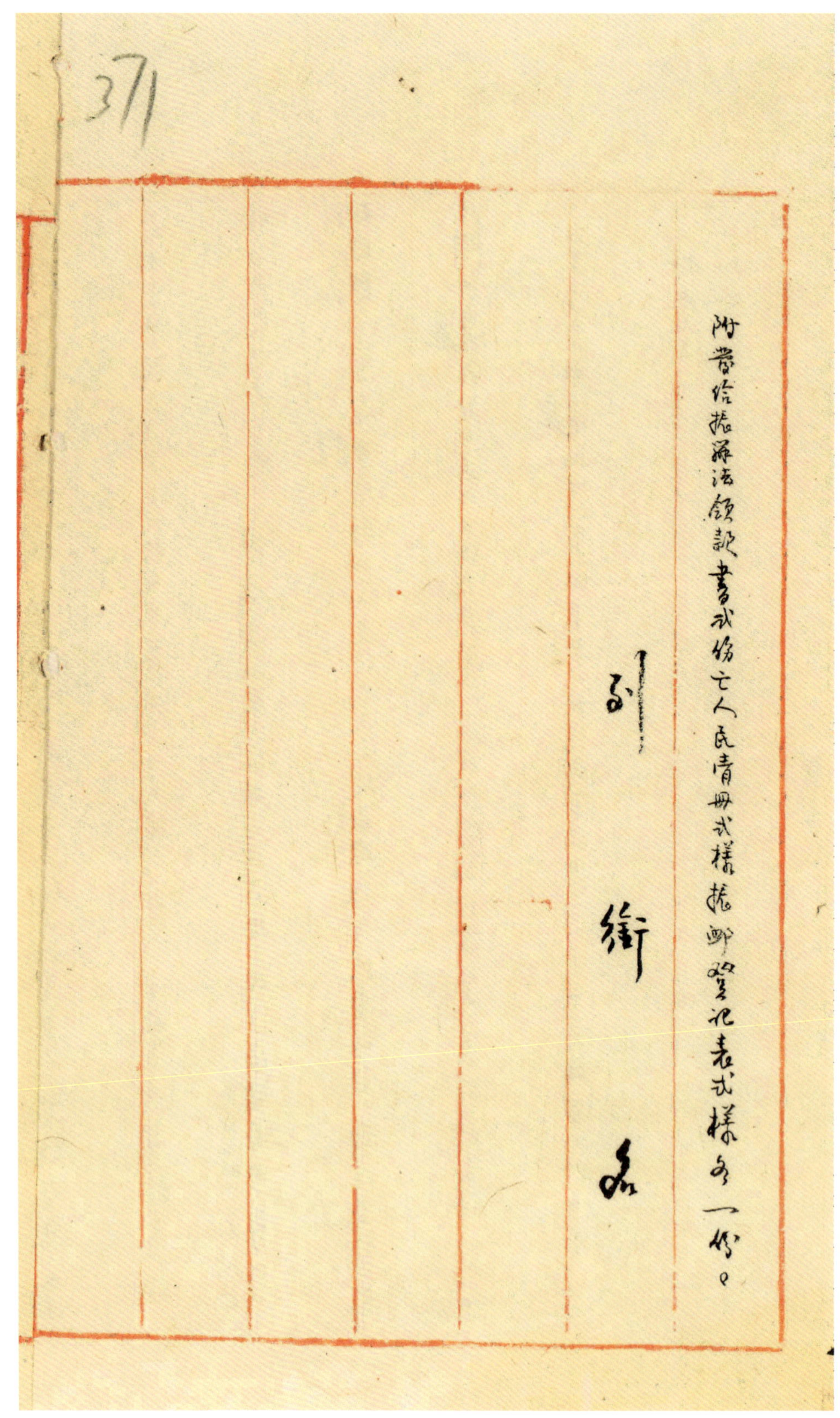
371

附发给振(赈)办法领款书式伤亡人民清册式样、振(赈)邮登记表式样各一份。

副 衔 名

372

中華民國　　年　　月　　日

蒙自县政府呈报被炸灾情领发赈款各情致云南省民政厅的代电（一九四三年四月三日）

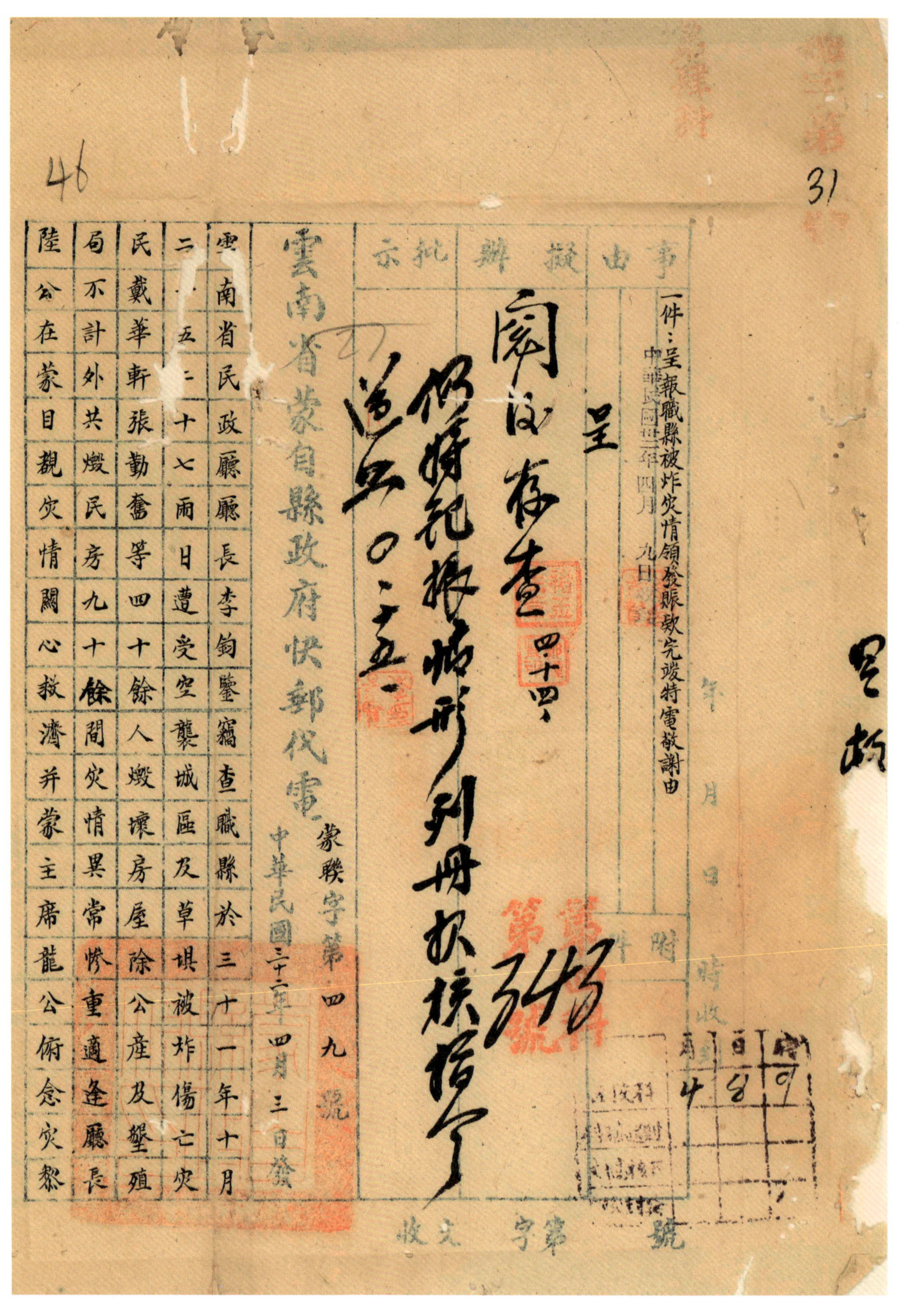

事由：一件：呈報職縣被炸災情領發賑款先撥特電敬謝由

中華民國三十二年四月 九日

擬辦

批示

雲南省蒙自縣政府快郵代電

蒙聯字第四九號

雲南省民政廳廳長李鈞鑒：竊查職縣於三十一年十月二十五、二十七兩日遭受空襲，城區及草壩被炸傷亡災民戴華軒、張勤奮等四十餘人，燬壞房屋除公產及蠶殖局不計外，共燬民房九十餘間，災情異常慘重。適逢廳長陸公在蒙，目覩災情，關心救濟，并蒙主席龍公俯念災黎

中華民國三十二年四月三日發

47

恩准撥發急特賑欵國幣貳萬元又承英國領事捐給賑欵國幣壹萬元業經遵章分别配發清楚災民具領實沾恩惠除分電報備外謹此專電敬報。蒙自縣縣長趙道寬叩泐江印

云南省民政厅关于救济南峤县粮食致云南省振济会的公函（一九四三年六月二十四日）

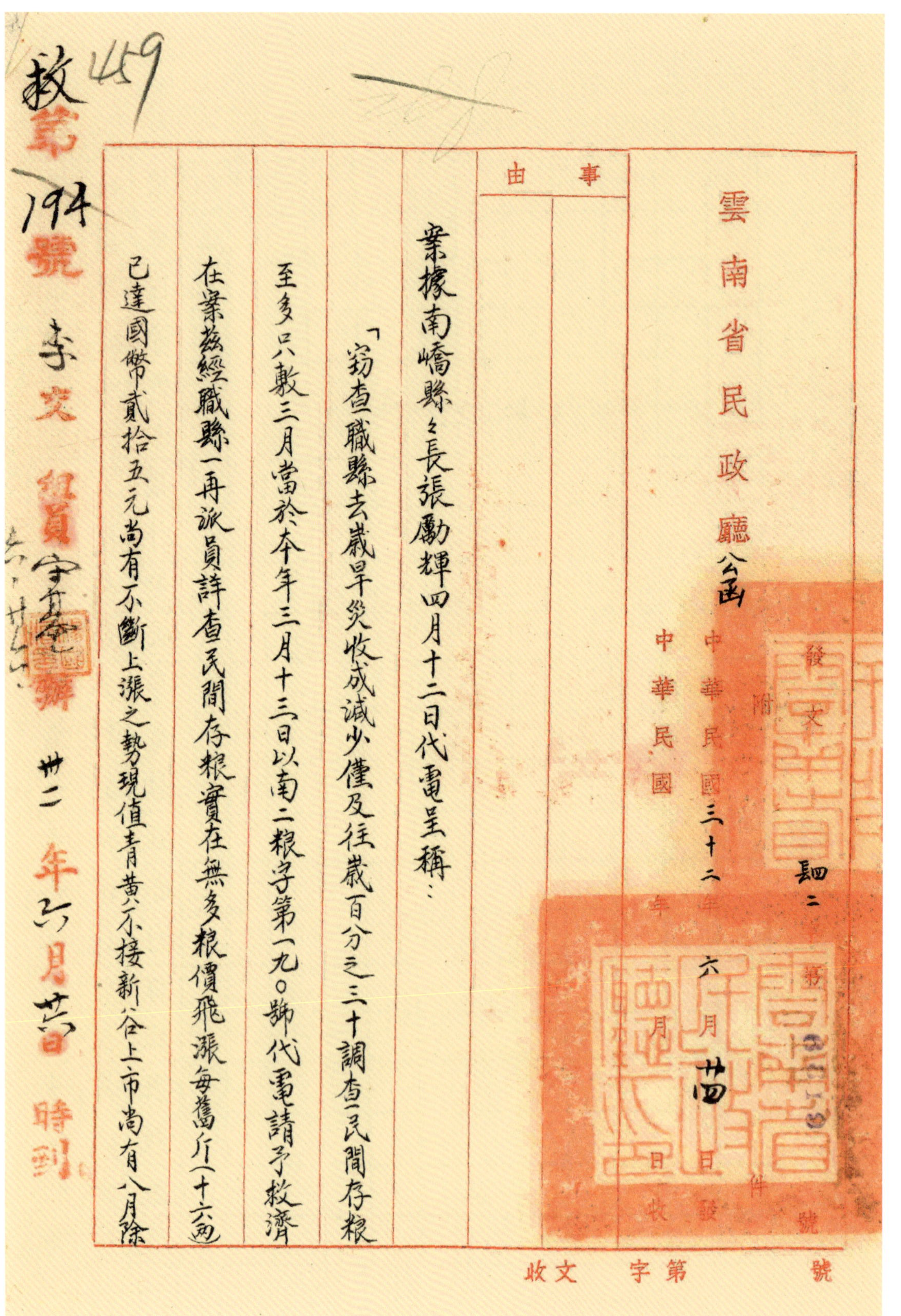

雲南省民政廳公函

發文 字第 號

中華民國三十二年六月廿四日發

事由

案據南嶠縣縣長張勵輝四月十二日代電呈稱：

「竊查職縣去歲旱災收成減少僅及往歲百分之三十調查民間存糧至多只敷三月當於本年三月十三日以南二粮字第一九〇號代電請予救濟在案茲經職縣一再派員詳查民間存粮實在無多粮價飛漲每舊斤（十六兩）已達國幣貳拾五元尚有不斷上漲之勢現值青黃不接新谷上市尚有八月除

收文 字第 號

救字第194號

三十二年六月廿四日時到

組織增產委員會派得力人員分赴各鄉督導人民乘時播種玉蜀黍（每戶規定至少須播種二市斤）以資補救外，惟情形嚴重，究應如何救濟之處，理合電請

鑒核示遵

等情。據此。除以「呈悉，查所呈米價高漲，組織增產委員會一節，准予備案，至救濟部份，應候函請　振濟會核辦外，仰即知照」此令等語指飭遵照外，至救濟部份，係屬

貴會主辦，相應錄案，即請

查核辦理，逕飭遵照為荷！

此致

雲南省振濟會

澜沧县政府关于领救济准备金五千元及成立空袭救济联合办事处致云南省振济会的呈（一九四三年七月十二日）

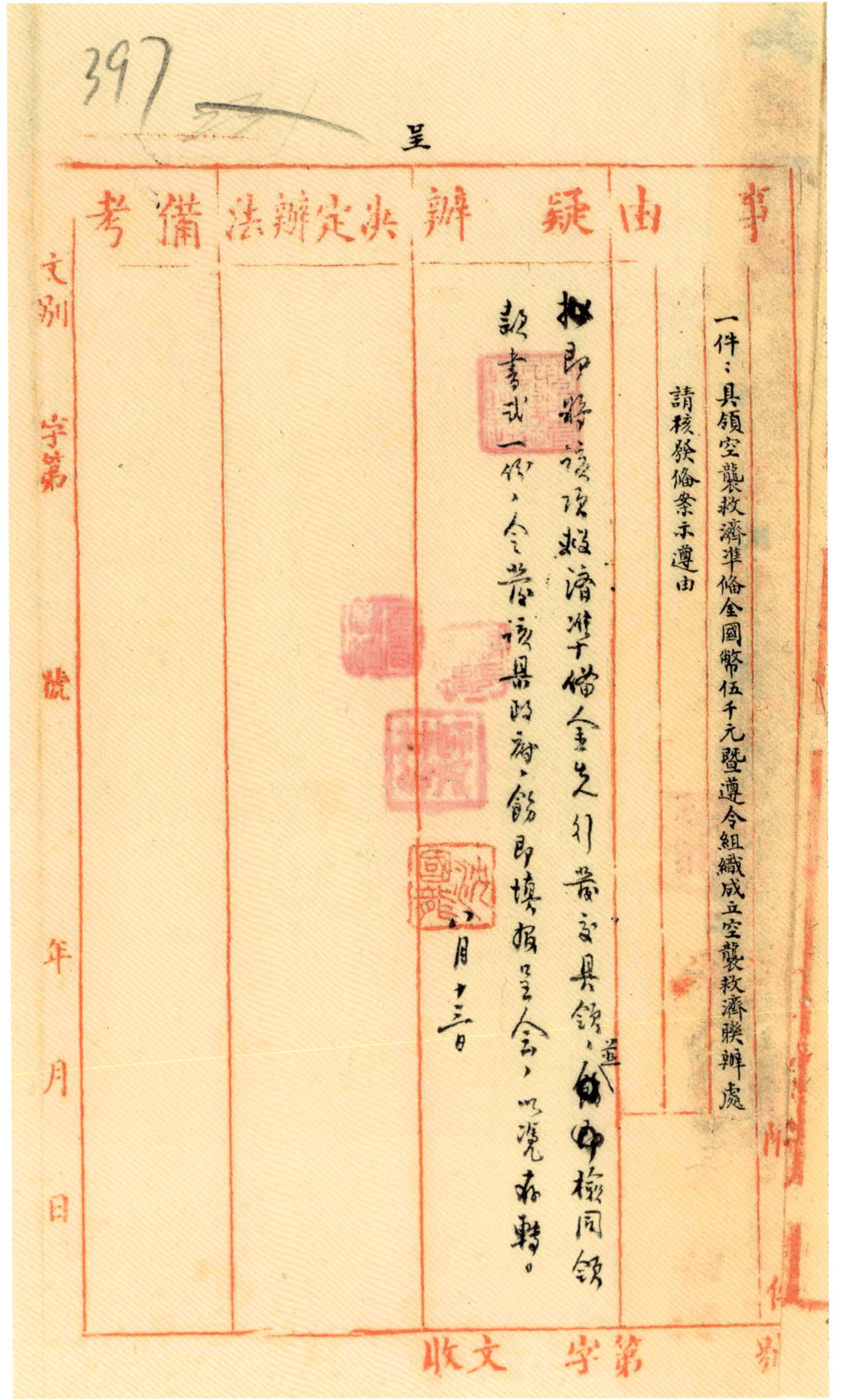
397

呈

事由：一件：县領空襲救濟準備金國幣伍千元暨遵令組織成立空襲救濟聯辦處
請核發備案示遵由

疑辦：擬即將該項救濟準備金先行發交县領，並由會檢同領款書式一份，令發該縣政府，飭即填報呈會，以憑核轉。
七月十三日

決定辦法

備考

文別　字第　號　年　月　日

收文　字　第　號

398

灤滄縣政府 呈

字第784號

六月二十八日案奉

鈞會訓令振救字第二四四號、飭依式填具領款書領空襲救濟準備金國幣伍千元、以本縣地毗泰邊空防欠缺、敵機竄擾肆虐、自屬難免、為應付事機、便利振濟、准先撥發領下存縣、以備配振、並飭剋日組織成立空襲聯合辦事處具報等因：一案。遵查奉發之請款書表樣內、僅有給振辦法傷亡人民清冊登記表式、各一份、並無領款書式在内、不知如何遺漏。茲備具正式印領一份、飭在省訓團受訓學員高家尉、就近具領、以免往返費時。除空襲救濟聯合辦事處、俟召集有關機關、組織成立後、另案呈報外。理合先將印領一份具文呈報、敬請

399

鈞會核發備用。令示祇遵！、

謹呈

雲南省振濟會

計呈印領一份

瀾滄縣縣長聶品品

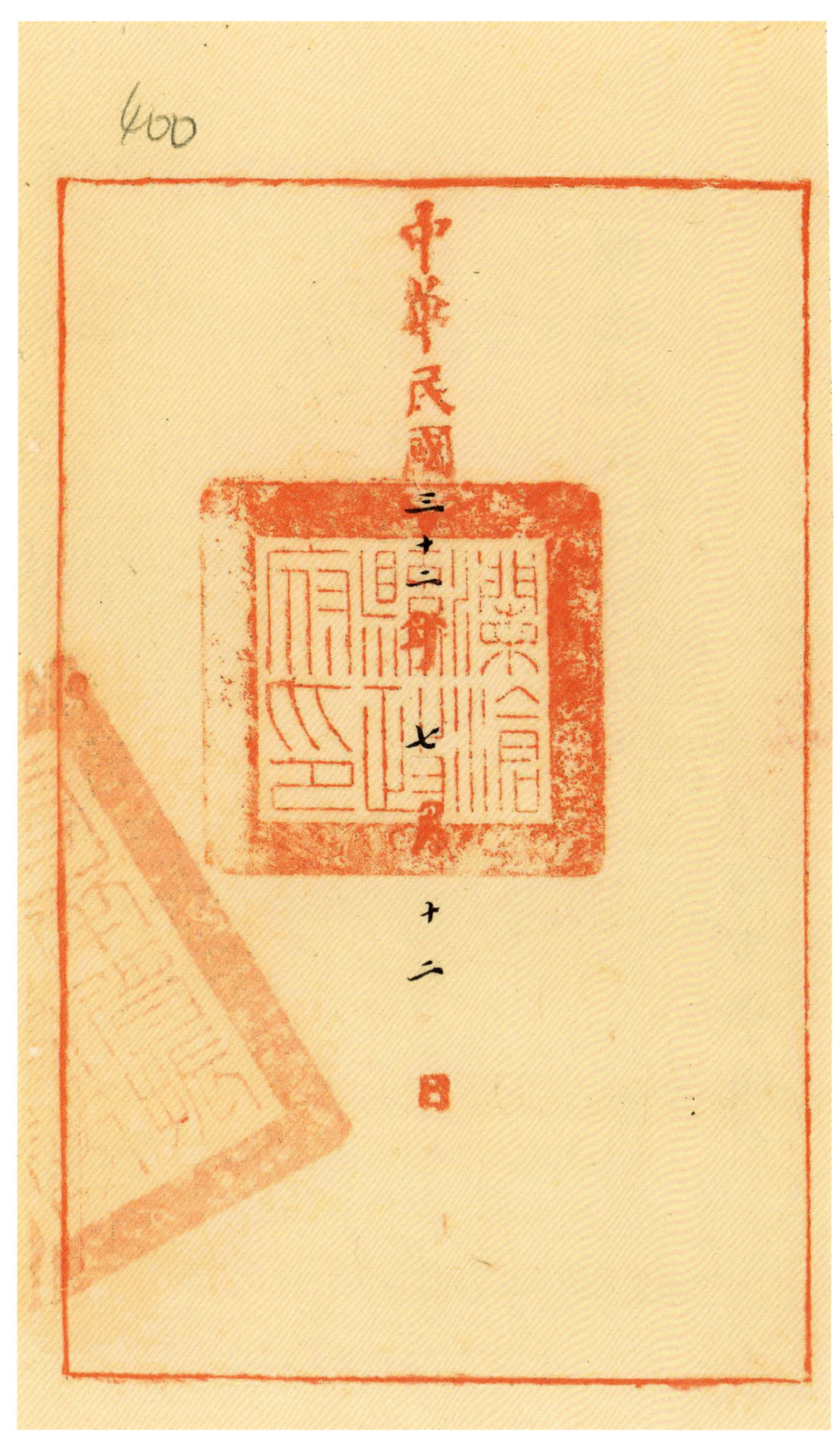

400

中華民國三十二年七月十二日

401 ~~333~~

印领

瀾滄縣政府今於與

印領事實領到

雲南省振濟會空襲救濟準備金國幣伍千元中間不

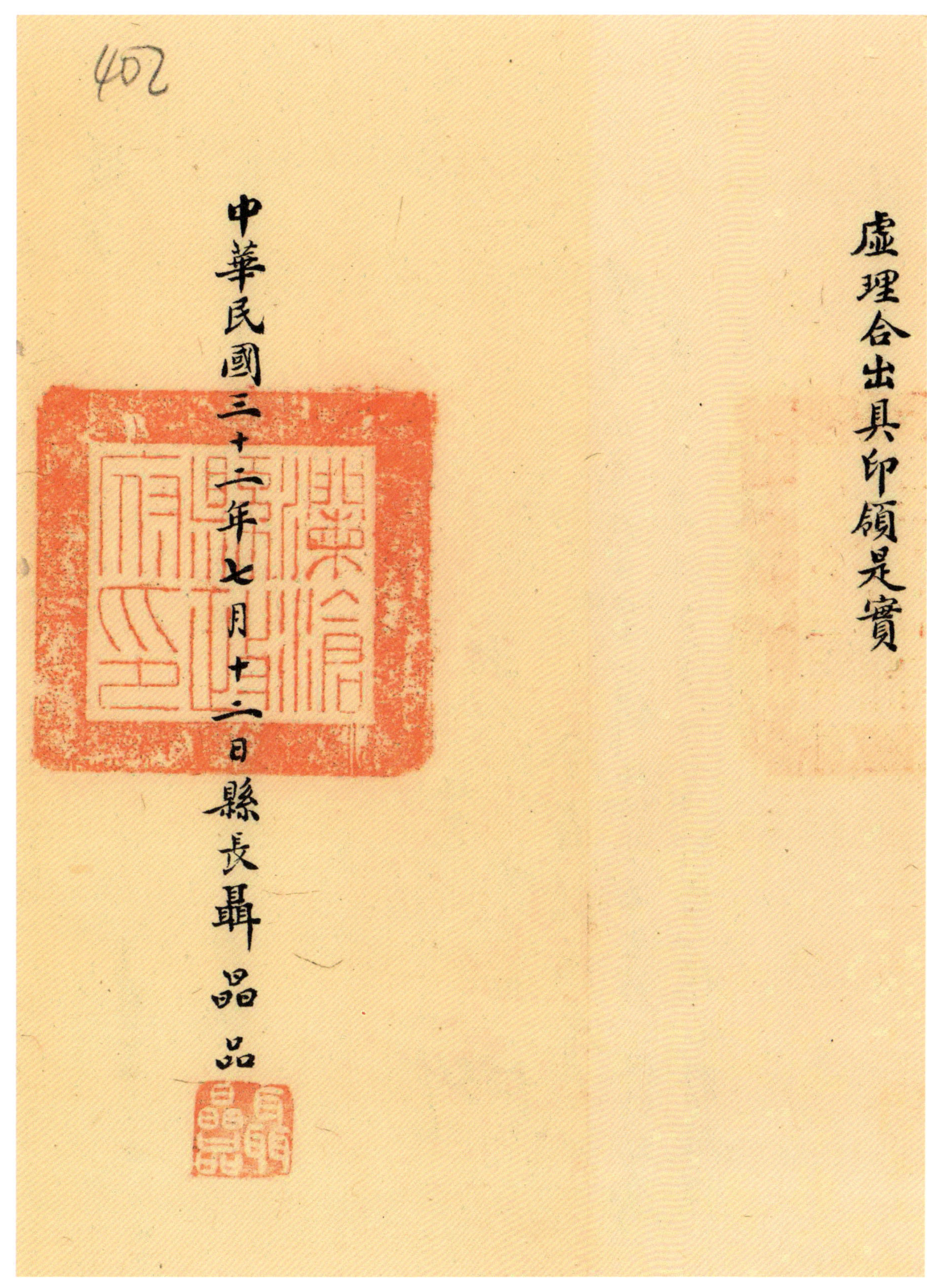

402

虛理合出具印領是實

中華民國三十二年七月十二日縣長聶晶品

云南省政府关于应请派员监放昆明苜蓿村炸灾伤亡特赈致云南省振济会的指令（一九四三年九月十六日）

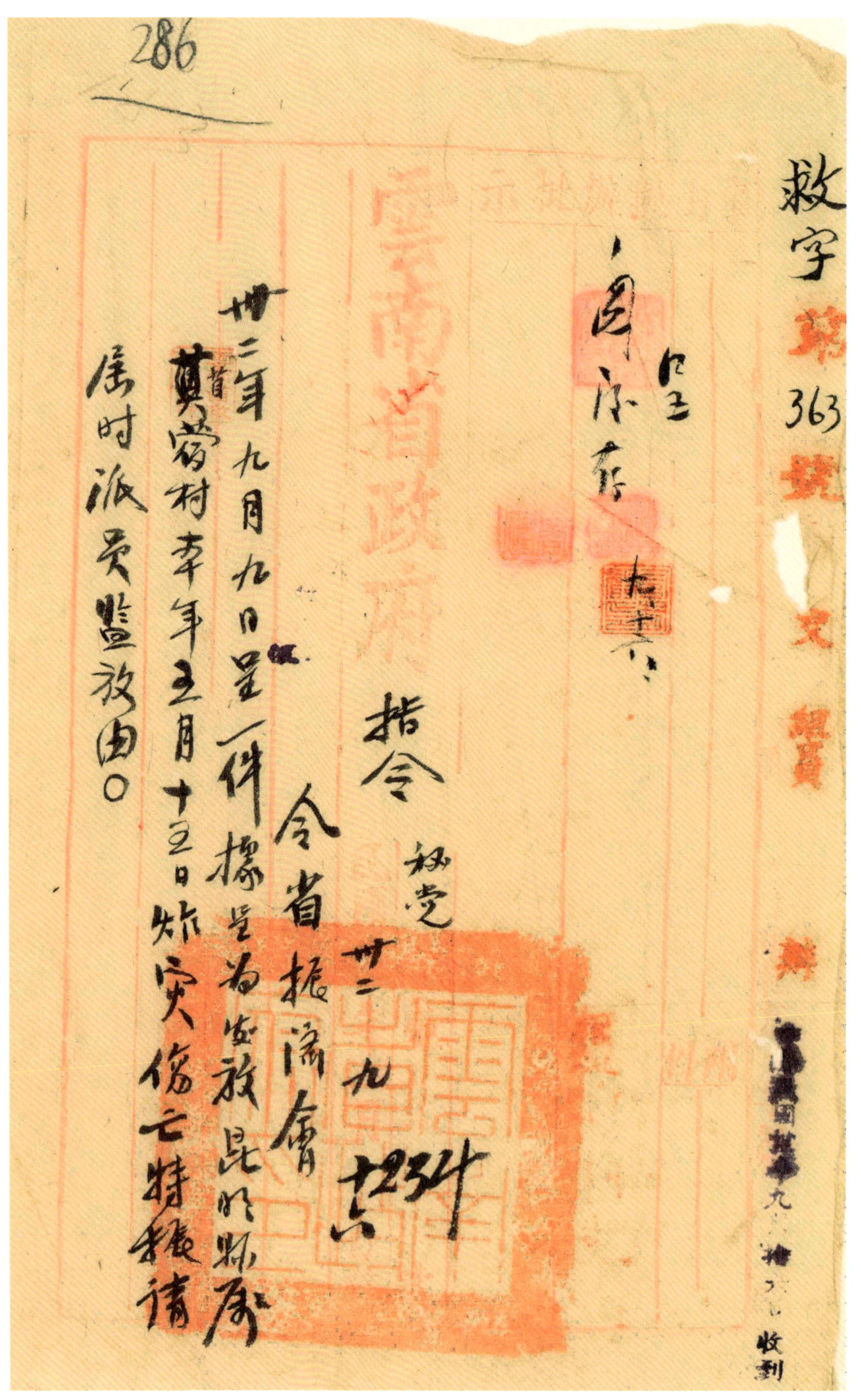
286

救字第363号

云南省政府指令

令省振济会

卅二年九月九日呈一件，据呈为发放昆明县属苜蓿村本年五月十五日炸灾伤亡特赈，请届时派员监放由。

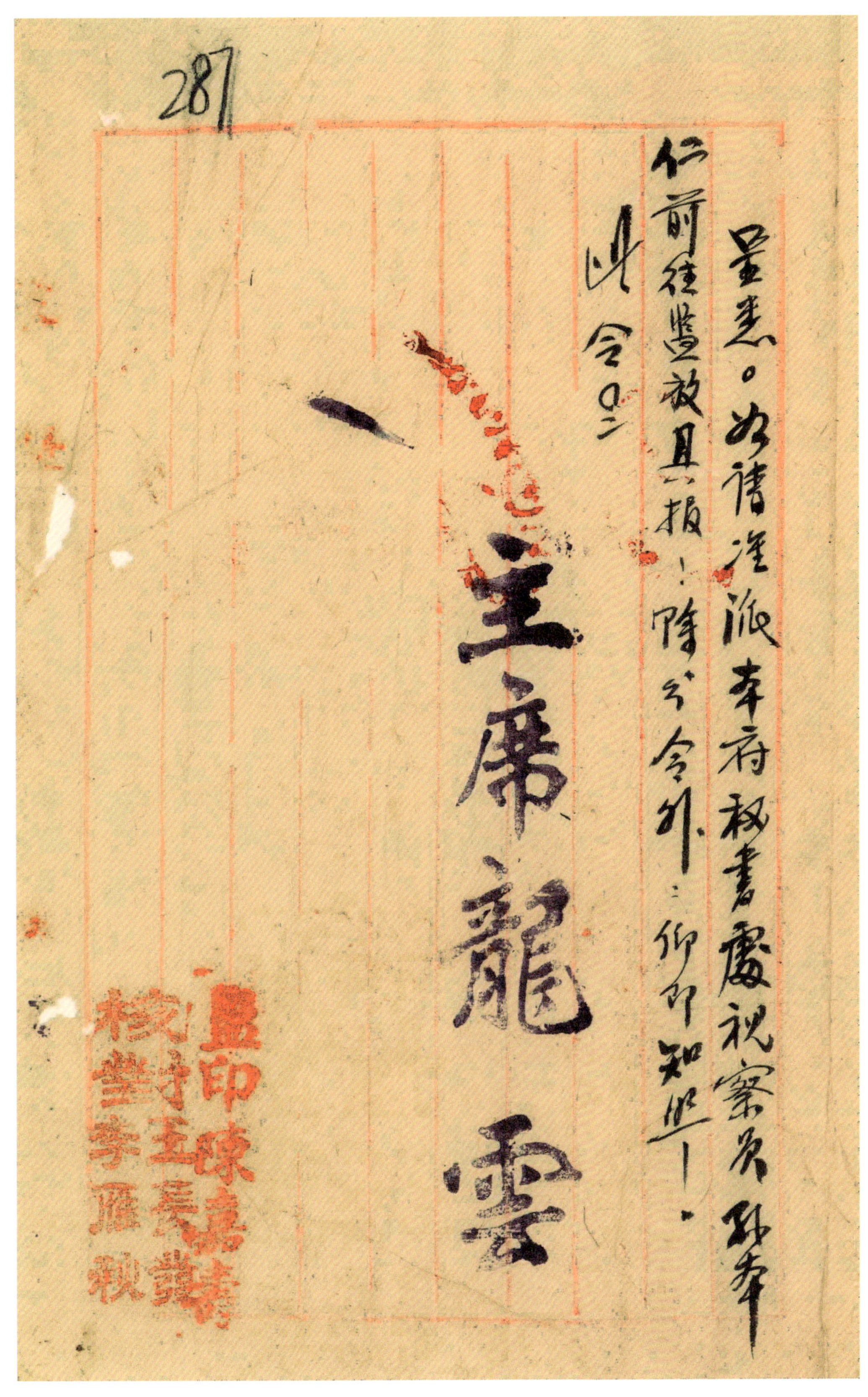
287

呈悉。所請准派本府秘書處視察員孫本仁前往監放具報，除分令外，仰即知照！此令。

主席 龍雲

監印 陳嘉壽
校對 王長義
校對 李雁秋

云南省政府就照章赈恤昆明市一九四三年九月二十日被炸死伤灾民致云南省振济会的训令（一九四三年十月六日）

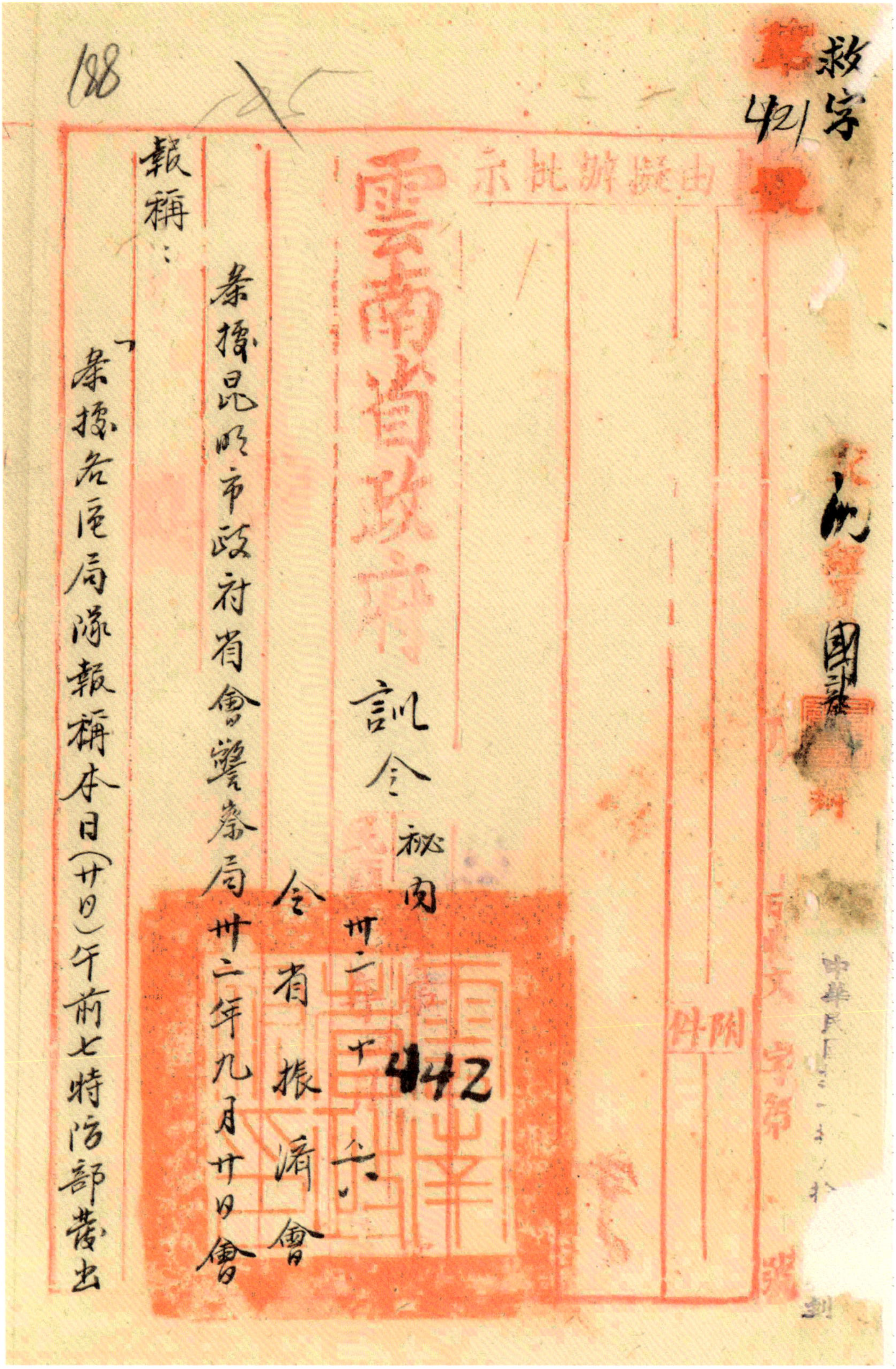

救字第421號

由擬辦批示

雲南省政府訓令　秘內　卅二年十月六日

令省振濟會

案據昆明市政府省會警察局卅二年九月廿日會

報稱：

「案據各區局[illegible]報稱本日（廿日）午前七時防部發出

189

預行警報於七時十五分發出空襲警報八時三十五分發出緊急警報經查有敵轟炸機二十七架由驅逐機保護侵入市郊在巫家壩機場附近投彈五枚匪航机一架被燬机場加油汽站油數大桶及汽車修理廠之棚房停放小卡車三輛被炸燬機場外築路工人被炸死傷者約八九人已由救護隊送往醫院療治机場西方苜蓿村外亦落彈多枚不大損傷查有八分局警士劉紹禹在栗樹头新建储草交易所巡查被流彈擊傷左足東站外之金汁河埂疏散市民李士有亦被流彈重傷右足已分別送往醫院医治此外尚未發生異狀至十一時解除警报

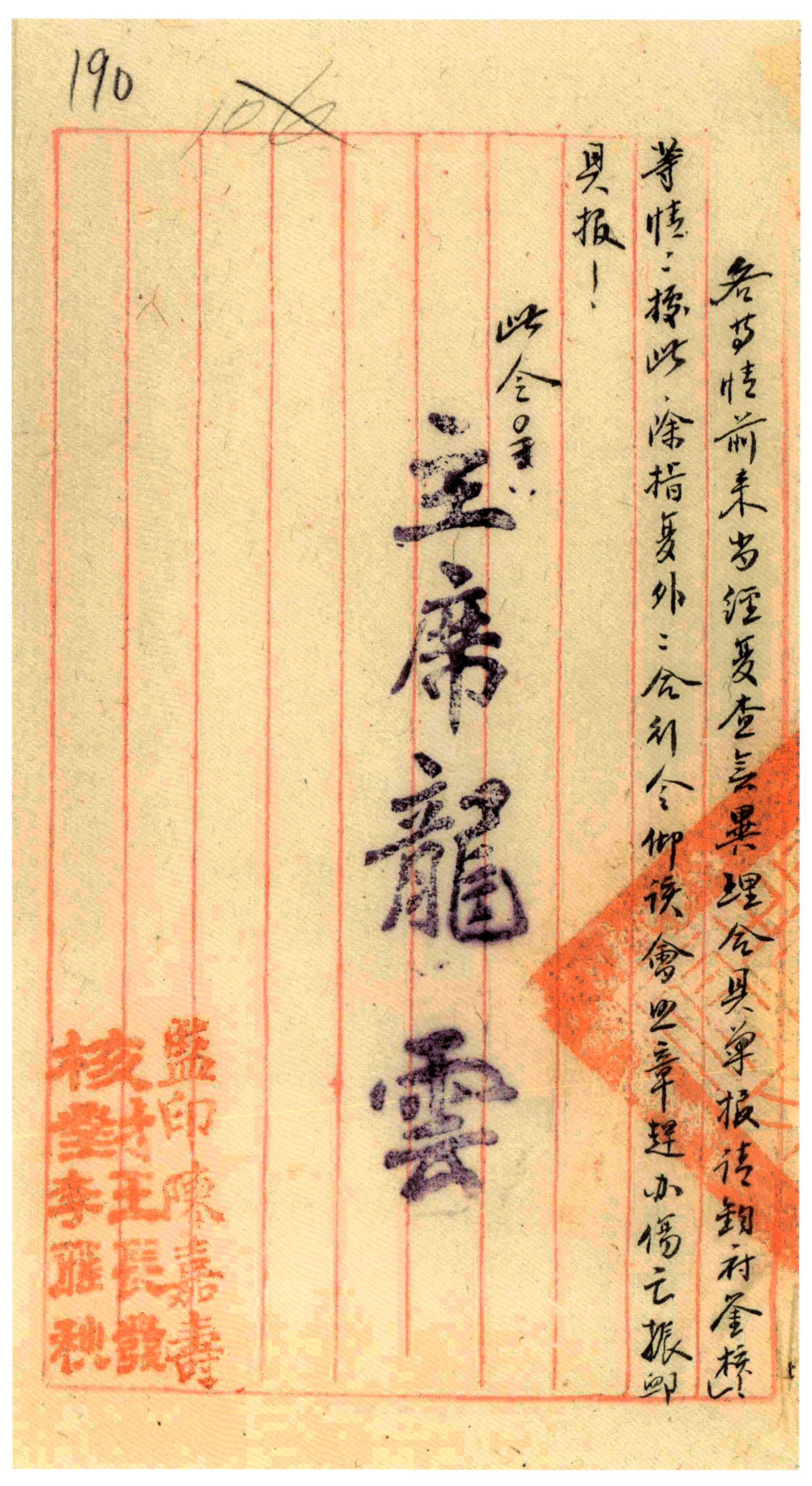

190

各节情前来，当经复查无异，理合具单报请钧府鉴核，以

等情。据此，除指复外，合行令仰该会照章赶办，备文报卸

具报！

此令。

主席 龙云

监印 陈嘉寿

校对 王长发

核签 李雁秋

196

中華民國　年　月　日

云南省振济会关于汇发空袭急赈款两千元致凤仪县政府的指令（一九四三年十二月二十九日）

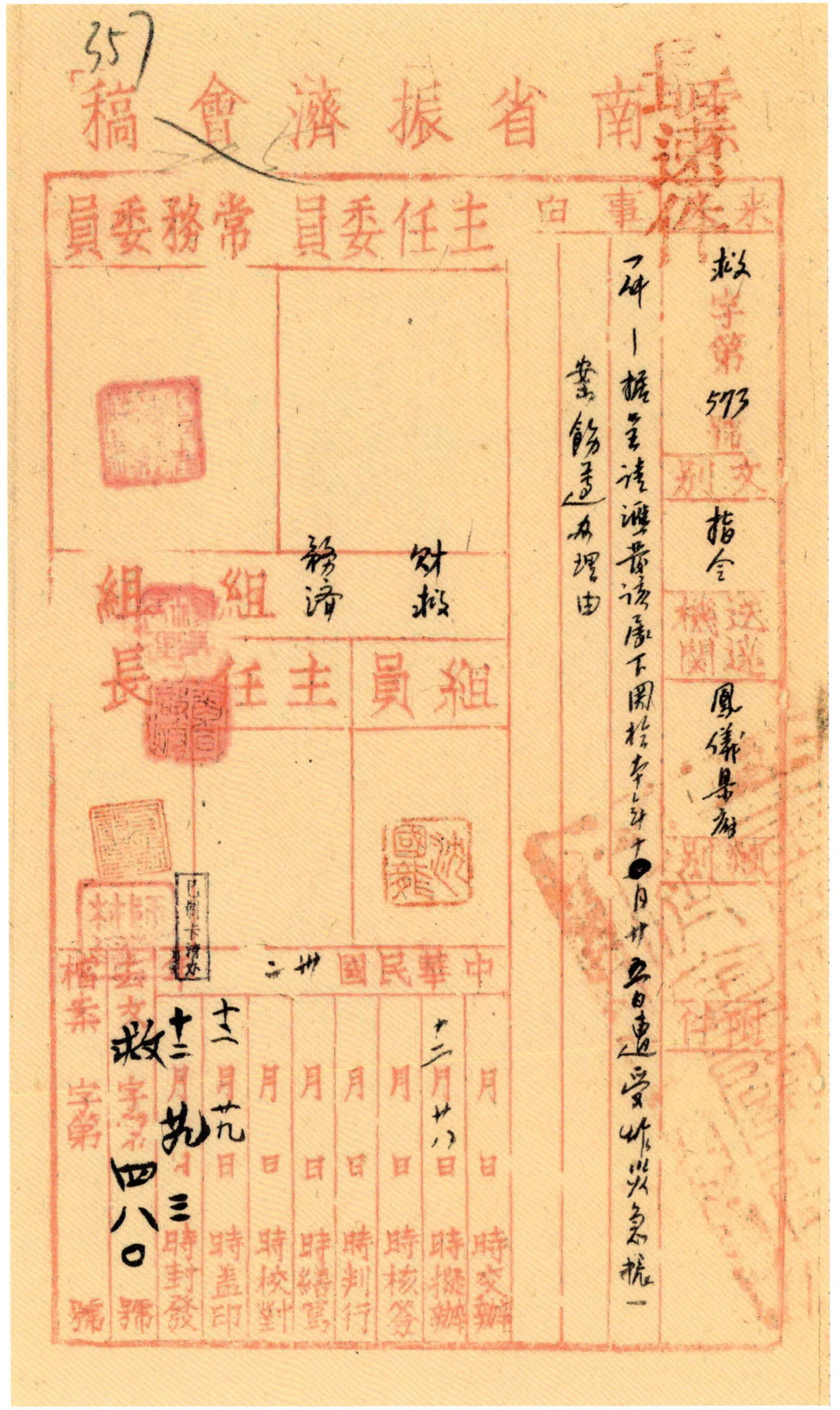
雲南省振濟會稿

來文：救字第573號
文別：指令
送達機關：鳳儀縣府

事由：一件一據呈請匯發該縣下關於本年十一月廿五日遭受炸災急振一案飭遵辦理由

主任委員
常務委員
組長
組主任
組員
財務 救濟

中華民國卅二年
十二月廿八日 時擬辦
十二月廿九日 時封發

去文 救字第四八〇三號
檔案 字第 號

列銜指令 振字第　号

令鳳儀縣縣長胡占一

卅二年十二月十五日呈一件，爲據呈請發該縣本年四月廿五日下關遭受空襲急振國幣二千元，以便轉發由。

呈悉。查該縣下關被炸災急振國幣貳仟元，業經本會交由雲南礦業銀行匯達該行下關分行交領，仰即遵照前往領取轉發，連同振卹冊據暨領款書全份呈送會，以憑彙轉爲要！切切！

359

206

此令

列銜 名

360

中華民國　　年　　月　　日

附：凤仪县政府致云南省振济会的呈

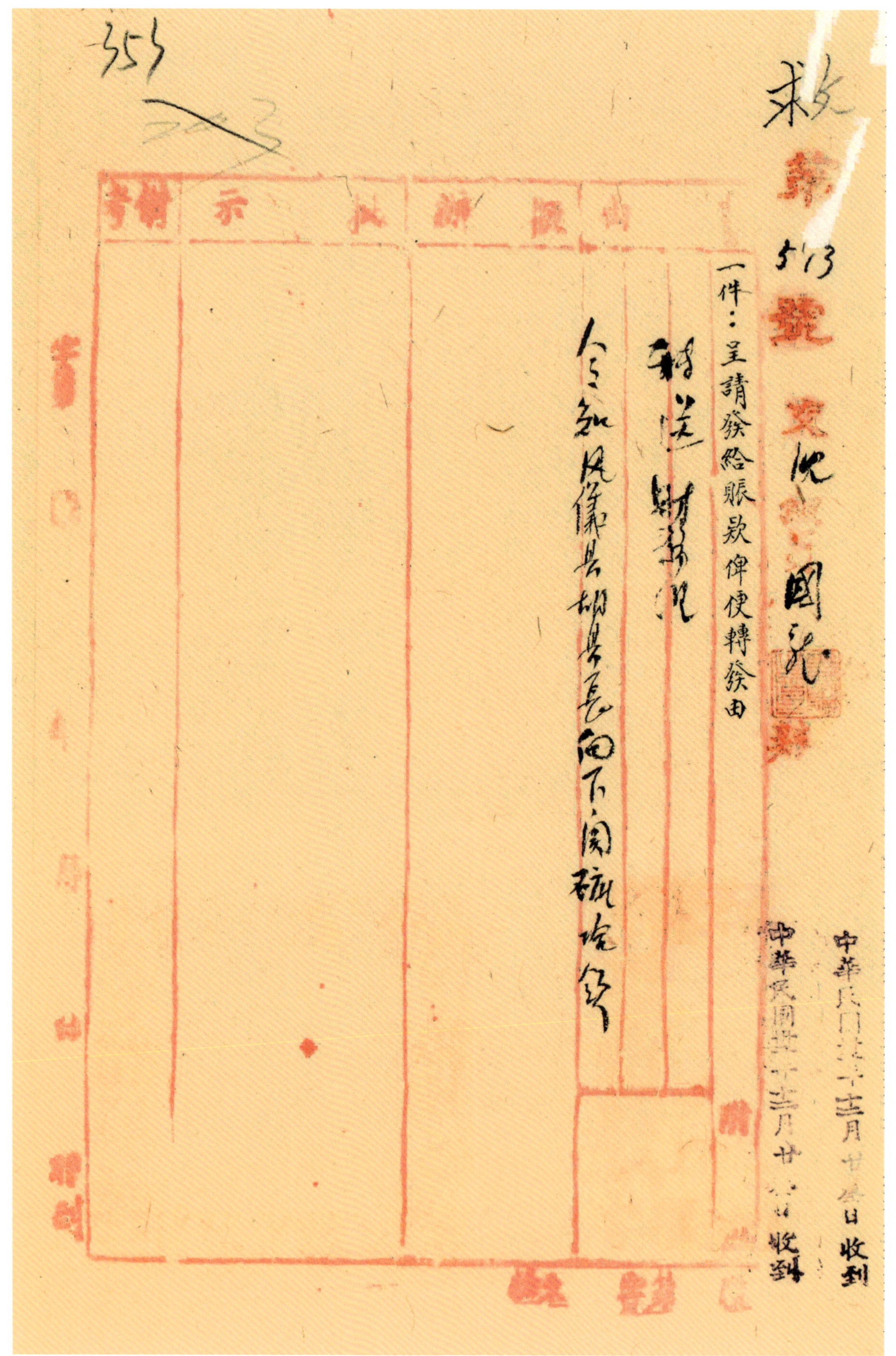

救 字第513號 文件

由 摘 擬辦 批示 附件

一件：呈請發給賑款俾便轉發由

轉呈 財務組

中華民國卅一年十二月廿 日收到

中華民國卅一年十二月廿 日收到

354

鳳儀縣政府呈　財字第五六九號

中華民國三十二年十二月十五日

案奉

鈞會振救字第四五九號訓令開：

查十月二十五日該縣被炸災情尚屬不重，應准先行撥發急賑賑款，

國幣貳仟元，飭即依照新案分別配發給領。等因。下縣當即遵照派員前往災地調查，業將傷亡人數察實具報前來。惟此項賑款尚未發下，亦未指由何銀行撥領，無法轉發。理合呈請

鈞會鑒核，迅予滙發具領，俾便轉發，實叨公便！

謹呈

雲南省振濟會主任龍

355
鳳儀縣縣長胡占一
胡占一印

356

三十二

十二

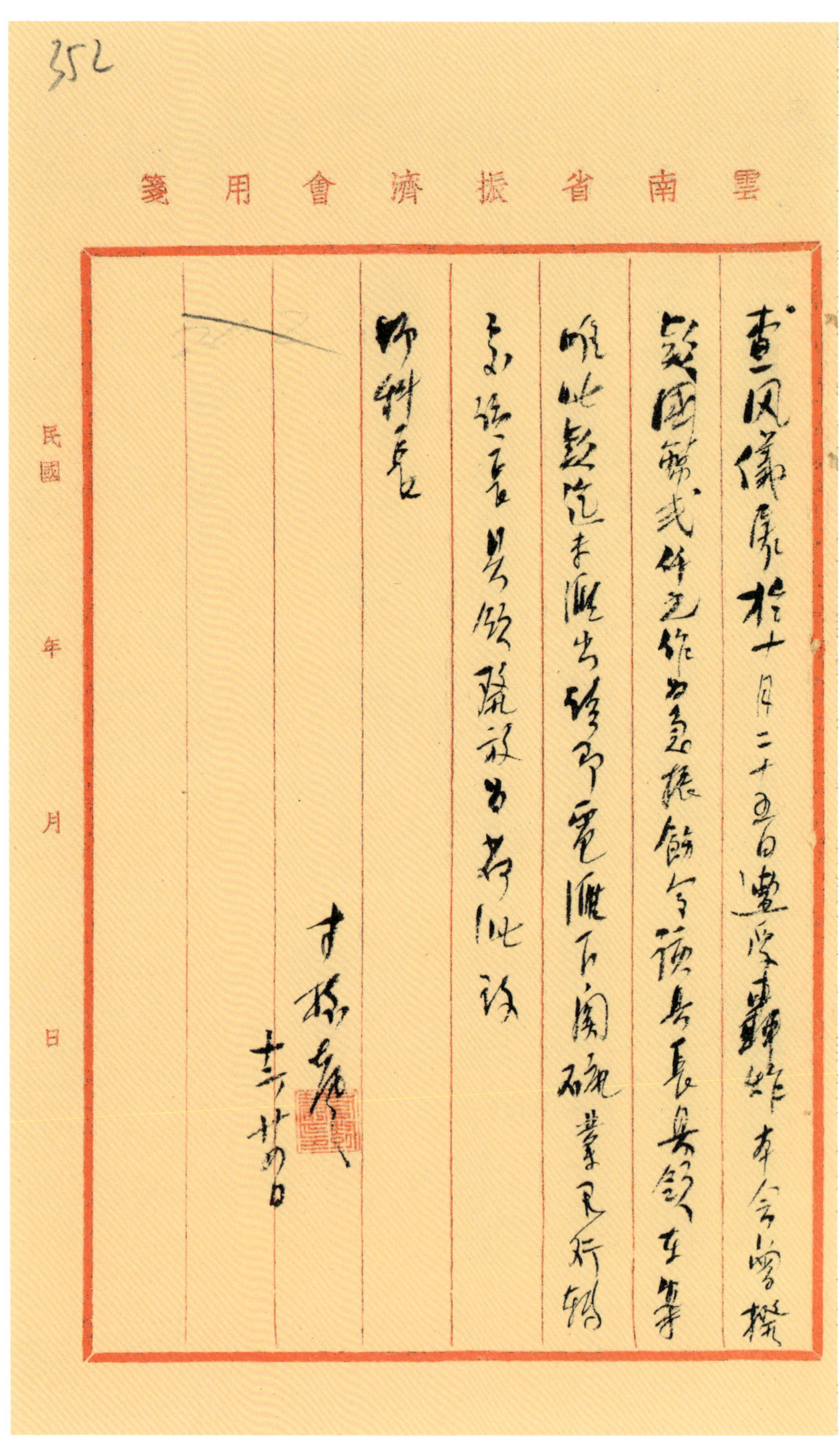

352

雲南省振濟會用箋

查鳳儀縣於十月二十五日遭受轟炸，本會曾撥發國幣弍仟元作為急振，飭令該縣長具領在案。唯此款迄未匯出，請即電匯下關礦業銀行轉交該縣長具領疏散為荷。此致

鄒科長

寸樹聲
十一 廿四日

民國　年　月　日

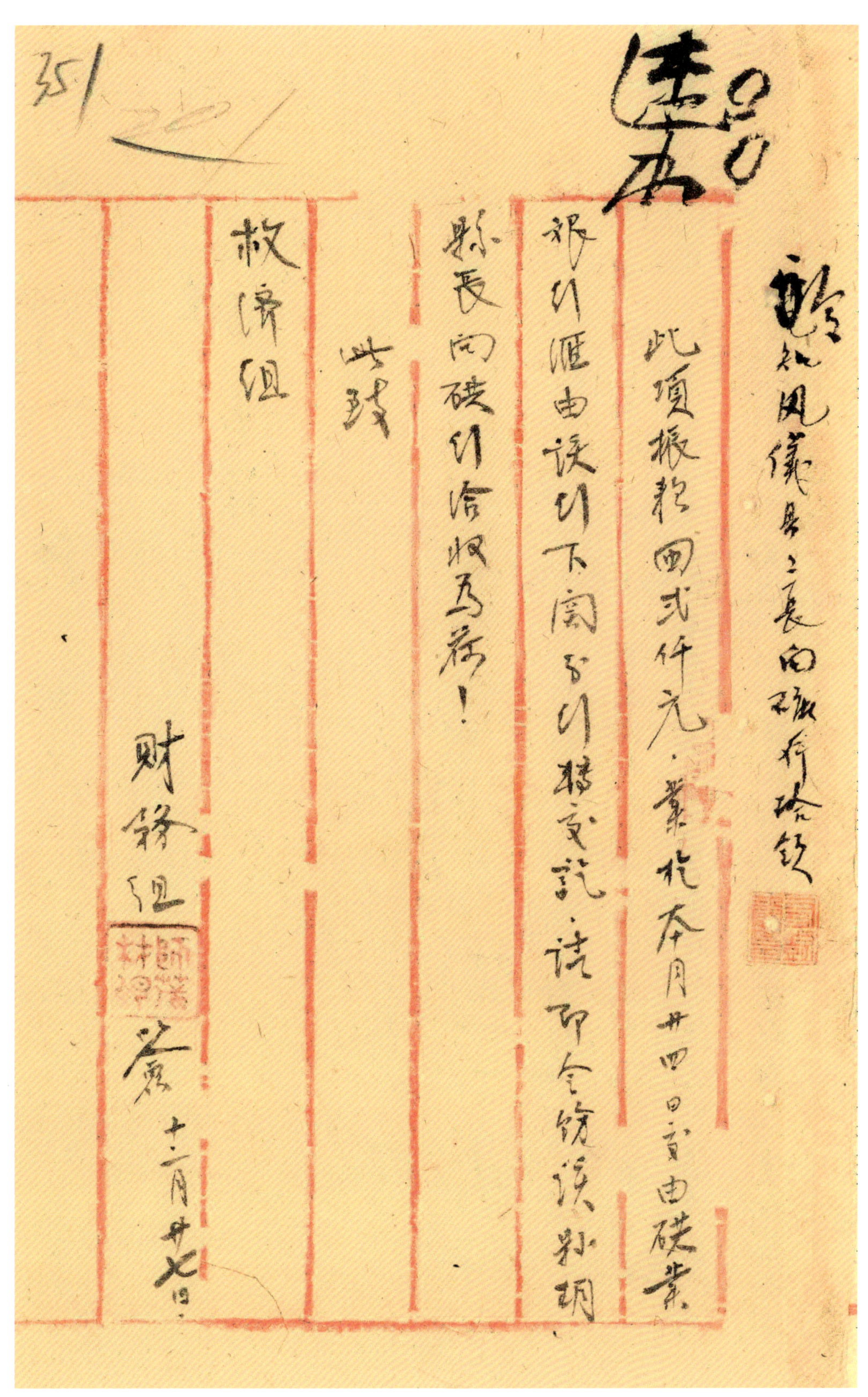

351

201

速存

飭知鳳儀縣縣長由礦行領錢

此項振款國貳仟元，業於本月廿四日交由礦業銀行匯由該行下關分行轉交，請即令飭該縣胡縣長向礦行洽收為荷！

此致

救濟組

財務組啟

十二月廿七日

云南省政府关于赈恤昆明县云卫乡等处被炸死伤民众致云南省振济会的训令（一九四四年一月二十九日）

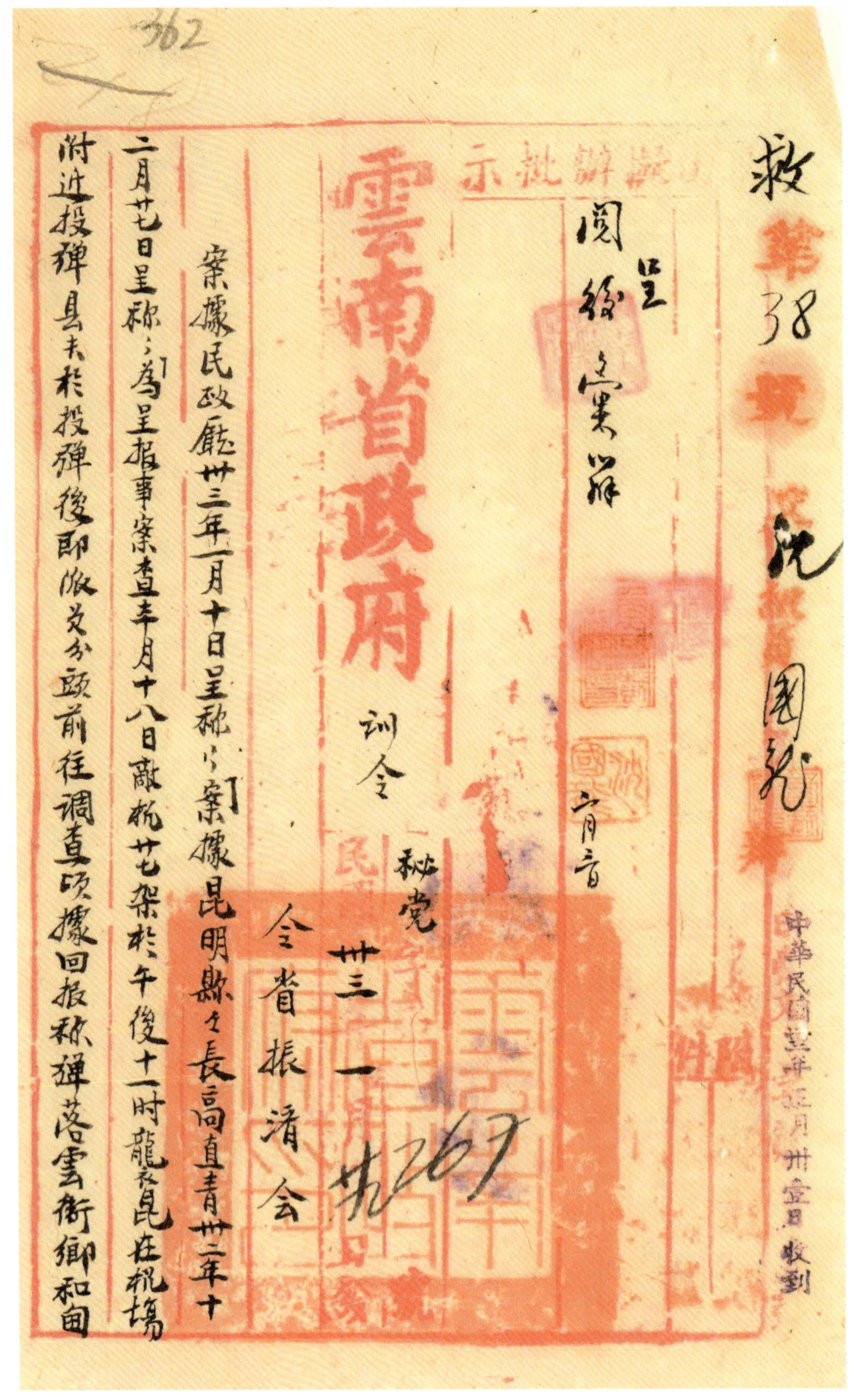

救

第38號

呈閱

擬辦批示

雲南省政府訓令

秘党 卅三 一 先267

令省振濟会

案據民政廳卅三年一月十日呈稱：案據昆明縣縣長高直青卅二年十二月廿七日呈稱：爲呈報事案查本月十八日敵機廿七架於午後十二時襲昆，在機塲附近投彈。县長於投彈後即派员分頭前往調查，頃據回報稱：彈落雲衛鄉和甸

中華民國卅三年正月卅壹日收到

363

營村東南墓地及菜地內約卅餘枚，死馬八匹，傷二匹，炸傷該村王老三之妻及楊姓小孩二名，傷勢不重。又有二男子被炸彈掀起之土落於身上，稍受微傷。以上受傷各人均由紅十字会派往昆華医院診治。等情前來，理合備文呈報，請祈鈞麾俯賜鑒核，指令祇遵。等情。據此，理合備文轉請鈞府俯賜鑒核示遵。等情。據此，除指令外，合行令仰該会即便遵照，查明依例振卹具報。

此令。

主席龍雲

監印陳嘉□